ACCESO GRATIS *a la Lectura en la Nube*

Para visualizar el libro electrónico en la nube de lectura envíe junto a su nombre y apellidos una fotografía del código de barras situado en la contraportada del libro y otra del ticket de compra a la dirección:

ebooktirant@tirant.com

En un máximo de 72 horas laborables le enviaremos el código de acceso con sus instrucciones.

LA BRECHA DIGITAL EN LAS RELACIONES DE LA CIUDADANÍA CON LAS ADMINISTRACIONES PÚBLICAS

LA BRECHA DIGITAL EN LAS RELACIONES DE LA CIUDADANÍA CON LAS ADMINISTRACIONES PÚBLICAS

José Miguel Beltrán Castellanos

Prólogo de Juan Rosa Moreno

tirant lo blanch
Valencia, 2024

En caso de erratas y actualizaciones, la Editorial Tirant lo Blanch publicará la pertinente corrección en la página web www.tirant.com.

La presente obra ha sido sometida a la revisión de pares ciegos según el protocolo de publicación de la editorial a efectos de ofrecer el rigor y calidad correspondiente tanto en su contenido como en su forma, aplicándose los criterios específicos aprobados por la Comisión Nacional E 016 (BOE num. 286, de 26 de noviembre de 2016).

EDITA: TIRANT LO BLANCH
C/ Artes Gráficas, 14 - 46010 - Valencia
TELFS.: 96/361 00 48 - 50
FAX: 96/369 41 51
Email: tlb@tirant.com
www.tirant.com
Librería virtual: www.tirant.es
DEPÓSITO LEGAL: V-2102-2024
ISBN: 978-84-1071-013-9

Si tiene alguna queja o sugerencia, envíenos un mail a: *atencioncliente@tirant.com*. En caso de no ser atendida su sugerencia, por favor, lea en *www.tirant.net/index.php/empresa/politicas-de-empresa* nuestro procedimiento de quejas.

Responsabilidad Social Corporativa: http://www.tirant.net/Docs/RSCTirant.pdf

A mi hermano Saúl

Al meu iaio Cristóbal, sempre et portaré en el cor
i en el pensament, moltes gràcies per tot

Índice

Nota del autor

Esta monografía ha sido desarrollada en el marco del proyecto «La digitalización de las Administraciones Públicas responsables ante los retos del envejecimiento» (ref. CIGE/2022/55) financiado por la Conselleria de Innovación, Universidades, Ciencia y Sociedad Digital de la Generalitat Valenciana (Resolución de 26 de junio de 2023 de la Dirección General de Ciencia e Investigación, por la que se conceden subvenciones a grupos de investigación emergentes), de la convocatoria de subvenciones del Programa para la promoción de la investigación científica, el desarrollo tecnológico y la innovación en la Comunitat Valenciana (Resolución de 6 de octubre de 2022, de la Conselleria de Innovación, Universidades, Ciencia y Sociedad Digital).

Se trata de un ambicioso proyecto en el que, bajo el hilo conductor del envejecimiento de la población, el equipo de investigadoras e investigadores que lo componemos estamos analizando la digitalización de las Administraciones Públicas en general, y de la Administración tributaria en particular, la responsabilidad social administrativa y los derechos y las garantías de los adultos mayores cuando se relacionan con las Administraciones Públicas a través de medios electrónicos. Este estudio recoge los primeros resultados de la investigación que he realizado como investigador principal del citado proyecto.

Prólogo

El eufemismo jurídico que encierran los términos de brecha digital está consiguiendo su finalidad, esto es, disimular la violación de derechos que la rápida implantación de la digitalización está ocasionando y sobre la que los poderes públicos parecen no preocuparse en exceso. Más bien al contrario, ya que nuestras administraciones públicas se han convertido en unos de los principales sujetos activos de ese quebranto de derechos.

Nos encontramos en un crucial momento de doble transición, ecológica y digital, y mientras que en la primera la justicia social tiene su papel y se arbitran medidas para garantizarla, con mayor o menor éxito; en la segunda, sin embargo, la transición justa solo aparece en documentos e informes. Únicamente preocupa que toda la ciudadanía acceda al uso tecnológico, cuando ello es materialmente imposible. Solo en un escenario ideal, no de este mundo, se podría conseguir. Es como pensar que la eliminación de la pobreza está al alcance, o que las zonas poco pobladas quedarán absolutamente despobladas, eliminado su problemática. Nada será así, habrá que seguir luchando, habrá que seguir articulando políticas públicas para disminuir, en lo posible, estas y otras injusticias sociales.

Ahora, con la inteligencia artificial, la transición digital se ha convertido ya en revolución digital, y salen más voces alertando de sus peligros, pero se olvidan que, en ese camino, ya se han dejado atrás colectivos ciudadanos. Colectivos vulnerables que son muchos más de los que parecen. Sin pretender citas eruditas, nada más lejos de mi intención, recuerdo ahora aquella cierta frase que se imputa a Albert Einstein de que todos somos ignorantes, pero no todos ignoramos las mismas cosas. Pues bien, somos muchos los que ignoramos el manejo adecuado y solvente de las técnicas digitales, aunque tengamos medios suficientes, aunque no se nos consideren colectivos vulnerables, el laberíntico diseño de estas técnicas hace que, en no pocas ocasiones, enfrentarnos a ellas nos cause, cuanto menos, absoluta inseguridad. Esta situación puede suponer menoscabo de derechos, y violación grave si hacemos referencia a los colectivos vulnerables.

Pocos dudan de la necesaria transición digital, de las oportunidades que ofrece la revolución digital, pero, sin embargo, no son muchas las reacciones firmes y fundamentadas que van en la acertada línea garantista, aunque sí existen. De vez en cuando nos encontramos con ellas, tanto en la doctrina como en la jurisprudencia, aunque, en ocasiones, con freno y marcha atrás. Incluso desde instancias públicas también se advierte de ello, nuestro Consejo de Estado, varios defensores del pueblo o el Comité Económico y Social Europeo. Pero todo parece caer en el vacío.

Son muchas las sombras que acechan y pocas la luces. Aquí se sitúa, precisamente, esta obra del profesor José Miguel Beltrán Castellanos, proyectando una intensa luz sobre las garantías de derechos de la ciudadanía ante la acelerada y desordenada digitalización de las administraciones públicas.

Así es, ya desde su primer capítulo y planteamiento, el profesor Beltrán Castellanos pone de manifiesto la relevancia del tema, sus causas y la perspectiva garantista desde la que aborda esta problemática. Y es que, como apunta el autor, la sociedad digital se ha implantado en muchos ámbitos esenciales para la ciudadanía, en los que ya se han generado desamparo y desigualdad. Piénsese, por ejemplo, en los servicios bancarios. Pero es mayor la preocupación cuando ese desamparo digital se sitúa en la relación de la ciudadanía con las administraciones públicas. Es aquí donde el autor subraya los perjuicios que ocasiona la transformación de derechos en obligaciones digitales, merma de derechos que se produce cuando una herramienta, la tecnología, se convierte en el fin; cuando la búsqueda de la eficiencia de las administraciones públicas se impone a los derechos ciudadanos, olvidando su constitucional posición de servicio. Esto conduce al autor a la cuestión nuclear, esto es, si debe ser la administración electrónica obligatoria o no, advirtiendo, con acierto, que la obligatoriedad debe partir de la existencia de una "buena administración" electrónica, todavía inexistente. En todo caso, coincido plenamente con el autor cuando afirma que "eliminar por completo la brecha digital no parece una realidad posible, o desde luego, no al menos a corto ni medio plazo".

Seguidamente, el autor se centra en la concreta vulneración de derechos que, en puridad, se configuran como obligaciones digitales (tal y como el autor insiste en subrayar). Derechos relativos al procedimiento y derechos materiales o prestacionales. La regulación telemática de los primeros extiende la tarea "funcionarial" de los ciudadanos, que ya hace años existe en la administración tributaria, a todos los ámbitos de implantación digital, lo que pone de manifiesto el autor. En cuanto a los segundos, su normativizada digitalización puede limitar el ejercicio de los derechos o la obtención de beneficios en el ámbito de servicios esenciales, como la educación, la sanidad o las prestaciones sociales, lo que el autor conecta, con acierto, con el incumplimiento de principios, como el de proporcionalidad o el de buena regulación.

Son interesantes las reflexiones que se hacen en esta obra sobre concretas e importantes cuestiones, como el derecho de asistencia en el uso de medio electrónicos, calificado por el autor como el derecho más relevante para la lucha contra la brecha digital, o la cita previa obligatoria, también digitalmente organizada. Respecto de esta, superado el Derecho de excepción, el autor analiza su régimen jurídico e identifica la falta de cobertura legal suficiente. Por ello, buscando la causa de su mantenimiento, se cuestiona sobre el destinatario del beneficio de su existencia, si la ciudadanía o la propia administración pública que, de esta forma, disciplina casi militarmente el paso del ciudadano por ventanilla. Desde luego, creo que acierta el autor cuando afirma que en modo alguno esto es compatible con el principio de buena administración. Afortunadamente, según reciente noticia, se va a proceder a modificar la LPAC para eliminar su obligatoriedad. Seguro que por ignorancia no alcanzo a entender la noticia, y también ignoro si nuestros gobernantes saben lo que se explica en las facultades de Derecho sobre la teoría de la vinculación positiva de la administración pública a la ley.

Como tercer punto de su trabajo, el profesor Beltrán Castellanos pasa revista a las novedades que introdujo el Real Decreto 203/2021, de 30 de marzo, por el que se aprueba el Reglamento de actuación y funcionamiento del sector público por medios electrónicos (RAFME), así como a las medidas adoptadas por las administraciones públicas para intentar reducir la brecha digital. Es jugosa la introducción que se realiza en este tercer capítulo, en la que después de enumerar todo el elenco de documentos, programas, planes, estrategias e iniciativas estatales sobre digitalización, el autor constata la que denomina asimetría entre "la imposición del deber de relacionarse por medios electrónicos y la correspondiente necesidad de que las Administraciones públicas den soporte a la efectiva realización de los derechos". Y ello a pesar de que algunos de estos documentos tratan de reducir la brecha digital, pero a través de la propia digitalización. Nada nuevo en el horizonte.

En cuanto al RAFME, se advierte, en principio, una predisposición positiva del autor para localizar e interpretar favorablemente algunos de sus preceptos, esencialmente los conectados con el objetivo de garantizar servicios digitales fácilmente utilizables, para que la relación electrónica de la ciudadanía con la administración pública sea fácil, intuitiva y efectiva. No obstante, llega a conclusiones nada favorables, afirmando, en definitiva, la insensibilidad del RAFME ante la brecha digital y la ausencia de garantías efectivas de derechos.

Por su parte, en lo que concierne a las medidas adoptadas por las administraciones públicas para reducir la brecha digital a través de sus planes y estrategias, el autor hace referencia a algunas propuestas del Plan de Digitalización de las Administraciones Públicas 2021-2025. Concretas medidas que, para el profesor Beltrán, únicamente tienen utilidad y pueden servir de ayuda para aquellas personas que ya poseen competencias digitales necesarias y se relacionan habitualmente con determinados aparatos electrónicos, como el smartphone, pero que son inservibles -completamente inservibles, dice el autor- para aquellas personas que carecen de estos dispositivos o no están habituadas a su uso, esto es, carecen de competencias digitales básicas (casi la mitad de la población española, recuerda el autor). Por tanto, en cuanto a la digitalización de las administraciones públicas, no es que no haya nada nuevo en el horizonte, sino que lo que hay va en sentido inverso, y la brecha se ensancha. En este ámbito de la administración electrónica su atropellada aceleración convierte en más grave la situación. Esta es, sin duda, la sensación generalizada. Como es sabido, el Plan de Digitalización de las Administraciones Públicas 2021-2025 se integra en uno de los componentes del Plan de Recuperación, Transformación y Resiliencia y, según la RAE, por resiliencia se entiende la "capacidad de adaptación de un ser vivo frente a un agente perturbador o un estado o situación adversos", pues bien, precisamente esta es la idea de muchas personas respecto de la digitalización, esto es, un agente perturbador en sus relaciones con las instituciones públicas.

Una obra como esta, y de este autor, no puede terminar sin realizar propuestas para reducir la brecha digital, para garantizar derechos de la ciudadanía. A ello se dedica el profesor Beltrán en su cuarto y último capítulo, apostando por tres líneas, el refuerzo de las oficinas de asistencia en materia de registros, la mejora de las sedes y registros electrónicos y la aplicación de la responsabilidad social en las administraciones públicas. No voy a desvelar aquí estas propuestas, solo recomendar al lector su especial atención. Pero no puedo resistirme a realizar una breve referencia a una de ellas, me refiero a una propuesta sobre las denominadas por el autor medidas de refuerzo de las oficinas de asistencia, concretamente su “necesaria descentralización”, que el autor distribuye en tres niveles: nivel fijo mediante su multiplicación, nivel móvil mediante su configuración itinerante, y nivel domiciliario mediante su traslado a hogares de personas con alto grado de vulnerabilidad. Creo que nuestros gobernantes, antes de eliminar ficticias obligaciones de cita previa, deberían tomar nota y normativizar esta medida de refuerzo cuanto antes. Además, con ella se coadyuva a disminuir perplejidades digitales de nuestra normativa, a las que el autor hace referencia en varias ocasiones, llamando la atención del erróneo proceder que implica intentar dar soluciones a la brecha digital mediante propuestas basadas en la propia tecnología.

Precisamente, en relación con las oficinas de asistencia existe una de estas erróneas medidas. En efecto, no descubro nada si hago referencia al artículo 12 de la LPAC y a la medida de asistencia que se establece a través de los denominados funcionarios habilitados, apoyo para la correcta identificación o firma electrónica de aquellos interesados que no disponen de los medios electrónicos necesarios, siempre que presten su consentimiento expreso, así como al mandato de que las administraciones territoriales mantengan actualizado un registro, u otro sistema equivalente, de estos funcionarios habilitados. Pues bien, sin referirme a otras administraciones territoriales (la situación podría ser peor), respecto de la Administración General del Estado esta medida ha recibido un desarrollo normativo mediante la Orden PCM/1383/2021, de 9 de diciembre, por la que se regula el Registro de Funcionarios Habilitados en el ámbito de la Administración General del Estado, sus Organismos Públicos y Entidades de Derecho Público, que señala en su artículo 4 que “la persona interesada, previa acreditación de su identidad, deberá dar su consentimiento expreso para su identificación o firma por el personal funcionario habilitado para cada actuación administrativa que la requiera, a través del formulario que se incluye como Anexo I disponible en el Punto de Acceso General electrónico de la Administración General del Estado (https://administracion.gob.es)". Por tanto, como ayuda a las personas que carecen de medio electrónicos estas tienen que rellenar un formulario que se encuentra en formato electrónico. Pero, además, si vemos la transcrita dirección web también ahí se sigue ayudando a esas personas, ya que expresamente contiene la respuesta a la pregunta "¿a qué oficina puedo acudir para realizar un procedimiento electrónico mediante personal funcionario habilitado?", respuesta que literalmente dice: "podrá consultarse la relación de Oficinas de Asistencia de Materia de Registro (OAMR) u otras dependencias de atención al ciudadano en el Punto de Acceso General de la Administración General del Estado (PAGe)". Es fácil, si no tienes medios electrónicos solo tienes que acudir al PAGe y allí informarte. Parece obvio, y de sentido común, que estas personas se informarán de otro modo o, mejor apuntado, del modo que puedan y que, una vez identificado el lugar, se desplazarán para que el funcionario habilitado que les toque haga lo que corresponda, entre otras cosas, facilitarles el documento de consentimiento expreso.

Como conclusión, la garantía de derechos ante la digitalización pública exige, de manera imprescindible, gritar más fuerte, poner de manifiesto la necesaria adopción de medidas y de reformas normativas que eviten perjuicios a consagrados derechos de la ciudadanía. Por ello, me congratulo introducir esta obra, en la que el profesor José Miguel Beltrán Castellanos nos presenta de manera brillante la voz más fuerte y completa, hasta ahora, en esta necesaria lucha contra las inmunidades de la transición digital. Aunque, sinceramente, no esperaba otro resultado, tanto por la capacidad ya demostrada del autor, como por el maestro del que ha aprendido, mi admirado compañero y amigo, el profesor Germán Valencia Martín.

Alicante, febrero bisiesto de 2024

Juan Rosa Moreno

Abreviaturas

AEDAF: Asociación Española de Asesores Fiscales.

AVANT: Agencia Valenciana de Antidespoblamiento.

DEHú: Dirección electrónica habilitada única.

ENIA: Estrategia Nacional de Inteligencia Artificial.

LAE: Ley 11/2007, de 22 de junio, de acceso electrónico de los ciudadanos a los Servicios Públicos.

LFRS: Ley 18/2018, de 13 de julio, para el fomento de la responsabilidad social.

LIRPF: Ley 35/2006, de 28 de noviembre, del Impuesto sobre la Renta de las Personas Físicas.

LOPD: Ley Orgánica 3/2018, de 5 de diciembre, de Protección de Datos Personales y garantía de los derechos digitales.

LPAC: Ley 39/2015, de 1 de octubre, del Procedimiento Administrativo Común de las Administraciones Públicas.

LRJ-PAC: Ley 30/1992, de 26 de noviembre, de Régimen Jurídico de las Administraciones Públicas y del Procedimiento Administrativo Común.

LRJSP: Ley 40/2015, de 1 de octubre, de Régimen Jurídico del Sector Público.

OCU: Organización de Consumidores y Usuarios.

PAGe: Punto de Acceso General electrónico.

RAFME: Real Decreto 203/2021, de 30 de marzo, por el que se desarrolla el Reglamento de actuación y funcionamiento del sector público por medios electrónicos.

RS: Responsabilidad Social.

TIC: Tecnologías de la Información y la Comunicación.

TREBEP: Real Decreto Legislativo 5/2015, de 30 de octubre, por el que se aprueba el texto refundido de la Ley del Estatuto Básico del Empleado Público

Introducción

Uno de los grandes desafíos a los que se enfrentan las Administraciones Públicas en la actualidad es su adaptación a la llamada «sociedad digital». En efecto, la aplicación de las tecnologías de la información y la comunicación (TIC) se ha extendido a todos los ámbitos de la vida y las relaciones de la sociedad y, por ello, las Administraciones deben implementar también los nuevos avances tecnológicos en los diversos sectores de su actividad, pues presentan claras ventajas como como la agilización de trámites, simplificación de procedimientos, reducción del empleo del papel, etc. Sin embargo, las TIC tienen también contrapartidas que exigen el máximo rigor jurídico a la hora de implantarlas en el ámbito administrativo. Entre ellas cabe destacar, por una parte, la necesidad de tener en cuenta la existencia de la llamada «brecha digital», esto es, la persistencia de grupos de la población que encuentran dificultades en el acceso y el uso de los medios electrónicos. Así, en la sociedad actual, la digitalización y el impulso de capacidades digitales básicas supone un elemento indispensable tanto para el desarrollo profesional como el personal y social, pues la relación electrónica se aplica en los trámites con las entidades bancarias, en la búsqueda de empleo, en el acceso a los resultados de pruebas médicas, en la relación con la Hacienda pública, la Seguridad Social, etc. El problema surge cuando ese canal, el digital, se impone de manera tal que deja a una parte de la población al margen de estos servicios generando desamparo y desigualdades[1].

---

[1] SÁNCHEZ LAMELAS, A. «La reciente jurisprudencia sobre la obligación de utilizar los medios electrónicos en las relaciones administrativas», *Revista de Administración Pública,* núm. 220, 2023, pp. 185-186.

Por ello, la brecha digital es ahora mismo una de las principales causas de la aceleración de la desigualdad y la ampliación de las brechas sociales. El concepto de brecha digital ha ido evolucionando con el tiempo, y al concepto de acceso a las TIC, se le añaden también la adquisición de competencias digitales y el uso responsable de las mismas. Conceptos que se relacionan con variables como el lugar de residencia, el nivel formativo, la edad, el género, el nivel de renta y el contexto de las personas con discapacidad o diversidad funcional, generando perfiles más vulnerables a la brecha digital. En particular, sin las políticas adecuadas y específicas, las personas de edad avanzada y las personas con discapacidad o diversidad funcional son las más afectadas por la transformación digital. Del mismo modo, las mujeres tienen un riesgo mayor de ser víctimas de exclusión social debido a la brecha digital de género[2], particularmente en las edades más avanzadas.

Y, por otra parte, es imprescindible evitar el peligro de que la generalización de la Administración electrónica redunde en una merma de garantías para el administrado, especialmente si hacen prevalecer los aspectos técnicos y de eficiencia sobre los derechos de la ciudadanía[3]. De este modo, el alcance de la aplicación de las TIC al procedimiento administrativo nos enfrenta ante un desafío de enorme trascendencia, al mismo tiempo que

---

2 Plan de Transformación Digital 2025 (COM Digital 2025), pp. 87-88. Disponible aquí: https://innova.gva.es/documents/169273748/354628157/COM+DIGITAL+2025+castellano+interactivo.pdf/641ae06e-96b4-f8fa-43ec-ab02ac61cf3c?t=1645003593994 (acceso: 8 de octubre de 2023).

3 En el mismo sentido, ALMEIDA CERREDA, M., y MÍGUEZ MACHO, L., «Breve contextualización del estudio del nuevo régimen jurídico del funcionamiento por medios electrónicos del sector público y de la tramitación informática del procedimiento administrativo común», en ALMEIDA CERREDA, M., y MÍGUEZ MACHO, L. (Dirs.), *La actualización de la Administración electrónica*, Andavira editora, A Coruña, 2016, p. 14.

plantea retos de gran calado que han de abordarse desde la precaución con que debe enfrentarse la modernización técnica de una actividad fuertemente formalizada, y desde la necesidad de adaptar una institución tan relevante a los medios y técnicas generalmente aceptados en el normal desenvolvimiento de las relaciones socio-económicas[4]. No hay duda de que la tecnologización de la organización y los procedimientos ha producido un cambio en la concepción de las relaciones entre las Administraciones Públicas y los ciudadanos, pero este cambio exige que se mantengan, o incluso que se mejoren, los derechos y las garantías de la ciudadanía en el marco de estas relaciones.

En base a lo expuesto, la presente monografía tiene como finalidad el estudio de la brecha digital que asola a la ciudadanía en sus relaciones con las Administraciones Públicas, y que se ha visto notablemente intensificada en los últimos años con la aprobación de la actual Ley de procedimiento Administrativo y la Ley de Régimen Jurídico del Sector Público, así como por el Real Decreto 203/2021, de 30 de marzo, por el que se aprueba el Reglamento de actuación y funcionamiento del sector público por medios electrónicos. El objetivo último del estudio es pues, identificar qué derechos de la ciudadanía se ven vulnerados por su incapacidad de relacionarse con las Administraciones Públicas a través de medios electrónicos, para proponer posibles vías o cauces de mejora.

---

4 VALERO TORRIJOS, J., «La tramitación del procedimiento administrativo por medios electrónicos» en ALMEIDA CERREDA, M., y MÍGUEZ MACHO, L. (Dirs.), *La actualización de la Administración electrónica*, Andavira editora, A Coruña, 2016, pp. 179-180.

Capítulo I.
Brecha digital, ciudadanía y administraciones públicas

SUMARIO: I. PLANTEAMIENTO. II. PRINCIPALES CAUSAS DE LA BRECHA DIGITAL. III. COLECTIVOS VULNERABLES OBLIGADOS A RELACIONARSE ELECTRÓNICAMENTE CON LAS ADMINISTRACIONES PÚBLICAS: 1. CONTEXTO. 2. SUJETOS LEGALMENTE OBLIGADOS. 3. SUJETOS OBLIGADOS VÍA REGLAMENTOS: 3.1. SUPUESTOS GENERALES. 3.2. EL PARADIGMÁTICO CASO DE LOS OBLIGADOS TRIBUTARIOS. 4. EXCEPCIONES A LA RELACIÓN ELECTRÓNICA OBLIGATORIA. 5. VALORACIÓN FINAL: ¿DEBE SER LA ADMINISTRACIÓN ELECTRÓNICA OBLIGATORIA?

I. PLANTEAMIENTO

Las tecnologías de la información y la comunicación (TIC) se han convertido en el elemento dinamizador de la nueva sociedad en red, en la que el hardware, el software, y la capacidad para manejarlos se revelan como los instrumentos imprescindibles para el disfrute de la misma. Sin embargo, son numerosos los ciudadanos que aún no disfrutan de sus beneficios[5], bien por falta de acceso, bien por falta de competencias para poder incorporar las tecnologías en sus vidas y hacer un uso eficiente

5 MARTÍN ROMERO, A. M., «La brecha digital generacional», *Temas Laborales,* núm. 151, 2020, p. 79.

de las mismas[6]. De hecho, en España, el 43% de la población carece de competencias digitales básicas y un 8% jamás ha utilizado Internet[7]. Estos datos suponen, pues, que casi la mitad de la ciudadanía española puede verse afectada por la conocida brecha digital.

Si ponemos la mirada en la Comunitat Valenciana, las cifras son también preocupantes, pues según datos del «Plan de Transformación Digital de la Comunitat Valenciana COM DIGITAL 2025»[8] el 33,4% de la población valenciana posee competencias digitales bajas y el 33,1% posee cero competencias informáticas. Esto es, el 66,5% de la ciudadanía valenciana puede verse afectada por la brecha digital. Además, a nivel de

---

6 Informe 2022 Cátedra Brecha Digital Generacional «Las personas mayores en la era de la digitalización en la Comunidad Valenciana (Datos 2021)», p. 11. Disponible en: http://rua.ua.es/dspace/handle/10045/122914 (acceso: 9 de septiembre de 2023).

7 Plan Nacional de Competencias Digitales, Agenda 2030, p. 4. Disponible en: https://portal.mineco.gob.es/RecursosArticulo/mineco/ministerio/ficheros/210127_plan_nacional_de_competencias_digitales.pdf (acceso: 10 de septiembre de 2023). Según señala el propio documento, el Plan «supone un salto decisivo en la mejora de la eficacia y eficiencia de la Administración Pública, en la transparencia y eliminación de trabas administrativas a través de la automatización de la gestión, en una mayor orientación a la personalización de servicios y a la experiencia de usuario, así como actuando de elemento catalizador de la innovación tecnológica de nuestro país desde el ámbito público. Todo ello va a permitir mejorar la calidad de las políticas públicas y el servicio a la ciudadanía, adaptándolos a las necesidades específicas de los ciudadanos y ciudadanas y llegar, gracias a los servicios y entornos digitales, a garantizar la misma calidad y oferta de servicios en todo el territorio, contribuyendo así a la vertebración territorial y a la lucha contra la despoblación».

8 P. 91. Disponible en: https://cindi.gva.es/documents/169273748/354628157/COM+DIGITAL+2025+castellano+interactivo.pdf/641ae06e-96b4-f8fa-43ec-ab02ac61cf3c?t=1645003593994 (acceso: 8 de octubre de 2023).

infraestructura y comunicaciones, el 20% de la población no tiene acceso a ordenadores en sus hogares y un 14,2% no tiene acceso a Internet de banda ancha debido al alto precio de los equipamientos informáticos y al elevado precio del servicio de Internet. A lo que cabe sumar que, según la Agenda Valenciana de Antidespoblamiento (AVANT) existen actualmente 178 municipios en riesgo de despoblamiento, de los 542 que forman nuestra Comunidad, lo que, como después se comprobará, tiene importantes repercusiones para el acceso de sus habitantes a las TIC.

La brecha digital es un concepto complejo, multidimensional y sistémico, que emerge y es especialmente relevante en el marco de la sociedad digital, en el que la digitalización toma posiciones a la vez que se observan otros fenómenos con implicaciones estructurales, como es el envejecimiento de la población. En este contexto, los colectivos en situación de vulnerabilidad son aquellos grupos poblacionales que quedan al margen de los procesos de innovación y digitalización que imperan en la actualidad[9]. De este modo, según la Organización para la Cooperación y el Desarrollo Económicos la brecha digital es «la distancia existente entre individuos, áreas residenciales, áreas de negocios y geográficas en los diferentes niveles socioeconómicos en relación a sus oportunidades para acceder a las nuevas tecnologías de la información y la comunicación, así como al uso de Internet, lo que acaba reflejando diferencias tanto entre países como dentro de los mismos (OECD, 2001)»[10]. De forma similar, la Oficina Estadística de la Unión

9 Informe 2022 Cátedra Brecha Digital Generacional «Las personas mayores en la era de la digitalización en la Comunidad Valenciana (Datos 2021)», op. cit., p. 11.

10 *Organisation for Economic Cooperation and Development, Understanding the digital divide,* París: OECD, 2001, p. 5. Disponible aquí: https://www.oecd.org/digital/ieconomy/1888451.pdf (acceso: 8 de septiembre de 2023).

Europea (*Eurostat*)[11], define la brecha digital como «la distinción entre aquellos que tienen acceso a Internet y son capaces de usar los servicios que ofrece la *World Wide Web* y aquellos que son excluidos de estos servicios». Además, este organismo señala que esta brecha se puede clasificar de acuerdo con criterios que describen las diferencias en participación dependiendo del género, la edad, el nivel educativo, los ingresos, grupos sociales o localización geográfica.

Disponer por tanto de acceso a la esfera digital representa una necesidad indispensable para la vida cotidiana de las sociedades avanzadas y, sobre todo, genera diferencias notables entre aquellas personas que tienen capacidad y quienes no. Al contrario, la ausencia de vías de acceso o conocimiento de la tecnología conduce a la aparición de elementos que suponen una ruptura en la construcción de una sociedad con igualdad de oportunidades; por tanto, la brecha digital es, ahora mismo, una de las principales causas de aceleración de la desigualdad y de ampliación de diferencias sociales[12].

Por otra parte, la crisis sanitaria provocada por la pandemia del COVID-19 puso sobre la mesa el potencial que encierra la vida digital en nuestro día a día, tanto a nivel laboral, social, cultural o económico; sin embargo, el viraje hacia ese mundo intangible se realizó de manera improvisada en meses. Las restricciones de la movilidad aumentaron significativamente el teletrabajo, la educación a distancia y la interrelación con

---

11 https://ec.europa.eu/eurostat/statistics-explained/index.php?title=Glossary:Digital_divide (acceso: 10 de septiembre de 2023).

12 Servicio de análisis y diagnóstico de Brecha Digital existente en la Comunitat Valenciana mediante la realización de encuesta entre su población residente, p. 4. Disponible aquí: https://brechadigital.gva.es/documents/173628581/173628739/MACROENCUENTA+GFK+VERSION+CASTELLANO+PDF/f572d3f8-9f9c-4930-9b50-23ef3554c3d7 (acceso: 8 de septiembre de 2023).

la Administración pública de manera telemática, algo que no siempre fue satisfactorio. De hecho, el virus ha puesto de relieve las carencias y déficits que arrastra nuestro país para lograr una verdadera transformación digital[13]. Pensemos, por ejemplo, en la situación vivida por muchas familias a partir de marzo de 2020 durante el confinamiento y que no disponían de los equipos informáticos necesarios para teletrabajar o para que sus hijos pudiesen recibir clases a distancia mediante Internet[14].

Así, la crisis sanitaria ha puesto de relieve las fortalezas, pero también las carencias digitales de nuestro país. Entre las primeras, cabe señalar las infraestructuras de conectividad (sobre todo en las grandes ciudades), el desarrollo de la Administración electrónica en algunos ámbitos y la adaptabilidad de buena parte del tejido empresarial. Entre las segundas, la falta de equipamientos y la baja capacitación digital de buena parte de la población[15]. Además, debemos recordar también que el COVID19 ha implantado de manera generalizada en las Administraciones públicas el deber de obtener cita previa para ser atendido presencialmente. Y lo habitual es que la cita previa solo pueda lograrse por medios telemáticos, ya sea mediante una llamada de teléfono (en muchos casos, imposible de culminar), ya sea accediendo a una plataforma o web, lo que supone una barrera imposibilitante para muchas personas[16]. Este

---

13 ESPAÑA PÉREZ, J. A., «Planificación digital: un reto para las Administraciones Públicas», *Revista General de Derecho Administrativo»*, núm. 57, 2021, p. 2.

14 MARTÍNEZ GUTIÉRREZ, R., «Administración electrónica e inclusión digital en las entidades locales medianas y pequeñas: Brecha digital, servicios públicos y nuevos modelos de atención a la ciudadanía», en FONDEVILA ANTONLÍN, J (Dir.), *Transformación digital en las medianas y pequeñas entidades locales: retos en clave de eficiencia y sostenibilidad*, Wolters Kluwer, Madrid, 2022, p. 110.

15 Plan Nacional de Competencias Digitales, op. cit., p. 4.

16 Sobre la cita previa obligatoria *vid.* Capítulo II, apartado IV.

orden de cosas se mantiene, asombrosamente, tras el levantamiento de las restricciones de aforo y movilidad, superada ya la pandemia, a pesar de que carecen de cobertura normativa, no ya suficiente, sino en muchos casos, alguna[17].

Por todo ello, la situación excepcional generada por la pandemia no ha hecho más que poner de manifiesto la urgencia y necesidad de desarrollar una Administración digital que pueda responder a las necesidades de los ciudadanos y ciudadanas de una forma más ágil y efectiva. El reto, por tanto, se encuentra en poder desarrollar unos servicios públicos digitales más inclusivos, eficientes, personalizados, proactivos y de calidad para ciudadanos, ciudadanas y empresas[18].

II. PRINCIPALES CAUSAS DE LA BRECHA DIGITAL

Antes de proceder a analizar los impactos que la brecha digital provoca en las relaciones entre las Administraciones Públicas y la ciudadanía, debemos interrogarnos sobre las causas que provocan dicha brecha pues, si bien, en un primer momento el concepto aludía a la imposibilidad de acceso material a Internet, en la actualidad va mucho más allá, y supone la exclusión digital de ciertos colectivos[19]. Solo así, conociendo

---

17 GAMERO CASADO, E., «Cambio de tendencia en la jurisprudencia del Tribunal Supremo sobre administración digital (Comentario de varias sentencias de 2021 que flexibilizan el cumplimiento de requisitos por los ciudadanos o aumentan las exigencias a la Administración en las relaciones electrónicas)», *Revista Andaluza de Administración Pública,* núm. 110, 2021, p. 171.

18 Plan de Digitalización de las Administraciones Públicas 2021-2025, p. 4. https://portal.mineco.gob.es/RecursosNoticia/mineco/prensa/noticias/2021/210127_np_admon.pdf (acceso: 13 de septiembre de 2023).

19 COLOM, C., «Las brechas digitales que deben preocuparnos y ocuparnos», *Ekonomiaz,* núm. 98, 2020, p. 351.

cómo se origina esta brecha podrán realizarse luego propuestas precisas sobre cómo combatirla o reducirla cuando se producen las relaciones con la Administración.

Pues bien, la brecha digital tiene su origen en diferentes causas, aunque no deja de ser la prolongación de otras brechas preexistentes, provocadas por el factor económico[20]. Así, entre las causas que provocan la brecha se encuentran:

1. «La formación de la ciudadanía» de forma que cuanto menor sea la formación mayor es el riesgo de brecha digital, lo que afecta especialmente a personas mayores, personas inmigrantes y a personas jóvenes que abandonan prematuramente el ámbito educativo. Una persona sin alfabetización digital no sabrá usar un ordenador ni podrá beneficiarse de él, no sabrá acceder a Internet o navegar por la web[21]. Aquí hay que sumar el conocimiento de idiomas, pues el inglés es el idioma que domina la red (y los programas, menús de equipos, etc.), por lo que su conocimiento facilita el uso beneficioso de la misma. Por otro lado, los programas y servicios TIC son tan diversos y cambiantes, que el conocimiento se encuentra en continuo desafío, los individuos deben actualizar su conocimiento permanentemente si no quieren quedarse atrás o ser excluidos.

   Además, el uso de herramientas generalistas, sobre todo relacionadas con las comunicaciones y el entretenimiento (redes sociales o aplicaciones de mensajería tipo *Whatsapp*) no promueven necesariamente otros cono-

---

20 MARTÍN ROMERO, A. M., «La brecha digital generacional», op. cit., p. 80.

21 VARELA FERRÍO, J., *La brecha digital en España. Estudio sobre la desigualdad postergada.* Comisión ejecutiva confederal de UGT. Secretaría de participación sindical e institucional, Madrid, 2015, p. 42.

cimientos más especializados[22]. En efecto, no debemos confundir las competencias digitales con la simple utilización de herramientas tecnológicas como un *smartphone* o un ordenador. Las competencias digitales van más allá, orientándose a un uso creativo, crítico y seguro de las tecnologías de la información y la comunicación, con el conocimiento y control de las principales aplicaciones informáticas, el acceso a fuentes seguras y el conocimiento de los derechos y libertades que asisten a las personas en el mundo digital. Por tanto, contar con las competencias digitales necesarias[23] constituye una forma de promover la igualdad de oportunidades para evitar una sociedad a dos velocidades, de ciudadanos de primera y de segunda clase en función de sus competencias digitales, y del acceso a las nuevas tecnologías y sus beneficios o de la exclusión derivada de esa falta de acceso[24].

2. «La localización geográfica», ya que se dan diferencias importantes en el acceso a Internet entre las zonas urbanas y las zonas rurales, entre habitantes del centro y de la periferia de las ciudades y entre localidades de mayor o

---

22 Brecha digital y género en la Comunitat Valenciana, informe 2020, p. 57. Disponible en: https://brechadigital.gva.es/documents/173628581/173628739/1.1.InformeBDG_CV_2020_ES.pdf/95730871-0570-4f28-8b9f-5f691f4c3ce5 (acceso: 8 de septiembre de 2023).

23 A estos efectos, el artículo 83 de la Ley Orgánica 3/2018, de 5 de diciembre, de Protección de Datos Personales y garantía de los derechos digitales (LOPD) reconoce el derecho a la educación digital y encomienda al sistema educativo y a los planes de estudios universitarios la inserción del alumnado en la sociedad digital.

24 CAMPOS ACUÑA, C., «Competencias digitales de los empleados públicos: la base de la transformación digital a través de las personas» en CERRILLO I MARTÍNEZ, A. (Dir.), *La Administración Digital*, Dykinson, Madrid, 2022, pp. 381 y 385.

menor tamaño. En efecto, según datos del INE (2023)[25], cuanto mayor es la población del municipio de residencia y mayores son los ingresos netos, más equipamientos TIC tienen los hogares (ordenadores y teléfono fijo). Por el contrario, los espacios rurales se caracterizan por tener unas infraestructuras tecnológicas de peor calidad que el mundo urbano. Hay muchos territorios que no disponen hoy de banda ancha, o que ni siquiera tienen la posibilidad de conexión a internet. A menudo incluso no disponen de cobertura para poder comunicarse por teléfono móvil. Además, las competencias digitales de la población que reside en estos núcleos también se caracterizan por ser menores que las de las poblaciones urbanas[26]. A lo que cabe sumar que, el hecho de que estas poblaciones cuenten con pocos habitantes, añadido a que muchas veces estos territorios se encuentren lo suficiente alejados de los núcleos urbanos (con mayor densidad poblacional), hace que a las compañías tecnológicas no les resulten atractivos para invertir en ellos y dotarlos de infraestructura. Este escenario de carencia de infraestructura tecnológica provoca exclusión digital hacia la población que habita en los espacios rurales[27]. La pandemia ha agudizado todavía más los problemas originados por la brecha digital, en un contexto en el que, además, mucha gente de zonas urbanas se ha desplazado y esta-

---

25 https://www.ine.es/prensa/tich_2023.pdf (acceso: 30 de noviembre de 2023).

26 QUEROL, V.A (Coord.) *L'accés desigual des dels espais rurals a la transformación digital,* Càtedra Bretxa Digital i territori, Universitat Jaume I, 2021. p. 13. Disponible aquí: https://brechadigital.gva.es/documents/173628581/173628739/Informe-brecha-territorio-actualizado/47bf5e63-d2af-4a25-8dbc-e3da98f331cd (acceso: 8 de octubre de 2023).

27 *Ibidem.*

blecido en entornos rurales (para residir y teletrabajar). Eliminar esta brecha acontece pues un elemento fundamental para combatir el despoblamiento, y el acceso a internet debe ser un servicio universal tal y como reconoce el artículo 37 de la Ley 11/2022, de 28 de junio, General de Telecomunicaciones, garantizado para todos los consumidores con independencia de su localización geográfica, en condiciones de neutralidad tecnológica, con una calidad determinada y a un precio asequible.

3. «Los recursos económicos», pues para poder relacionarse digitalmente se requiere poder costear el gasto de la conexión a internet y adquirir un dispositivo electrónico que permita usar dicha conexión[28]. Según datos del INE (2022)[29] el 96,2% de los hogares con ingresos mensuales netos de 3.000 euros o más dispone de acceso fijo y el 3,4% lo hace sólo a través de móvil. Por el contrario, entre los hogares que ingresan menos de 900 euros los porcentajes son del 67,3% en acceso fijo y del 21,8% sólo mediante el móvil.

   A los problemas de acceso por carencia de infraestructuras adecuadas en muchas zonas rurales, a los que nos hemos referido antes, se suman las escasas posibilidades de elegir compañías telefónicas, puesto que no todas ofertan estos servicios para estas zonas con problemas de comunicación. Esto tiene un impacto negativo sobre las economías de las personas que viven en estos pueblos, que no tienen posibilidad de escoger la mejor oferta del mercado. Paradójicamente, en estas zonas con mayores

---

28 ANDRÉS DEL CAMPO, S., COLLADO ALONSO, R. y GARCÍA-LOMAS TABOADA, J. I., «Brechas digitales de género. Una revisión del concepto», *Revista científica electrónica de Educación y Comunicación en la Sociedad del Conocimiento*, núm. 20, 2020, p. 36.

29 https://www.ine.es/prensa/tich_2022.pdf (acceso: 16 de septiembre de 2023). Los datos de 2023 ya no distinguen por nivel de ingresos.

dificultades de conectividad, debido a la carencia de recursos y servicios, hay muchas gestiones que se tienen que hacer en línea. Es el caso, por ejemplo, de trámites bancarios en municipios en los que, lamentablemente, no hay oficinas bancarias o la realización de compras de determinados productos[30].

4. «El género». La brecha digital de género puede definirse como las desigualdades existentes entre hombres y mujeres en relación con las diferencias de acceso a infraestructuras de las tecnologías de la información y la comunicación[31]. La brecha digital de género mide, pues, el retraso respecto a los varones que las mujeres sufren en la incorporación al uso de las nuevas tecnologías. Esta brecha afecta principalmente a las mujeres que nunca se han incorporado al mercado laboral, o a los trabajos que requieren un menor uso del ordenador. Además, en España, a pesar de que un 55% de los estudiantes universitarios son mujeres, siguen siendo una minoría las especialistas en tecnología (16%), las empleadas en servicios tecnológicos (29%), así como en servicios de tecnología punta (32%). La proporción de mujeres especialistas en tecnología permanece estancada en un mero 1,1% del empleo femenino total (el promedio de la UE es de un 1,4%)[32]. Además, en las edades más avanzadas la brecha

---

30 *La Brecha digital de género. ¿Una cuestión inexistente, intangible, ignorada o no asumida?*, Cátedra de Brecha Digital de Género, Universitat de València, 2021, pp. 46-47. Disponible aquí: https://brechadigital.gva.es/documents/173628581/173628739/2021+UV+INFORME+BD+DE+GENERO_CAST/92d1f957-a843-4822-a518-13c52d70bc3a (acceso: 9 de septiembre de 2023).

31 OLARTE ENCABO, S., «Brecha digital, pobreza y exclusión social», *Temas Laborales*, núm. 138, 2017, p. 294.

32 DONOSO-VÁZQUEZ, T., ESTRADRÉ, S. y VERGÉS, N., «Brecha digital de género» *Documentos de Trabajo*, núm. 70, 2022, p. 14.

de género se incrementa, sobre todo a partir de los 45 años[33]. En cualquier caso, y aunque las mujeres y los hombres no tienen por qué comportarse de forma idéntica ante las TIC, sí deben tener las mismas oportunidades de acceso y utilización: a la formación e información sobre las mismas, a disponer del suficiente tiempo para poder conectarse y utilizarlas plenamente, a las infraestructuras tecnológicas necesarias, a contenidos adecuados, etc.[34].

5. «Las personas con discapacidad o diversidad funcional», respecto de las cuales, la brecha digital es un obstáculo añadido a su realidad cotidiana, una barrera más que sumar a los obstáculos tradicionales[35]. Teniendo en cuenta que el ordenamiento jurídico y las Administraciones públicas deben garantizar a las personas con discapacidad su desarrollo, realización personal e inclusión social, así como que puedan tener una vida en iguales condiciones que el resto de los ciudadanos, que les permita contribuir con sus importantes capacidades al progreso de la sociedad[36], sin embargo, por ejemplo, en la Comunitat Valenciana un 17.1% de las personas discapacitadas no disponen todavía de acceso a Internet en sus hogares[37],

---

33 RAMOS LLANOS, A., y RODRÍGUEZ SÁNCHEZ, M., «Brecha digital de género en España. Consecuencias sociales y económicas», *Revista cuatrimestral de las Facultades de Derecho y ciencias Económicas y empresariales,* núm. 76, 2009, p. 240.

34 RAMOS LLANOS, A., y RODRÍGUEZ SÁNCHEZ, M., «Brecha digital de género en España. Consecuencias sociales y económicas», op cit., p. 244.

35 VARELA FERRÍO, J., *La brecha digital en España. Estudio sobre la desigualdad postergada,* op. cit., p. 54.

36 MORENO MOLINA, J. A., «Discapacidad y ciudadanía digital» en DE LA QUADRA-SALCEDO, T. y PIÑAR MAÑAS, J. L., (Dirs.), *Sociedad Digital y Derecho,* BOE, Madrid, 2018, p. 455.

37 MARTÍNEZ TORÁN, M. y ESTEVE SENDRA, C., *Brecha Digital y discapacidad. Una visión desde las entidades,* Sendemà Edito-

y un 69.7% no tienen firma digital[38]. Las barreras, por supuesto, varían en función de la concreta discapacidad, pero, por ejemplo, una persona sorda no podrá solicitar por sí misma cita previa para acudir a una Administración pública por teléfono, y si no dispone de internet, tampoco por la sede electrónica.

6. «La edad de los usuarios». El uso diario de Internet está muy generalizado entre las personas de 16 a 24 años (el 99,8% lo utiliza). Ahora bien, como ya advertimos, no hay que confundir el uso de internet con las competencias digitales avanzadas, necesarias, entre otras cosas, para el desempeño de puestos de trabajo cualificados o para relacionarse electrónicamente con las Administraciones Públicas. Además, el uso de internet va descendiendo conforme aumenta la edad. A partir de los 55 años se sitúa en el 83,2% y, en el grupo de 65 a 74 años baja hasta el 65,1%[39]. En cuanto al uso de las TIC por las personas de 75 y más años, tan solo un 24,1% hace un uso diario de la red (datos de finales de 2022[40]) y se trata de actividades muy sencillas, pues destacan el uso de aplicaciones de mensajería instantánea tipo *WhatsApp*, o para realizar videollamadas a través de Internet.

---

rial, Valencia, 2021, p. 55. Disponible aquí: https://brechadigital.gva.es/documents/173628581/173628739/informe_V5_borrador_1.pdf/39e6fb29-bed0-4e99-a3cb-2d1b8b2c701c (acceso: 9 de septiembre de 2023).

38 MARTÍNEZ TORÁN, M. y ESTEVE SENDRA, C., *Brecha digital y discapacidad. Una perspectiva centrada en las personas,* op. cit., p. 36.

39 https://www.ine.es/prensa/tich_2023.pdf (acceso:30 de noviembre de 2023).

40 https://www.ine.es/prensa/tich_2022.pdf (acceso: 30 de noviembre de 2023). El INE no ha publicado datos respecto de personas de 75 y más años en 2023.

Por otra parte, la brecha digital por razón de la edad puede estar supeditada a las condiciones de trabajo en las que los trabajadores han desarrollado su vida profesional, pues los trabajadores de determinados sectores profesionales, que requieren de una capacitación superior, suelen estar más involucrados en procesos de reciclaje, por lo que gozan de una capacidad de aprendizaje mayor, que se mantiene casi intacta a lo largo de su vida. Mientras que otras trabajadoras y trabajadores que no han desarrollado estos empleos se enfrentan al reto del manejo, adecuado y productivo, de las nuevas tecnologías, que, por otra parte, se van complicando cada día que pasa[41].

En resumen, la brecha digital se refleja de forma marcada en función de la edad, la educación y el nivel de ingresos: las personas con menor nivel de estudios, personas de 65 a 74 años, y en concreto mujeres de más de 74 años, y personas con menor nivel de ingresos son las más afectadas por esta brecha, teniendo en cuenta que, en España, 7 millones de personas son mayores de 65 años, 9.6 millones de españoles viven en municipios de menos de 10.000 habitantes y 11 millones de personas viven en situación de pobreza[42]. Al hilo de esta situación se han acuñado expresiones como las de «no nativos digitales» o «inmigrantes digitales» aplicable a aquellos estratos de población (particularmente amplios sectores de la tercera edad) que ignoran el funcionamiento de los sistemas digita-

41 MARTÍN ROMERO, A. M., «La brecha digital generacional», op. cit., p. 92.

42 GÓMEZ CRESPO, M. L. y DE LA TORRE CUELLAR, I., *Brecha digital social y defensa de los derechos humanos,* Plataforma de ONG de Acción Social, Ministerio de Sanidad Consumo y Bienestar Social, 2021, p. 5. Disponible en: https://plataformaong.org/ARCHIVO/documentos/biblioteca/1614239950_brecha-digital-y-defensa-de-los-derechos-humanos-anlisis-cuantitativo.pdf (acceso: 2 de octubre de 2023).

les y se convierten en meros consumidores pasivos[43]. Por todo ello, debemos advertir que el desarrollo de las tecnologías está siendo cada vez más acelerado y más excluyente, lo que se debe a que se está incrementando su desarrollo sin un verdadero análisis de impacto en el uso de las nuevas tecnologías para llegar a la población, de forma que, para llegar a quienes más lo necesitan, se requieren capacidades que, además, no han sido igualmente desarrolladas en hombres y mujeres[44].

III. COLECTIVOS VULNERABLES OBLIGADOS A RELACIONARSE ELECTRÓNICAMENTE CON LAS ADMINISTRACIONES PÚBLICAS

1. Contexto

Uno de los desafíos más relevantes que conlleva el proceso de modernización tecnológica de las Administraciones Públicas consiste en la instauración de un marco normativo adecuado que contemple las singularidades que implica el uso de las TIC para su actividad, tanto desde el punto de vista interno como, sobre todo, en sus relaciones con los ciudadanos[45]. El artículo 45 de la Ley 30/1992, de 26 de noviembre, de Régimen Jurídico de las Administraciones Públicas y del Procedimiento Administrativo Común (LRJ-PAC) constituyó el punto de partida normativo del desarrollo que en los últimos años se ha pro-

---

43 LÍBANO BERISTAIN, A., «La era digital» en ROMEO CASABONA, C. M., *Tratado de Derecho y Envejecimiento. La adaptación del Derecho a la nueva longevidad,* Wolters Kluwer, Madrid, 2021, p. 867.

44 GÓMEZ CRESPO, M. L. y DE LA TORRE CUELLAR, I., *Brecha digital social y defensa de los derechos humanos,* op. cit., p. 7.

45 VALERO TORRIJOS, J., *El régimen jurídico de la e-Administración. El uso de medios informáticos y telemáticos en el procedimiento administrativo común,* 2ª Ed., Comares, Granada, 2007, p.1.

ducido en este ámbito[46], al disponer que «las Administraciones Públicas impulsarán el empleo y aplicación de las técnicas y medios electrónicos, informáticos y telemáticos, para el desarrollo de su actividad y el ejercicio de sus competencias, con las limitaciones que a la utilización de estos medios establecen la Constitución y las Leyes». Posteriormente, una regulación más exhaustiva y sistemática vendría de la mano de la Ley 11/2007, de 22 de junio, de acceso electrónico de los ciudadanos a los Servicios Públicos (LAE)[47], cuya principal novedad fue, según su exposición de motivos, que el servicio al ciudadano en la sociedad de la información exige «consagrar su derecho a comunicarse con las Administraciones por medios electrónicos[48]»[49].

---

[46] Sobre los antecedentes legales de la Administración electrónica en España *vid.* BOCANEGRA REQUENA J. M. y BOCANEGRA GIL, B., *La Administración electrónica en España. Implantación y régimen jurídico,* Atelier, 2011, pp. 58-79.

[47] Desarrollada parcialmente por el Real Decreto 1671/2009, de 6 de noviembre.

[48] La LPAC no define lo que es un «medio electrónico», a diferencia de la LAE que lo definía en su anexo, letra p), como «Mecanismo, instalación, equipo o sistema que permite producir, almacenar o transmitir documentos, datos e informaciones; incluyendo cualesquiera redes de comunicación abiertas o restringidas como Internet, telefonía fija y móvil u otras». Coincidimos con COTINO HUESO en que se puede seguir manejando aquella noción omnicomprensiva de «electrónico» que evita necesarias precisiones respecto de «informático» (la informática, a diferencia de la electrónica, hace referencia al tratamiento automático de la información) y de «telemático» (la telemática implica la comunicación entre equipos informáticos distintos). COTINO HUESO, L., «El derecho y el deber de relacionarse por medios electrónicos (art. 14. LPAC). Asistencia en el uso de medios electrónicos a los interesados (art. 12)», en GAMERO CASADO, E. (Dir.), *Tratado de procedimiento administrativo común y régimen jurídico básico del sector público,* Tirant lo Blanch, Valencia, 2017, p. 480.

[49] Así lo reconoce también la LPAC al señalar en su exposición de motivos que «si bien la Ley 30/1992, de 26 de noviembre, ya fue

Actualmente, con estas dos leyes ya derogadas[50], el Plan de Digitalización de las Administraciones Públicas 2021-2025[51] afirma que las importantes reformas normativas, y en particular, la Ley 39/2015, de 1 de octubre, del Procedimiento Administrativo Común de las Administraciones Públicas (LPAC) y la Ley 40/2015, de 1 de octubre, de Régimen Jurídico del Sector Público (LRJSP), han supuesto un impulso en la adopción de procesos y medios digitales en la Administración Pública, avanzando en la digitalización de la gestión de los servicios públicos, reduciendo los costes unitarios y los plazos de tramitación. En la actualidad, se está culminando este esfuerzo de adaptación derivado de estas dos normas, pero a pesar de este impulso legislativo y de inversión, la relación digital con los ciudadanos y ciudadanas se caracteriza actualmente por ser «transaccional, atomizada, generalista y no personalizada». Este hecho dificulta el acceso a las políticas, ayudas y servicios públicos de las Administraciones por parte de los colectivos objetivo de las mismas, especialmente aquellos más vulnerables.

En efecto, la administración electrónica o e-administración permite a las personas usuarias acceder a las administraciones y a los servicios públicos a través de Internet. Las actividades que se pueden realizar son variadas, tales como la tramitación de documentos oficiales como el DNI, las autorizaciones (permiso de circulación, licencia de obras, etc.), la matriculación en centros educativos, la tramitación de prestaciones sociales,

---

consciente del impacto de las nuevas tecnologías en las relaciones administrativas, fue la Ley 11/2007, de 22 de junio, de acceso electrónico de los ciudadanos a los Servicios Públicos, la que les dio carta de naturaleza legal, al establecer el derecho de los ciudadanos a relacionarse electrónicamente con las Administraciones Públicas, así como la obligación de éstas de dotarse de los medios y sistemas necesarios para que ese derecho pudiera ejercerse».

50 Por la disposición derogatoria única de la LPAC.

51 P. 4.

el pago de sanciones o la liquidación de impuestos, entre otras. Ahora bien, si las Administraciones Públicas no responden a las necesidades de las personas y se alejan de los problemas de la ciudadanía, existe un gran riesgo de que las políticas no puedan responder a las necesidades sociales reales. Se necesitan menos máquinas y más personas que acompañen a las personas con dificultades o con competencias digitales bajas en su garantía de derechos sociales, pues en la medida que las personas no tienen acceso al ámbito digital y no tienen las habilidades requeridas para hacer uso de estos servicios, se les está excluyendo del ejercicio de sus derechos[52], ya que el uso de la red adquiere una relevancia superior al ofrecer al ciudadano prestaciones y servicios, en ocasiones, imprescindibles para ejercitar derechos y deberes ciudadanos[53].

Y es que precisamente para estas personas, muchas de las cuales son quienes más ayuda necesitan de las instituciones públicas por su situación de especial vulnerabilidad (personas mayores o sin recursos económicos), la posibilidad de tramitar los procedimientos de forma electrónica no está a su alcance. Por ejemplo, en la medida en que los servicios públicos se prestan o se solicitan por medios electrónicos, muchas personas no pueden beneficiarse de ellos e incluso, quedan al margen del ejercicio de sus derechos (u obligaciones), por lo que el Estado social puede verse comprometido si los ciudadanos no pueden solicitar ayudas, información pública, o liquidar impuestos y pagar multas. Las instituciones públicas deben, por tanto, adoptar medidas efectivas para que el ejercicio de sus derechos no se vea afectado. De lo contrario, como decimos,

---

[52] *Cfr.* GÓMEZ CRESPO, M. L. y DE LA TORRE CUELLAR, I., *Brecha digital social y defensa de los derechos humanos,* op. cit., pp. 6-7.

[53] MARTÍN ROMERO, A. M., «La brecha digital generacional», op. cit., p. 81.

estas personas se quedarán atrás, se desconectarán de las instituciones y no podrán confiar en las mismas[54].

Ciertamente, la administración electrónica era apreciada en sus primeros tiempos (al inicio de este siglo) como un instrumento para la mejora de los derechos de la ciudadanía y de la eficiencia de la Administración. Sin embargo, la realidad de nuestros días es muy diferente y conforme se ha ido implementando el uso de los medios electrónicos en nuestras administraciones públicas «se manifiesta una pérdida de derechos de los ciudadanos en su relación con las Administraciones públicas, particularmente apreciable cuando se impone el deber de relacionarse por medios electrónicos»[55]. Por tanto, podemos afirmar que, con carácter general, cuanto más electrónica es una Administración Pública, más derechos vulnera.

Siguiendo a GAMERO CASADO[56], las barreras más comunes con las que se encuentra la ciudadanía a la hora de presentar escritos en los registros y plataformas públicas, surgen por la imposición de campos obligatorios (cuya cumplimentación es necesaria para poder avanzar en la tramitación electrónica), la restricción del tamaño de los ficheros adjuntos (o, incluso, la denominación de éstos, produciendo errores si son algo extensas o contienen tildes) o la escasa usabilidad de las herramientas (que les lleva a confusiones tales como pensar que concluyeron el trámite de presentación sin haberlo logrado, viéndose posteriormente excluidos del procedimiento) lo que supone que, a menudo, no se logre realizar la presentación en plazo. De este modo, por razo-

54 BLANES CLIMENT, M. A., «La confianza en las instituciones Públicas», *Revista Española de la Transparencia*, núm. 14, 2022, p. 22.

55 GAMERO CASADO, E. «Cambio de tendencia en la jurisprudencia del Tribunal Supremo sobre administración digital», op. cit., p. 164.

56 GAMERO CASADO, E. «Cambio de tendencia en la jurisprudencia del Tribunal Supremo sobre administración digital», op. cit., p. 165 y 171-172.

nes de usabilidad (diseños poco intuitivos), hay usuarios, incluso avanzados, que no logran completar la presentación.

A todo ello, cabe sumar que cada nivel administrativo tiene, por lo común, sus propias plataformas tecnológicas/digitales a las que el ciudadano debe adaptarse, en no pocos casos de forma individualizada y sin asistencia de ningún tipo. El tránsito por varias de ellas sume en el desconcierto o en la desesperación a los usuarios. Quien tiene recursos contrata los servicios de un gestor, asesor, informático o de cualquier profesional que le realice esas gestiones telemáticas a las que está obligado *de iure* o, tras la pandemia, *de facto*. Quien no los tiene se busca la vida, acude a los amigos o familiares[57].

De hecho, según datos del INE[58] entre las causas por las cuales los usuarios de Internet no solicitaron un documento oficial o presentaron una reclamación teniendo la necesidad de hacerlo, la principal, con el 59,2%, es que lo tramitó por Internet otra persona en su nombre. Además, el 60,9% de los usuarios declaran haber tenido algún problema con el uso de la administración electrónica, como problemas técnicos al utilizar el sitio web (el 43,1%), dificultad en el uso (el 39,1%) y problemas al utilizar la firma electrónica (el 24,1%). Además, en el caso de la Comunitat Valenciana, el Observatorio de brecha digital, a través de la Dirección General para la lucha contra la brecha digital ha realizado un análisis y estudio de la Brecha Digital en la Comunitat Valenciana a través de encuestas[59], a partir de las cuales se ha detectado que los motivos por los

---

57 JIMÉNEZ ASENSIO, R., «Administración digital y servicios a la ciudadanía: estado de la cuestión tras algunas (malas) lecciones de la pandemia», *Defensoría del Pueblo del País Vasco*, 2021, p. 6.

58 https://www.ine.es/prensa/tich_2022.pdf (acceso: 22 de septiembre de 2023).

59 En concreto, 4.018 encuestas telefónicas a población residente en la Comunitat Valenciana de 16 a 85 años en el mes de noviembre de 2021.

cuales los usuarios no logran enviar formularios a la Administración son el desconocimiento o falta de habilidades (49,4%), la falta de firma o certificado electrónico (30,0%) y la preocupación por la protección de datos y/o la seguridad (27,3%)[60].

Todos estos inconvenientes y problemáticas que hemos reflejado en el uso de los medios electrónicos por parte de aquellas ciudadanas y ciudadanos que se relacionan electrónicamente con las Administraciones Públicas adquieren una relevancia adicional por el hecho de que, para numerosos colectivos de sujetos o personas, esta forma de relación es obligatoria, por lo que a continuación examinaremos quiénes son estos colectivos y en qué términos se encuentran obligados a la relación digital.

2. Sujetos legalmente obligados

Debemos empezar por distinguir entre las dos dimensiones de la Administración electrónica, ya que las obligaciones y exigencias en cada una de las dos dimensiones deben adaptarse a sus potenciales destinatarios, pues no es lo mismo establecer obligaciones para los empleados públicos que para las personas que se relacionan con las Administraciones[61]. En la dimensión interna, las Administraciones están obligadas a tramitar el procedimiento por medios electrónicos, al margen de que algunos trámites con la persona interesada puedan realizarse

60 Servicio de análisis y diagnóstico de Brecha Digital existente en la Comunitat Valenciana mediante la realización de encuesta entre su población residente. Informe de resultados, p. 38. Disponible en: https://brechadigital.gva.es/documents/173628581/173628739/MACROENCUENTA+GFK+VERSION+CASTELLANO+PDF/f572d3f8-9f9c-4930-9b50-23ef3554c3d7 (acceso: 29 de septiembre de 2023).

61 MARTÍNEZ GUTIÉRREZ, R., «Administración electrónica e inclusión digital en las entidades locales medianas y pequeñas: Brecha digital, servicios públicos y nuevos modelos de atención a la ciudadanía», op. cit., pp. 102-103.

de manera «tradicional» como, por ejemplo, la notificación en papel[62]. Así lo declara expresamente la LPAC en su preámbulo al señalar que su título IV incorpora a las fases de iniciación, ordenación, instrucción y finalización del procedimiento el uso generalizado y obligatorio de medios electrónicos. Igualmente, se incorpora la regulación del expediente administrativo estableciendo su formato electrónico y los documentos que deben integrarlo. Y ello puede constatarse también en su articulado[63]. De este modo, tanto la LPAC como la LRJSP han ido más allá de la LAE, obligando a que las actuaciones se produzcan con carácter general por medios electrónicos: el procedimiento (en particular, la instrucción del mismo) se sustancia por medios electrónicos, los expedientes tienen formato electrónico, la resolución se dicta electrónicamente y el archivo de los documentos utilizados en las actuaciones administrativas se produce por medios electrónicos[64].

---

62 *Ibídem*, p. 110.

63 Por ejemplo, el artículo 16.1 señala que «cada Administración dispondrá de un Registro Electrónico General»; el artículo 26.1 dispone que «las Administraciones Públicas emitirán los documentos administrativos por escrito, a través de medios electrónicos»; el artículo 36.1 establece que «los actos administrativos se producirán por escrito a través de medios electrónicos»; el artículo 71.1 señala que «el procedimiento, sometido al principio de celeridad, se impulsará de oficio en todos sus trámites y a través de medios electrónicos, respetando los principios de transparencia y publicidad». También el artículo 75.1 «los actos de instrucción necesarios para la determinación, conocimiento y comprobación de los hechos en virtud de los cuales deba pronunciarse la resolución, se realizarán de oficio y a través de medios electrónicos» o el artículo 80.2 «los informes serán emitidos a través de medios electrónicos».

64 MARTÍN DELGADO, I. (Dir.), *La reforma de la Administración electrónica: Una oportunidad para la innovación desde el Derecho*, Instituto Nacional de Administración Pública, Madrid, 2017, p. 9.

Además, ambas leyes suponen la consagración de un nuevo «principio de preferencia del medio electrónico»[65], que en el caso de la LRJSP está claramente enunciado para las relaciones interadministrativas en su artículo 3.2, al disponer que «las Administraciones Públicas se relacionarán entre sí y con sus órganos, organismos públicos y entidades vinculados o dependientes a través de medios electrónicos, que aseguren la interoperabilidad y seguridad de los sistemas y soluciones adoptadas por cada una de ellas» por lo que se establece el medio electrónico no ya como preferente, sino como exclusivo.

En cambio, en la dimensión externa, esta es, en la relación de la Administración con la ciudadanía, las personas físicas pueden (debemos matizar que «en principio») elegir en todo momento si se comunican con las Administraciones Públicas para el ejercicio de sus derechos y obligaciones a través de medios electrónicos o no, salvo que, precisamente, estén obligadas a relacionarse a través de medios electrónicos con las Administraciones Públicas (art. 14.1 LPAC). Aquí es donde se ha producido un notable cambio con respecto a la legislación anterior, pues en la LAE el punto de partida era un derecho de la ciudadanía a la relación electrónica (art. 6.1) y una también genérica libertad de elección del medio (art. 27.1). Pero, además, la LAE solo permitía a la Administración la comunicación electrónica con los ciudadanos «siempre que así lo hayan solicitado o consentido expresamente» (art. 27.2), y el artículo 35.1 establecía la voluntariedad como criterio para la iniciación de un procedimiento administrativo a solicitud de interesado por medios electrónicos[66]. En

---

65 GAMERO CASADO, E. «Encuadre de la nueva legislación en el acervo del Derecho administrativo», en GAMERO CASADO, E. (Dir.), *Tratado de procedimiento administrativo Común y régimen jurídico básico del sector público,* Tirant lo Blanch, Valencia, 2017, p. 76 (versión digital).

66 Para más información sobre el régimen anterior vid., COTINO HUESO, L., «El derecho y el deber de relacionarse por medios elec-

cambio, como hemos señalado, el punto de partida en la LPAC es la comunicación electrónica, ya no hay un derecho genérico a comunicarse presencialmente con la Administración, salvo en el caso de las personas físicas, que sí pueden elegir (art. 14.1), por lo que se presupone el derecho a relacionarse de forma «presencial», aunque —de forma consciente— se evite ese término[67].

Pues bien, tras esa regla general para las personas físicas, el apartado 2º del artículo 14 de la LPAC contiene toda una serie de generosas excepciones. En efecto, como afirma GAMERO CASADO[68] «el art.14.2 de la LPAC impone a un amplio universo de sujetos el deber de relacionarse por medios electrónicos; entre ellos, a todas las personas jurídicas, entre las que no solo se encuentran las sociedades mercantiles, sino también las asociaciones de todo tipo, las comunidades de vecinos, etc.». Además, la obligación alcanza a cualquier trámite de un procedimiento administrativo, de forma que los actos de relación entre los sujetos obligados y la Administración el seno del procedimiento deberá efectuarse en exclusiva por medios electrónicos y sin margen de interpretación, al tratarse de una obligación clara, precisa y certera, pues la obligación se da «en todo caso» y sin necesidad de ningún tipo de desarrollo reglamentario o disposición[69], salvo en el caso de los empleados de las Administraciones

---

trónicos (art. 14. LPAC). Asistencia en el uso de medios electrónicos a los interesados (art. 12)», op. cit., pp. 485-486.

67 GONZÁLEZ RÍOS, I., «Servicios públicos digitales: naturaleza jurídica y garantías para el ciudadano», *Revista de Administración Pública,* núm. 21, 2023, p. 39.

68 GAMERO CASADO, E., «Cambio de tendencia en la jurisprudencia del Tribunal Supremo sobre administración digital», op. cit., p. 167.

69 MARTÍNEZ GUTIÉRREZ, R., «Administración electrónica e inclusión digital en las entidades locales medianas y pequeñas: Brecha digital, servicios públicos y nuevos modelos de atención a la ciudadanía», op. cit., p. 112.

Públicas [en la forma en que se determine reglamentariamente por cada Administración, art. 14.2.e) LPAC].

Si repasamos el precepto se puede comprobar que ese universo de sujetos alcanza a colectivos de personas vulnerables a la brecha digital como podrían ser las personas mayores, con discapacidad o con pocos recursos. Desde este prisma, son sujetos obligados a relacionarse electrónicamente con la Administración:

a) «Las personas jurídicas», con independencia de su naturaleza jurídica y de la concreta capacidad económica y técnica de la entidad y sus administradores[70]. Ya no es necesario demostrar en el caso concreto que la persona jurídica tiene garantizado el acceso y la disponibilidad de los medios electrónicos necesarios para relacionarse con la Administración[71], pues directamente lo presume la Ley. Igualmente, no se incluye ningún tipo de condicionante adicional en las actividades para su inclusión, ni por razón del tipo de actividad que lleven a cabo, ni por razón de su volumen de medios personales o cualquier otro tipo de magnitud[72] (como podría ser su volumen de negocio o situación económica).

---

70 MARTÍN DELGADO, I., «Algunos aspectos problemáticos de la nueva regulación del uso de los medios electrónicos por las Administraciones Públicas», *Revista Jurídica de la Comunidad de Madrid*, núm. 2018, 2018, p. 10.

71 Como sí preveía el artículo 27.6 de la LAE: «Reglamentariamente, las Administraciones Públicas podrán establecer la obligatoriedad de comunicarse con ellas utilizando sólo medios electrónicos, cuando los interesados se correspondan con personas jurídicas o colectivos de personas físicas *que por razón de su capacidad económica o técnica, dedicación profesional u otros motivos acreditados tengan garantizado el acceso y disponibilidad de los medios tecnológicos precisos*».

72 URIOS APARISI, X., «Consideraciones generales sobre la reforma de la Administración electrónica», en MARTÍN DELGADO, I. (Dir.), *La reforma de la Administración electrónica: Una oportunidad para*

Seguramente las grandes empresas pueden salvar la imposición de este tipo de relación (encargando, si fuera necesario, su gestión a un tercero o contratando profesionales a estos efectos) pero no olvidemos que el tejido empresarial español se compone mayoritariamente de PYMES. En el mismo sentido, afirma MENÉNDEZ SEBASTIÁN[73] «que no puede equipararse todo tipo de personas jurídicas, pues no es lo mismo una multinacional que un negocio familiar con muchos menor recursos». Pues bien, pensemos es una pequeña sociedad, por ejemplo, una carpintería tradicional regentada por dos socios de cierta edad (60 años). Tendrán que relacionarse con la Administración por medios electrónicos para solicitar una autorización, una subvención o liquidar un impuesto, aunque su acercamiento a las tecnologías sea mínimo. Del mismo modo, la obligación alcanza a las asociaciones, ONG y personas jurídicas sin ánimo de lucro, a las que la imposición de la relación electrónica puede suponer una barrera al acceso de servicios públicos y subvenciones y, además, suelen encontrar entre sus filas tanto a personas jubiladas que buscan destinar su tiempo a fines sociales, como a personas con discapacidad, viéndose ambos colectivos inmersos en la relación digital con las Administraciones Públicas para los trámites que mantengan con estas. Para estas personas jurídicas, muy probablemente la obligación termina suponiendo un coste adicional al tener que contratar los servicios de gestión a un tercero.

---

la innovación desde el Derecho, Instituto Nacional de Administración Pública, Madrid, 2017, p. 204.

73 MENÉNDEZ SEBASTIÁN, E. M., *Las garantías del interesado en el procedimiento administrativo electrónico: luces y sombras de las nuevas Leyes 39 y 40/2015*, Tirant lo Blanch, Valencia, 2017, p. 24.

En consecuencia, esta previsión legal es criticable, en la medida en que pueden existir personas jurídicas en situación de fractura o brecha digital, es decir, con problemas de accesibilidad a los medios electrónicos y que, como consecuencia de dicha obligación, se vean privadas en la práctica del derecho de acceso a los procedimientos administrativos (cuando además se encuentran, como se verá, excluidas también del derecho a ser asistidas en el uso de medios electrónicos *ex* artículo 12.2 LPAC)[74].

Pese a lo señalado, la jurisprudencia respalda esta exigencia legal que ya recogía (aunque como posibilidad de exigirla reglamentariamente) el artículo 27.6 de la derogada LAE. Basta revisar la contundente STS 74/2018, de 17 de enero, que se pronuncia, en particular, sobre la obligación de recibir las notificaciones por medios electrónicos y que señala que para verificar si el sistema establecido es acorde con los principios constitucionales, lo que cabe examinar es si la imposición obligatoria de la notificación electrónica a las personas jurídicas es «necesaria, razonable y proporcionada» concluyendo que la legislación respeta dichos principios por las siguientes razones: (1) porque el establecimiento de una Administración electrónica es absolutamente necesario desde parámetros de modernidad y tiene como objetivo la obtención de una mayor eficacia en la actuación administrativa (art. 103CE); (2) porque la propia naturaleza de las personas jurídicas permite suponer que tienen medios a su disposición o, si se quiere, que pueden buscarlos o incluso apoderar a un tercero al efecto. No siendo contrario a la Constitución que el legislador imponga a las personas jurídicas que ejercen actividades económicas mayores cargas como consecuen-

74 URIOS APARISI, X., «Consideraciones generales sobre la reforma de la Administración electrónica», op. cit., p. 204.

cia de la adopción de forma societaria -de la que se infiere la existencia de medios- y sin que dichas entidades puedan excusarse en su rechazo a la implantación de las nuevas tecnologías o en su comodidad personal, con lesión del interés general; y (3) porque el problema al que se enfrentó el legislador en 2007 fue que la implantación inmediata del sistema de notificación electrónica obligatoria podía haber generado disfunciones, de aquí la invitación a la Administración a la progresiva implantación del sistema por vía reglamentaria (art. 27.6 LAE). Proceso que, en relación con las personas jurídicas, el artículo 14 de la LPAC da por concluido.

b) «Las entidades sin personalidad jurídica». Este supuesto incluye a las comunidades de bienes o comunidades de propietarios, que pueden contar con un administrador o administradora que por sus circunstancias sociales, económicas, de edad, etc., no se relacione electrónicamente[75]. Además, no es de extrañar que la presidenta o presidente de una comunidad de propietarios sea una persona jubilada o de avanzada edad que, en representación de sus vecinos tendrá que actuar ante la Administración Pública imperativamente a través de medios electrónicos. Además, la obligación parte de que todo ciudadano dispone de los medios electrónicos en su domicilio, cuando esto no es así, basta pensar, como dijimos, en las zonas rurales, donde incluso en muchos casos ni siquiera llega internet[76].

---

75 COTINO HUESO, L., «El derecho y el deber de relacionarse por medios electrónicos (art. 14. LPAC). Asistencia en el uso de medios electrónicos a los interesados (art. 12)», op. cit., p. 513.

76 MENÉNDEZ SEBASTIÁN, E. M., *Las garantías del interesado en el procedimiento administrativo electrónico: luces y sombras de las nuevas Leyes 39 y 40/2015*, op. cit., p. 23.

c) «Quienes ejerzan una actividad profesional para la que se requiera colegiación obligatoria, para los trámites y actuaciones que realicen con las Administraciones Públicas en ejercicio de dicha actividad profesional. En todo caso, dentro de este colectivo se entienden incluidos los notarios y registradores de la propiedad y mercantiles». Ciertamente, son muy numerosas las profesiones a las que se aplica el requisito de la colegiación obligatoria: abogados, médicos, dentistas, farmacéuticos, veterinarios, fisioterapeutas, podólogos, ópticos, psicólogos, biólogos, físicos y químicos, etc., profesionales que, a su vez, se ven sometidos a una obligación de difícil justificación en su relación con la Administración, en tanto en cuanto, en muchos de esos sectores los medios electrónicos no son, ni de lejos, un factor decisivo en su desempleo profesional[77].

d) «Quienes representen a un interesado que esté obligado a relacionarse electrónicamente con la Administración». Como ya hemos advertido, los sujetos de los apartados anteriores, ante la posible incapacidad de relacionarse por medios electrónicos con la Administración pueden recurrir a contratar los servicios profesionales necesarios para que realicen los trámites en su nombre y representación. Evidentemente, no solo la representación no puede suponer una vía de escape al uso de medios electrónicos, sino que habrá que asumir su coste, lo cual es particularmente relevante en los casos de las ONG, comunidades de propietarios o pequeñas empresas. Como afirma COTINO

[77] De hecho, en el ámbito de la abogacía ya hay planteamientos sobre la necesidad de que se reconozca el «derecho a la desconexión digital» para garantizar el descanso. *Vid.* FOLGOSO OLMO, A. «El derecho a la desconexión digital y su especial incidencia en el ámbito de la relación laboral especial de los abogados», *Congreso Internacional Retos Interdisciplinares en el Entorno de la Industria 4.0,* Universidad Politécnica de Cartagena, 2021, pp. 116 y ss.

HUESO[78], en la filosofía de la LPAC está ciertamente la idea de que los obligados a la Administración electrónica «se las apañen o arreglen como puedan», por lo que las dificultades que en la práctica implica la relación electrónica suponen oportunidades para diversos asesores y gestores administrativos. De igual modo, aunque con una relación más indirecta, cabe tener en cuenta el derecho a actuar asistidos de asesor, reconocido en el artículo 53.g) LPAC[79]. Ese asesor, que bien puede ser un familiar o conocido que sí cuente con los medios y competencias digitales necesarias para mantener una relación electrónica con la Administración no supone una profesión alguna, y administrativamente no se exige que medie a una relación de asesoría profesional o formal con el interesado. También cabe recordar que el asesor no es un representante, si bien el asesor puede asumir la condición de representante siguiendo lo dispuesto en el artículo 5 de la LPAC, en cuyo caso, como hemos señalado, quedará automáticamente sometido a la relación de comunicación electrónica.

e) «Los empleados de las Administraciones Públicas para los trámites y actuaciones que realicen con ellas por razón de su condición de empleado público». Es importante precisar que la obligación implica que los empleados públicos debemos relacionarnos electrónicamente con la administración de la que somos empleados, en cuanto aquellas relaciones que entablamos como tales, por ejemplo, la solicitud de un permiso, un cambio de vacaciones,

---

78 COTINO HUESO, L., «El derecho y el deber de relacionarse por medios electrónicos (art. 14. LPAC). Asistencia en el uso de medios electrónicos a los interesados (art. 12)», op cit., p. 521.

79 «Los interesados en el procedimiento administrativo tienen derecho a actuar asistidos de asesor cuando lo consideren conveniente en defensa de sus intereses».

un expediente disciplinario, etc., lo que no implica aquí la emisión de informes en formato electrónico por los empleados públicos dentro de los procedimientos que tramiten, obligación que también existe, pero que deriva, como bien precisa MENÉNDEZ SEBASTIÁN[80] del artículo 80.2 de la LPAC (entre otros preceptos).

La obligación puede suponer o habrá supuesto todo un reto para aquellos empleados de la función pública que se tuvieron que adaptar (y seguimos adaptándonos) a los medios electrónicos para realizar sus funciones, en particular desde la entrada en vigor de la LPAC y la LRJSP. Un buen ejemplo son los administrativos y auxiliares administrativos que prestan servicios en las Administraciones públicas, cuyos puestos de trabajo han debido adaptarse al nuevo escenario digital[81]. Adaptación que requiere de los oportunos cursos formativos que debe proporcionar la propia Administración. Entre tanto, observamos el goteo de la asignación de nuevas funciones relativas a lo digital a los puestos previamente existentes o, incluso, de la materialización de funciones que han de ser desempeñadas inexcusablemente por los empleados públicos disponibles de un día para otro, aunque de ellos pueda depender la materialización de un proyecto, la vitalidad de una plataforma digital, el mantenimiento de una página web, las relaciones con los usuarios de los servicios públicos, y un largo etc.[82]

---

80 MENÉNDEZ SEBASTIÁN, E. M., *Las garantías del interesado en el procedimiento administrativo electrónico: luces y sombras de las nuevas Leyes 39 y 40/2015*, op. cit., pp. 26-27.

81 ARROYO LLANES, L.M., «La digitalización de las Administraciones Públicas y su impacto sobre el régimen jurídico de los empleados públicos», *Revista Vasca de Gestión de Personas y Organizaciones Públicas*, núm. 15, 2018, p. 92.

82 ARROYO LLANES, L.M., «La digitalización de las Administraciones Públicas y su impacto sobre el régimen jurídico de los empleados

Además, en el caso de empleados públicos de más edad, los inconvenientes o riesgos son, entre otros, la aversión al cambio materializada en el uso de las nuevas tecnologías y su aplicación a los procedimientos administrativos, y su falta de capacitación, al tiempo que las Administraciones se encuentran ante la falta de recursos humanos para ofrecer una asistencia personalizada a las personas mayores y demás colectivos vulnerables usuarios de las Administraciones Públicas digitalizadas, junto con la lentitud, complejidad y escasa usabilidad de aplicaciones y dispositivos digitales[83].

En conclusión, el legislador ha considerado necesario establecer una obligación directamente aplicable dirigida a las personas jurídicas, a los profesionales e, incluso, a las entidades sin personalidad jurídica. Aunque en principio podría considerarse que se trata de un avance razonable y proporcionado dada la naturaleza de los sujetos obligados, lo cierto es que supone una importante merma de garantías en algunos casos, lo que, tal y como hemos expuesto, puede suceder con un amplio número de entidades sin ánimo de lucro –caso, por ejemplo, de muchas asociaciones– o de numerosas entidades sin personificación –las comunidades vecinales son un caso paradigmático–, que en última instancia se verán obligadas a contar con los servicios de un profesional simplemente para el cumplimiento de obligaciones o el ejercicio de derechos ante las Administraciones Públicas. Con el agravante de que, como analizaremos en el capítulo II (apartado III) al menos legalmente, no tienen reconocido el derecho a ser asistidos por parte las Administra-

---

públicos», op. cit., p. 93.

83 MANZANERA-ROMÁN, S. y HAZ GÓMEZ, F. E., *Administración electrónica y personas mayores. Mejoras en el acceso y uso de la Administración electrónica por parte de las personas mayores*, Cotec, Universidad de Murcia, 2021, P. 19.

ciones Públicas en dichas situaciones, opción legislativa ciertamente criticable teniendo en cuenta la realidad de los sujetos aludidos que puede llegar a convertirse en imposibilidad de llevar a cabo la relación jurídica a la que tengan derecho[84].

Y todo ello, además, sin olvidar la legislación especial[85], tanto de ámbito estatal como autonómico que incrementan los grupos de sujetos obligados a relacionarse electrónicamente con la Administración. Por ejemplo, el artículo 10 de la Ley 4/2019, de 17 de julio, de administración digital de Galicia obliga a relacionarse electrónicamente a los trabajadores autónomos y trabajadoras autónomas para los trámites y actuaciones que realicen en el ejercicio de su actividad profesional y también a los estudiantes universitarios para los trámites y actuaciones que realicen motivados por su condición académica. Así, la ley considera, sin justificación aparente ni motivación o explicación alguna, que todos los universitarios y todos los trabajadores autónomos tienen capacidad suficiente y medios para entablar relaciones electrónicamente con la Administración, lo cual, ciertamente, no deja de ser una presunción huérfana de acreditación que, en la práctica, puede plantear numerosos problemas a ese amplísimo grupo de personas físicas[86]. Asistimos por tanto a un proceso imparable de digitalización del sector público que exige reparar y prestar especial atención a los derechos y garantías del

---

84 VALERO TORRIJOS, J., «La necesaria reconfiguración de las garantías jurídicas en el contexto de la transformación digital del sector público», en DE LA QUADRA-SALCEDO, T. y PIÑAR MAÑAS, J. L., (Dirs.), *Sociedad Digital y Derecho*, BOE, Madrid, 2018, p. 382.

85 En aplicación de la Disposición adicional primera de la LPAC, que permite un régimen distinto de procedimiento por razón de la materia (tributaria y aduanera, Seguridad Social y desempleo, seguridad vial y extranjería).

86 SÁNCHEZ LAMELAS, A. «La reciente jurisprudencia sobre la obligación de utilizar los medios electrónicos en las relaciones administrativas», op. cit., p. 209.

ciudadano en las relaciones electrónicas. De ahí que no solo la legislación de procedimiento administrativo común, sino también otras como la LOPD, reconozcan derechos digitales, o que se ejercen en un entorno digital. Sin embargo, estos derechos, cuando se convierten en obligación, derivada de la relación electrónica impuesta, pasan a ser prerrogativas públicas[87].

3. Sujetos obligados vía reglamentos

3.1. Supuestos generales

Además de los sujetos obligados al uso de medios electrónicos por ministerio de la Ley, el artículo 14.3 LPAC, que encuentra su antecedente en el ya mencionado artículo 27.6 de la LAE, dispone que: «reglamentariamente, las Administraciones podrán establecer la obligación de relacionarse con ellas a través de medios electrónicos para determinados procedimientos y para ciertos colectivos de personas físicas que por razón de su capacidad económica, técnica, dedicación profesional u otros motivos quede acreditado que tienen acceso y disponibilidad de los medios electrónicos necesarios».

Esta posibilidad se reproduce en dos preceptos más –siempre indicando que lo será para ciertos procedimientos y en relación con ciertos colectivos de personas físicas– respecto de dos trámites concretos. Efectivamente, el artículo 16.5 de la LPAC lo hace en relación con la obligación de presentar determinados documentos por medios electrónicos y el artículo 41.1 respecto de la obligación de practicar electrónicamente las notificacio-

---

87 GONZÁLEZ RÍOS, I., «Servicios públicos digitales: naturaleza jurídica y garantías para el ciudadano», *Revista de Administración Pública,* op. cit., p. 53.

nes. Ahora bien, en puridad, advierte MARTÍN DELGADO[88] que se trata de previsiones reiterativas, pues la genéricamente establecida en el artículo 14.3 avala la imposición de la obligatoriedad del uso de los medios electrónicos para cualquiera de los trámites integrantes de un procedimiento administrativo.

Pues bien, como sostiene MARTÍNEZ GUTIÉRREZ[89] la configuración de esta posibilidad de obligar a la relación electrónica a determinados colectivos de personas físicas y su empleo por las Administraciones debe suponer la aprobación de una norma de rango reglamentario que motive y complete los conceptos jurídicos indeterminados que aparecen en el propio artículo 14.3 y, en consecuencia, será necesario justificar las razones por las cuales la Administración entiende que puede cercenarse el derecho a la elección de la relación a las personas físicas, motivando y acreditando en la propia norma por qué se entiende que el colectivo de personas físicas al que se obliga tiene «capacidad económica, técnica, dedicación profesional» por los que se considera que «tienen acceso y disponibilidad de los medios electrónicos necesarios».

Además, el artículo 14.3 prevé una ambigua cláusula que invoca «u otros motivos» (para justificar que los sujetos poseen la capacidad de relacionarse electrónicamente), pero la misma elección del término recogido nos indica con claridad que la norma reglamentaria que lleve a cabo esa ampliación del perímetro indicado no puede bajo ningún concepto aislarse de las condiciones de capacidad (en este caso tecnológica) preten-

---

88 MARTÍN DELGADO, I., «Algunos aspectos problemáticos de la nueva regulación del uso de los medios electrónicos por las Administraciones Públicas», op. cit., pp. 10-11.

89 MARTÍNEZ GUTIÉRREZ, R., «Administración electrónica e inclusión digital en las entidades locales medianas y pequeñas: Brecha digital, servicios públicos y nuevos modelos de atención a la ciudadanía», op. cit., p. 112.

diendo obligar a esa relación a colectivos o personas que no las tienen y, en todo caso, se deben exteriorizar en la norma reglamentaria los motivos que justifican ampliar ese perímetro de sujetos obligados a relacionarse electrónicamente con la Administración[90]. En consecuencia, coincidimos con FONDEVILA ANTOLÍN[91] en que esta cláusula de cierre de «otros motivos» no puede suponer que no se encuentre limitada por los principios generales del interés público, seguridad jurídica, interdicción en la arbitrariedad y los principios constitucionales del artículo 103.1, exigibles al funcionamiento de la administración, de manera que esta cláusula no puede entenderse como una habilitación libre y sin límite, sino que también la misma se encuentra sometida en la fundamentación de la decisión normativa al control de las razones jurídico materiales y razonabilidad de las mismas, para amparar la aprobación de la norma.

Asimismo, tampoco cabe admitir una norma reglamentaria que no determine suficientemente la tipología de procedimientos que pasan a ser obligatorios para las personas físicas, esto es, un reglamento que obliga a la relación electrónica no puede ser «una remisión en blanco»[92]. El artículo 14.3 de la LPAC señala con claridad la posibilidad de establecer la obligación de relación electrónica «para determinados procedimientos». Por ello, el reglamento tiene que hacer referencia a un procedimiento concreto o, en su caso, a un conjunto de proce-

---

90 JIMÉNEZ ASENSIO, R., «Administración digital y servicios a la ciudadanía: estado de la cuestión tras algunas (malas) lecciones de la pandemia», op. cit., p. 16.

91 FONDEVILA ANTONLÍN, J., «Disposición adicional primera» en CAMPOS ACUÑA, C. (Dir.), *Comentarios al Reglamento de actuación y funcionamiento del sector público por medios electrónicos,* Wolters Kluwer, Madrid, 2021, p. 493.

92 COTINO HUESO, L., «El derecho y el deber de relacionarse por medios electrónicos (art. 14. LPAC). Asistencia en el uso de medios electrónicos a los interesados (art. 12)», op cit., p. 502.

dimientos bien determinado por su naturaleza[93], así como los concretos colectivos a los que va dirigido.

Pues bien, mediante el uso de la habilitación reglamentaria se viene imponiendo el canal electrónico a colectivos afectados por la brecha digital. Ya sea por falta de medios (de los que pueden adolecer tanto la persona como su entorno: por ejemplo, en áreas rurales sin cobertura de red), de capacidad económica, o de conocimientos, se obliga a presentar declaraciones tributarias, o a realizar gestiones con la Seguridad Social, o a solicitar subvenciones y prestaciones, por medios electrónicos, a personas que no pueden mantener esa relación[94]. Son sintomáticas las bases reguladoras de ayudas y subvenciones, contenidas en reglamentos de bajo rango jerárquico, que imponen a los solicitantes el uso del canal electrónico, como sucede cada año con las convocatorias de becas para estudios universitarios, sin preocuparse de si todos los solicitantes reúnen las capacidades y requisitos necesarios para presentar las solicitudes a través de la sede electrónica[95]. O recordemos tam-

---

93 Sobre esta base, puede ser razonable y admisible que el reglamento remita a una resolución administrativa que fije ya de modo concreto la obligación de relación electrónica en un procedimiento determinado. COTINO HUESO, L., «La obligación de relacionarse electrónicamente con la Administración y sus escasas garantías», *Revista de Internet, Derecho y Política*, núm. 26, 2018, p. 7.

94 GAMERO CASADO, E. «Cambio de tendencia en la jurisprudencia del Tribunal Supremo sobre administración digital», op. cit., p. 167.

95 Por ejemplo, la Resolución de 8 de junio de 2022, de la Secretaría de Estado de Educación por la que se convocan 2.431 Becas de Colaboración en Departamentos universitarios para el curso académico 2022-2023 destinadas a alumnos que vayan a finalizar los estudios de Grado o que estén cursando primer curso de Másteres universitarios oficiales; establece que: «La solicitud se deberá cumplimentar mediante el formulario accesible por vía telemática a través de la sede electrónica del Ministerio de Educación y Formación Profesional en la dirección https://sede.educacion.gob.es en el apartado corres-

bién que una imposición de tanto impacto como que todos los autónomos tengan que utilizar el sistema RED de la Seguridad Social se articuló asimismo mediante una mera Orden ministerial[96]. Pero también a través de reglamentos de rango superior se impone la obligación, sirvan como ejemplos el Real Decreto 210/2022, de 22 de marzo, que regula el Bono Cultural Joven, o el Real Decreto 1129/2021, de 21 de diciembre, sobre los procedimientos de reconocimiento de cualificaciones profesionales; así como el Real Decreto 552/2019, de 27 de septiembre, por el que se aprueba el Reglamento de seguridad para instalaciones frigoríficas[97].

Por tanto, la habilitación reglamentaria a las Administraciones públicas es una cláusula para que, mal utilizada, se limite el derecho de elección en el medio de relación con la Administración que recoge el artículo 14.1. Como sostiene GONZÁLEZ RÍOS[98], «es el caballo de Troya» en la relación presen-

---

pondiente a "Buscar trámites". Junto con la solicitud se acompañará, a través de la página web, mediante imagen legible (escaneada o fotografiada) y en fichero formato "pdf", la plantilla facilitada por la aplicación informática con un esquema del proyecto de colaboración que se vaya a desarrollar y la evaluación del mismo por el departamento». Disponible en: https://www.boe.es/diario_boe/txt.php?id=BOE-B-2022-19207 (acceso: 8 de septiembre de 2023).

96 GAMERO CASADO, E. «Cambio de tendencia en la jurisprudencia del Tribunal Supremo sobre administración digital», op. cit., p. 171. Se trata de la Orden ESS/214/2018, de 1 de marzo (por la que se modifica la Orden ESS/484/2013, de 26 de marzo, por la que se regula el Sistema de remisión electrónica de datos en el ámbito de la Seguridad Social), que obligó a todos los autónomos a relacionarse por medios electrónicos con la Seguridad Social.

97 SÁNCHEZ LAMELAS, A. «La reciente jurisprudencia sobre la obligación de utilizar los medios electrónicos en las relaciones administrativas», op. cit., p. 194.

98 GONZÁLEZ RÍOS, I., «Servicios públicos digitales: naturaleza jurídica y garantías para el ciudadano», op. cit., p. 41.

cial del ciudadano-Administración, que puede poner en jaque derechos fundamentales como el derecho a la tutela judicial efectiva del artículo 24 CE (por imposibilidad de acceso a la vía administrativa previa) o el derecho a la no discriminación por «cualquier otra condición o circunstancia personal o social» al que se refiere el artículo 14 CE.

De este modo, el contraste entre norma y aplicación es obvio, pues las excepciones de facto o materiales al derecho de elegir de las personas físicas han terminado por arrumbar la norma formal hasta vulnerar directamente su contenido, como hemos puesto de manifiesto en relación con los supuestos de exigencia de relación electrónica en determinados procedimientos sin que exista norma reglamentaria que lo determine expresamente ni se justifique por qué se ha generalizado su uso (tributos, ayudas, subvenciones, convocatorias de pruebas selectivas, etc.). El abuso de posición dominante en este caso de los poderes públicos es manifiesto, mostrándose insensibles a esa necesaria relación entre Administración Pública y ciudadanía, encuadrando toda esa relación en un afán de digitalización extensiva, pero sin ser conscientes del salto cualitativo que implica el abandonar el papel central que la ciudadanía tiene en el funcionamiento de la Administración Pública, pues no hay que olvidar la labor de las Administraciones como brazo ejecutor de las estructuras gubernamentales y como organización pública vertebrada por un conjunto de medios materiales, personales y financieros, así como de recursos tecnológicos y de conocimiento e información, no tiene otro fin existencial (está en su propio ADN) que ser capaz de servir de forma efectiva y eficiente a la ciudadanía[99].

---

99 JIMÉNEZ ASENSIO, R., «Administración digital y servicios a la ciudadanía: estado de la cuestión tras algunas (malas) lecciones de la pandemia», op. cit., pp. 13-14.

Y es que la regulación que establece la LPAC es clara, apostar porque las Administraciones Públicas puedan extender a determinados colectivos de personas el uso de medios electrónicos cuando, en efecto, existe una constancia fehaciente y clara de que se disponen de tales medios y capacidades y competencias necesarias. Así, el principal problema, en mi opinión, no es tanto la existencia de esta habilitación reglamentaria, sino que la verdadera contrariedad se manifiesta en cómo se viene aplicando el precepto, imponiendo las Administraciones Públicas el medio electrónico sin cumplir los límites y requisitos legalmente establecidos, al extender la obligación a sujetos que no pueden cumplir las obligaciones electrónicas y sin acreditar la propia Administración en la norma que concurren los requisitos necesarios para ello.

Ciertamente hubiera sido deseable que la habilitación reglamentaria no fuera una consecución de conceptos jurídicos indeterminados (cuándo puede considerarse que ciertos sujetos disponen de capacidad económica o técnica suficiente para entender que disponen de los medios electrónicos necesarios) de forma que no concreta criterio alguno para determinar aquellos casos en los que se dan tales circunstancias, dejándose a la libre interpretación de cada Administración Pública su concreción, a pesar de los intentos de alguna normativa autonómica por aclarar y concretar más, como sucede con el art. 12.3 del Decreto valenciano 220/2014[100]. Ello da lugar a la ruptura del

---

100 Art. 12.3 Decreto 220/2014: «La obligación de utilizar medios electrónicos requerirá el análisis previo y acreditación de que dicha imposición en modo alguno pueda suponer discriminación por la falta de garantía del acceso, disponibilidad y conocimiento de uso de los medios tecnológicos precisos y, en su caso, se arbitren los medios eficaces para evitarla». Además, el artículo 94.2.b) del mismo Decreto obligaba a realizar un informe preceptivo antes de la imposición que justifique y acredite que la obligación no es una barrera para el ciudadano: «La descripción del colectivo al que va destinado el

principio de igualdad de trato de todos los ciudadanos ante la Administración, toda vez que en función de la Administración de que se trate o del lugar de residencia de aquellos se encontrarán obligados a relacionarse electrónicamente o no, además de que cada una de ellas podrá seguir sus propios criterios a la hora de reglamentarlo, al tratarse de aspectos muy sujetos a interpretación, variabilidad por tanto en demasía para tratarse de un aspecto tan relevante[101].

---

procedimiento, su previsión de uso y la valoración de la posibilidad de la imposición de la obligación de uso de medios electrónicos en los términos del artículo 12 del presente decreto. En el caso de la imposición de la relación electrónica habrá de justificarse la misma y, en su caso, hacer referencia a las medidas previstas para evitar que dicha obligación implique una barrera efectiva en el acceso a la Administración actuante». Sin embargo, este precepto se modificó por el artículo 4 del Anexo I del Decreto 218/2017, de 29 de diciembre, del Consell con la siguiente redacción (mucho menos garantista): «La conselleria con competencias horizontales en materia de tecnologías de la información y las comunicaciones de la Generalitat, mediante orden, regulará los requisitos y el procedimiento para la solicitud del informe mencionado en el apartado anterior». Modificación que tuvo una explicación incomprensible desde el punto de vista garantista de la imposición de la obligación medios electrónicos a personas físicas: «El reto de la transformación digital exige que se amplíe el objeto del actual informe preceptivo de administración electrónica que regula el artículo 94 del Decreto 220/2014 y que emite el centro directivo responsable de las tecnologías de la información y las comunicaciones. Su modificación, recogida en anexo del presente decreto, tiene como finalidad que se englobe en él la ordenación, la coordinación y la planificación de las consecuencias informáticas derivadas de proyectos normativos y actos administrativos con repercusiones en su ámbito de competencias».

101 BERNING PRIETO, A. D., «La Administración electrónica y los servicios públicos digitales al albor de los progresos de la Unión Europea y el "Horizonte Europa 2020". Su relación con las Leyes 39/2015, de Procedimiento Administración Común de las Administraciones Públicas y 40/2015, de Régimen Jurídico del Sector Públi-

3.2. El paradigmático caso de los obligados tributarios

En los últimos tiempos, a través de la habilitación reglamentaria a la que nos hemos referido en el apartado anterior, se ha llegado al punto de pretender extender el uso de los medios electrónicos a toda la ciudadanía, incluidos pues todos los sujetos del artículo 14.1 de la LPAC, en relación con la liquidación del Impuesto sobre la Renta de las Personas Físicas[102]. Como afirma BAL FRANCÉS[103] «la Administración nos dice primero que nos va a ayudar a hacer la declaración, después nos permite presentarla por Internet (hacia 1998, primero solo las que eran a devolver y después ya todas), más adelante prohíbe al ciudadano presentarla a bolígrafo (con los enormes errores que se producían al tener que transcribirlas un operador humano a formato electrónico) y, por último, obliga primero a ciertos colectivos profesionales (autónomos, empresas de más de tantos trabajadores, etc.) y después a todo el mundo a presentarla telemáticamente por Internet para facilitar la gestión de toda esta cantidad ingente de datos, ofreciendo el servicio de cita previa». Pues bien, esta última obligación para todas las personas físicas de presentar electrónicamente la declaración del impuesto constituye un supuesto paradigmático, que ha provocado interesantes reacciones por los Tribunales.

En primer lugar, traemos a colación la STSJ del País Vasco 72/2022, de 9 de febrero, que resuelve el recurso contencioso-

---

co», en MARTÍN DELGADO, I. (Dir.), *La reforma de la Administración electrónica: Una oportunidad para la innovación desde el Derecho*, Instituto Nacional de Administración Pública, Madrid, 2017, p. 36.

102 Sobre el uso de los medios electrónicos en el ámbito tributario *vid.* OLIVER CUELLO, R., *Administración electrónica en el ámbito tributario*, Thomson Reuters Aranzadi, Cizur Menor, 2021, pp. 131 y ss.

103 BAL FRANCÉS, E., «La digitalización de las Administraciones Públicas: un largo y tortuoso camino», *La economía digital en España*, núm., 898, 2017, p. 48.

administrativo interpuesto contra el Decreto Foral 12/2021 de 9 de marzo, de la Diputación Foral de Bizkaia, que modifica el Reglamento del IRPF, en relación con el procedimiento de presentación de declaraciones a través de la Sede Electrónica de la Diputación Foral de Bizkaia.

La norma impugnada establece en su artículo 73 que la presentación de la declaración, así como las rectificaciones de la declaración presentada o los recursos en vía administrativa que procedan, se efectuarán por medios electrónicos exclusivamente a través de la sede electrónica de la Diputación Foral de Bizkaia. Además, el artículo 73 quater, que regula los «canales asistenciales» a efectos de facilitar la presentación de la declaración a través de la sede electrónica de la Diputación Foral de Bizkaia, dispone que las y los contribuyentes podrán realizar consultas, modificaciones y otras actuaciones en relación con el borrador de declaración, así como efectuar la presentación de la declaración, a través de los siguientes canales: a) La sede electrónica; b) Canales telefónicos; c) La aplicación de software para su utilización en dispositivos móviles puesta a disposición por la Administración tributaria. Asimismo, el artículo 74 regula las notificaciones relativas a los procedimientos relacionados con la presentación de la declaración y con la liquidación de este Impuesto y establece que se realizarán utilizando medios electrónicos a través de la sede electrónica de la Diputación Foral de Bizkaia, mediante comparecencia en dicha sede electrónica.

Pues bien, razona el Tribunal (FJ 5°) que como se trata del Impuesto sobre la Renta de las Personas Físicas, y no se establecen «límites ni condiciones», la conclusión es que todos los obligados tributarios por este impuesto «acreditan» que tienen acceso y disponibilidad de los medios electrónicos necesarios para hacer efectiva esta obligación. Por tanto, el Decreto Foral obvia cualquier reflexión al respecto para sostener las razones por las que no se establece ningún límite, cuando los obligados tributarios son personas físicas que, según la regla general, tienen derecho de opción en su relación con las Administraciones Públicas (art. 14.1 LPAC). Además, el Decreto no contiene ninguna motivación de las razones que permita concluir que todos los obligados tributarios por IRPF en el Territorio Histórico de Bizkaia reúnen las características que establece el artículo 14.3 de la LPAC, precepto que viene a reconocer que no todas las personas físicas están en disposición de relacionarse por sí mismos por medios electrónicos con la Administración Pública. Es por ello que el Tribunal procede declarar nulo el artículo 73 del Decreto Foral 12/2021.

Del mismo modo, dice el Tribunal (FJ 8°) que no se puede establecer la obligación general de practicar electrónicamente las notificaciones para todas las personas físicas, pues el artículo 74 establece una excepción al régimen general de notificación de las personas físicas, partiendo de que todos los ciudadanos incluidos en el ámbito de aplicación subjetivo del IRPF están obligados a relacionarse electrónicamente con la Administración tributaria, lo que, como hemos indicado, la Sala no comparte por las razones anteriormente expuestas.

Finalmente, en cuanto a la asistencia presencial, el Tribunal señala que el artículo 12 de la LPAC establece la obligación de asistencia en el uso de medios electrónicos a los interesados (eso sí, exclusivamente a las personas físicas), actualmente desarrollado por el RD 203/2021[104], y al declararse nulo el artículo 73 del Decreto foral, debe prestarse dicha asistencia de forma presencial.

En segundo lugar, ya a nivel nacional y también en relación con este impuesto la Asociación Española de Asesores Fiscales (AEDAF), presentó un recurso de casación contra la SAN 2726/2021, de 8 de junio, que desestimó el recurso núm.

---

104 Sobre el Real Decreto 203/2021, de 30 de marzo, por el que se aprueba el Reglamento de actuación y funcionamiento del sector público por medios electrónicos (RAFME) *vid.* el Capítulo III de esta obra.

1091/2019, interpuesto contra la Orden HAC/277/2019, de 4 de marzo, por la que se aprueban los modelos de declaración del Impuesto sobre la Renta de las Personas Físicas y del Impuesto sobre el Patrimonio, ejercicio 2018, y se determina el procedimiento para la presentación de ambos por medios telemáticos o telefónicos y por la que se modifica la Orden HAP/2194/2013, de 22 de noviembre, por la que se regulan los procedimientos y las condiciones generales para la presentación de determinadas autoliquidaciones, declaraciones informativas, declaraciones censales, comunicaciones y solicitudes de devolución, de naturaleza tributaria. Recurso que fue admitido por el Auto del Tribunal Supremo de 25 de mayo de 2022.

Como alegaba la Asociación ante la Audiencia Nacional, la Orden establece con carácter obligatorio la presentación de la declaración del IRPF por medios electrónicos a través de Internet, proscribiendo la presentación en papel, posibilidad permitida hasta la fecha, lo que implica una alteración *in malam partem* en el conjunto de los contribuyentes y una innovación que no debe hacerse por vía reglamentaria. Añaden que la norma elimina el derecho a la desconexión digital, teniendo en cuenta que muchos ciudadanos no disponen de conexión a Internet, ni este instrumento llega a todos los lugares, generando una pesada carga para un sector importante de contribuyentes, y manifiesta que la innovación reglamentaria carece de base legal y contraviene las previsiones establecidas en el artículo 14 de la LPAC.

Como razona la Sentencia de la Audiencia Nacional (FJ 3º), la novedad estriba en que desaparece la posibilidad de obtener la declaración y sus correspondientes documentos de ingreso o devolución en papel impreso generado a través del Servicio de tramitación del borrador/declaración de la Agencia Estatal de Administración Tributaria. En su lugar, la declaración deberá presentarse por medios electrónicos a través de internet, en la sede electrónica de la Agencia Estatal de Administración Tributaria, a través del teléfono, o en las oficinas de la Agencia Estatal de Administración Tributaria previa solicitud de cita para la confirmación del borrador de declaración. Además, se suprime la posibilidad de presentación mediante papel impreso generado exclusivamente mediante la utilización del servicio de impresión desarrollado a estos efectos por la Agencia Tributaria en su sede electrónica del modelo 100.

Por lo demás, la sala a quo entiende ajustado a Derecho que en la Orden HAC/277/2019 se establezca la presentación de la declaración del IRPF, con carácter obligatorio, por medios electrónicos a través de Internet, sobre la base de considerar que no resulta aplicable el artículo 14 LPAC, en virtud de la Disposición adicional primera, apartado 2, de la propia LPAC, que determinaría la aplicación de la normativa específica tributaria en materia de actuaciones y procedimientos de aplicación de los tributos, cuando, en opinión de la recurrente, dicha exigencia resulta huérfana de sustento legal. La *ratio decidendi* de la sentencia sobre este particular se contiene en el fundamento de derecho tercero *in fine* con el siguiente tenor literal: «[...] no existe una actuación *contra legem*, una deslegalización, ni cabe estimar vulnerado el artículo 14 de la LPAC ni ningún precepto constitucional [...] «no hay infracción del principio de legalidad, pues la reserva de ley en materia tributaria exige que la creación *ex novo* de un tributo y la determinación de los elementos esenciales del mismo debe llevarse a cabo mediante una ley. Se trata de una reserva relativa, en la que, aunque los criterios o principios que han de regir la materia deben contenerse en una ley, resulta admisible la colaboración del reglamento».

Por su parte, el Auto del TS reconoce que la cuestión que suscita este recurso entronca con el problema de la denominada «brecha digital» y una reciente campaña, en la que se ha puesto de relieve la necesidad del mantenimiento de la atención presencial en el sector bancario, no siendo dable que la actividad en este ámbito excluya a aquellas personas que no pueden -o quieren- que se desarrolle de forma electrónica. No en vano, esta campaña ha generado que se registren distintas iniciativas en el Congreso de los Diputados por parte de sus grupos parlamentarios, incluyendo, entre otras, una proposición no de ley destinada a aplicar el principio constitucional de no discriminación por razón de edad en el campo digital. En concreto, plantea ayudas de asistencia y medios presenciales alternativos para facilitar el acceso a servicios públicos digitales a quienes, por su edad o situación de vulnerabilidad social, no cuenten con competencias digitales o medios técnicos para acceder a estos servicios.

Con estas reflexiones, el auto ya estaba avanzando que la futura sentencia no confirmaría sin más la decisión de la Audiencia Nacional, sobre todo si se tiene en cuenta que el fallo de esta segunda es contrario al de la STSJ 72/2022, de 9 de febrero del País Vasco, a la que ya nos hemos referido y que considera que imponer los medios electrónicos a todos los contribuyentes del IRPF vulnera el artículo 14.3 de la LPAC.

Por ello, la STS núm. 953/2023, de 11 de julio, estima el recurso, señalando que no es ajustada a Derecho la imposición a los obligados tributarios de relacionarse electrónicamente con la Administración pues, dicha obligación se establece de manera general para todos los obligados tributarios sin determinar los supuestos y condiciones que justifican, en atención a razones de capacidad económica, técnica, dedicación profesional u otros motivos, que se imponga tal obligación. Asimismo, la Sentencia subraya que el artículo 96.2 de Ley General Tributaria (LGT) reconoce el derecho[105], que no la obligación, de los ciudadanos a utilizar los medios electrónicos, así como el deber de la Administración de promover su utilización, *lo que no equivale a su imposición* (la cursiva es nuestra).

---

105 Artículo 96.2 LGT: «Cuando sea compatible con los medios técnicos de que disponga la Administración tributaria, los ciudadanos podrán relacionarse con ella para ejercer sus derechos y cumplir con sus obligaciones a través de técnicas y medios electrónicos, informáticos o telemáticos con las garantías y requisitos previstos en cada procedimiento».

Por ello, no cabe interpretar que la habilitación legal del artículo 98.4 LGT[106] permita al Ministro de Hacienda establecer con carácter general una obligación allí donde el artículo 96.2 LGT establece un derecho. Y eso es, cabalmente, lo que hace la Orden HAC/277/2019, impugnada, pues el sometimiento a la obligación de presentar telemáticamente la declaración se dirige a todo el potencial colectivo de obligados tributarios por un impuesto que, como es el caso del impuesto sobre la renta de las personas físicas, alcanza a la generalidad de las personas físicas que realicen el hecho imponible, sin distinguir ninguna condición personal que justifique que se imponga la obligación de declarar y liquidar por medios electrónicos. Por todo ello, el TS declara la nulidad de los preceptos de la Orden HAC/277/2019 que son impugnados en la demanda (el art. 9.1, el art. 15, apartados 1 y 4, y la disposición final primera), puesto que no satisfacen las condiciones de la habilitación reglamentaria encomendada al Ministro de Hacienda en relación con el artículo 14.3 LPAC.

Con esta sentencia el TS devolvía a los ciudadanos el derecho consagrado en el artículo 14.1 de la LPAC de elegir comunicarse con las Administraciones Públicas (en este caso la Administración tributaria) de forma presencial y en papel, aunque a efectos prácticos la sentencia sea inejecutable porque hace referencia únicamente a la renta del 2018, que se presentó en el 2019. En cualquier caso, la campaña correspondiente a la renta de 2023 debería tener en cuenta el fallo del Supremo y permitir la presentación de la liquidación del impuesto también en papel.

---

106 Artículo 98.4 LGT: «En el ámbito de competencias del Estado, el Ministro de Hacienda podrá determinar los supuestos y condiciones en los que los obligados tributarios deberán presentar por medios telemáticos sus declaraciones, autoliquidaciones, comunicaciones, solicitudes y cualquier otro documento con trascendencia tributaria».

Sin embargo, unos meses después se aprueba por el Gobierno el Real Decreto-ley 8/2023, de 27 de diciembre, por el que se adoptan medidas para afrontar las consecuencias económicas y sociales derivadas de los conflictos en Ucrania y Oriente Próximo, así como para paliar los efectos de la sequía. Una norma que, aparentemente, no guarda ninguna relación con la regulación de las Administraciones Públicas, los medios electrónicos o las obligaciones tributarias y que, no obstante, su disposición final segunda aprovecha para dejar sin efecto la sentencia del TS.

Así, el El Real Decreto-ley modifica, entre otras normas tributarias[107], los apartados 5° y 6° del artículo 96 de la Ley 35/2006, de 28 de noviembre, del Impuesto sobre la Renta de las Personas Físicas (LIRPF). En lo que ahora importa, el apartado 5° señala en su nueva redacción que «los modelos de declaración se aprobarán por la persona titular del Ministerio de Hacienda y Función Pública, que establecerá la forma y plazos de su presentación. *A estos efectos, podrá establecerse la obligación de presentación por medios electrónicos siempre que la Administración tributaria asegure la atención personalizada a los contribuyentes que precisen de asistencia para el cumplimiento de la obligación*».

Con esta «jugada» del Gobierno desaparecen los condicionantes y requisitos que establece el artículo 14.3 de la LPAC, pues la obligación de la relación electrónica ya no se introduce por una orden ministerial, sino que su exigencia se eleva a rango legal, bajo el pretexto de ofrecer una «atención personalizada» a los contribuyentes que requieran asistencia para el cumplimiento de la obligación de presentación de la declaración. Ténganse en cuenta que «atención personalizada» y «asistencia en el uso de medios electrónicos» no son sinónimos aquí, pues la atención personalizada no implica necesariamente una aten-

---

[107] Las leyes de los Impuestos sobre Sociedades, sobre la Renta de no Residentes y sobre el Patrimonio.

ción presencial, ni mucho menos una asistencia en el uso de los medios electrónicos, sino que puede suponer una mera atención (digital) al identificarse en una sede electrónica. Y ello es posible porque estamos en el ámbito tributario, que cuenta con un régimen jurídico propio, de manera que la LPAC es de aplicación supletoria y que, además, la propia LPAC, en su disposición final sexta, faculta al Gobierno pero también específicamente «al Ministro de Hacienda y administraciones públicas, en el ámbito de sus competencias, para dictar cuantas disposiciones reglamentarias sean necesarias para el desarrollo de la presente Ley, así como para acordar las medidas necesarias para garantizar la efectiva ejecución e implantación de las previsiones de esta Ley»[108]. A este respecto, MENÉNDEZ SEBASTIÁN[109] pone en duda el carácter común de la LPAC, al mantenerse la Ley como supletoria respecto de la Hacienda Pública y la Seguridad Social, lo que, por otro lado, resulta paradójico, puesto que precisamente es en los dos ámbitos donde mayor predicamento ha tenido el procedimiento electrónico.

En definitiva, como hemos insistido a lo largo de este capítulo, la obligación de relacionarse por medios electrónicos no solo se ha impuesto a todo un universo de colectivos (art. 14.2 LPAC) sino que la ampliación de los sujetos obligados por otras vías es una constante. De este modo, la comunicación electrónica ya no es una excepción, sino que podemos afirmar que actualmente es la regla general, y la excepción es ya que las personas físicas (cada vez menos) puedan elegir el medio. Y aunque los tribunales parecen empezar a poner freno a la

---

108 SÁNCHEZ LAMELAS, A. «La reciente jurisprudencia sobre la obligación de utilizar los medios electrónicos en las relaciones administrativas», op. cit., p. 204.

109 MENÉNDEZ SEBASTIÁN, E. M., *Las garantías del interesado en el procedimiento administrativo electrónico: luces y sombras de las nuevas Leyes 39 y 40/2015*, op. cit., p. 49.

expansión de sujetos obligados a la relación electrónica, al menos en el caso de los obligados tributarios no han tenido éxito.

4. Excepciones a la relación electrónica obligatoria

A pesar de la contundente obligación de determinados colectivos de ciudadanos de relacionarse electrónicamente con la Administración (art. 14.2 LPAC) y que, como hemos señalado, puede y es generosamente ampliada por las propias Administraciones Públicas (art. 14.3 LPAC) y por la normativa sectorial, hay que tener presentes los supuestos en los que no se podrá establecer la relación con la Administración a través de medios electrónicos.

Ciertamente, el artículo 27.1 de la derogada LAE exceptuaba el derecho a la relación electrónica en los casos en los que por una ley se «infiera» que no sea posible la utilización del medio electrónico[110]. Sin embargo, ahora ya no hay en la LPAC una excepción genérica al derecho a comunicarse electrónicamente con la Administración. Por ello, en los supuestos en los que la relación electrónica es obligatoria, sólo muy excepcionalmente la relación podrá ser presencial o en papel y no electrónica.

Así, existen unos concretos supuestos en la LPAC en los que sí se exceptúa la relación electrónica pues, aunque es excepcional la aportación de documentos originales (art. 28.3 LPAC)[111] o la exhibición del original para su cotejo (art. 28.5 LPAC)[112],

---

110 Artículo 27.1 LAE: «Los ciudadanos podrán elegir en todo momento la manera de comunicarse con las Administraciones Públicas, sea o no por medios electrónicos, *excepto en aquellos casos en los que de una norma con rango de Ley se establezca o infiera la utilización de un medio no electrónico*».

111 Art. 28.3 LPAC: «Las Administraciones no exigirán a los interesados la presentación de documentos originales, salvo que, con carácter excepcional, la normativa reguladora aplicable establezca lo contrario».

112 Art. 28.5 LPAC: «Excepcionalmente, cuando la relevancia del documento en el procedimiento lo exija o existan dudas derivadas de la calidad

resulta claro que, en estos casos, la comparecencia exige la personación física del interesado para aportar el documento original en papel o para mostrar el original y permitir el cotejo[113]. También podemos encontrar algunas excepciones legalmente previstas respecto de las notificaciones (art. 41.1, párrafo 2º). De tal forma que las Administraciones podrán practicar las notificaciones por medios no electrónicos en los siguientes supuestos: a) Cuando la notificación se realice con ocasión de la comparecencia espontánea del interesado o su representante en las oficinas de asistencia en materia de registro y solicite la comunicación o notificación personal en ese momento; y b) Cuando para asegurar la eficacia de la actuación administrativa resulte necesario practicar la notificación por entrega directa de un empleado público de la Administración notificante.

Al margen de estas reducidas excepciones, compartimos la opinión de COTINO HUESO[114] de que «la configuración legal de la relación jurídica del ciudadano con la Administración debe tener evidentes peculiaridades». Estas singularidades, argumenta, «habrán de suponer una dificultad especial técnica o jurídica para establecer la relación electrónica, o que el establecimiento de la comunicación electrónica implique singulares peligros técnicos o jurídicos propios del contexto tecnológico que se solventarían con la relación presencial o, incluso, que si la relación se establece electrónica y no directa y presencialmente se desvirtuaría la naturaleza y finalidades de la relación concreta

---

de la copia, las Administraciones podrán solicitar de manera motivada el cotejo de las copias aportadas por el interesado, para lo que podrán requerir la exhibición del documento o de la información original»

113 COTINO HUESO, L., «El derecho y el deber de relacionarse por medios electrónicos (art. 14. LPAC). Asistencia en el uso de medios electrónicos a los interesados (art. 12)», op. cit., pp. 496.

114 COTINO HUESO, L., «El derecho y el deber de relacionarse por medios electrónicos (art. 14. LPAC). Asistencia en el uso de medios electrónicos a los interesados (art. 12)», op. cit., pp. 496-497.

que se trate». Por tanto, si se dan estas circunstancias deberían admitirse estas excepciones a la relación electrónica, pese a que la LPAC no las prevea expresamente (aunque debiera).

Pues bien, cabe plantearse si estas circunstancias concurren en los colectivos en situación de brecha digital obligados a relacionarse electrónicamente con la Administración, como sería el caso de personas con discapacidad o de avanzada edad, a las que mantener la relación electrónica les podría resultar no ya difícil, sino prácticamente imposible en muchos casos por sí solas. En mi opinión, atendiendo a la particular situación de estas personas parece razonable excepcionar la obligación de la relación electrónica, sin embargo, el artículo 14.2.d) de la LPAC lo impide, pues ante la imposibilidad de relacionarse de forma autónoma con la Administración electrónicamente deberían recurrir a la representación de un tercero (y asumir su coste), tercero que, como ya se advirtió, estará también obligado a emplear los medios electrónicos en la relación.

Esta situación, contribuye a una práctica que lamentablemente se encuentra bastante generalizada, como es la cesión del certificado electrónico y de sus claves por parte de los ciudadanos a personas que realizan gestiones en su nombre por medios electrónicos, lo cual entraña extraordinarios riesgos[115]. La regulación de los instrumentos de representación (especialmente, *apud acta* por comparecencia tanto electrónica como personal), así como los registros electrónicos de apoderamientos (para quienes sean capaces de usarlos), debería conducir (o esa parece ser la intención de la LPAC) a que los ciudadanos no cedan sus certificados, sino que se generalicen estos medios de representación y se eviten o reduzcan los riesgos actuales, pero ello no es siempre así, principalmente, como decimos, por su

---

115 OLIVER CUELLO, R., *Administración electrónica en el ámbito tributario*, op. cit., p. 80.

coste, y resulta más cómodo y económico acudir a las inseguras prácticas de ceder los certificados y demás datos personales.

Al margen de la representación, pues, tendrían las leyes que recoger expresamente la excepción a la relación electrónica para estas personas. O bien, que previeran una excepción genérica para estos colectivos vulnerables y fuera concretada vía reglamento[116], lo que sería positivo, aunque no va en la línea del afán extensivo de digitalización que en la actualidad ejercen las Administraciones con la habilitación reglamentaria del artículo 14.3 LPAC.

En definitiva, como afirmara hace algunos años TRONCOSO REIGADA[117], «el recurso a las nuevas tecnologías no debe perjudicar a la relación con los ciudadanos. Por ello, la Administración, además de apostar por la participación a través de los nuevos canales de comunicación, tiene que mejorar la atención presencial, a través del establecimiento o la remodelación de las oficinas de información y atención a los ciudadanos (eliminación de barreras, acondicionamiento de las oficinas, establecimiento de gestores de turnos, etc.) y fortalecer la atención telefónica». Además, la derogada LAE establecía como principio general el «principio de igualdad», con objeto

---

116 Para COTINO HUESO ese reglamento no sería ilegal: «Pese a que la excepción a un derecho legal exige una norma legal, es posible que la regulación por ley de la relación entre la Administración con el interesado sea genérica y no establezca expresamente la excepción, pero sí se deriven del texto de la ley los requisitos que se han señalado. En estos casos quizá será un reglamento donde exprese que no cabe la relación electrónica y no por ello será ilegal». COTINO HUESO, L., «El derecho y el deber de relacionarse por medios electrónicos (art. 14. LPAC). Asistencia en el uso de medios electrónicos a los interesados (art. 12)», op. cit., p. 497.

117 TRONCOSO REIGADA, A., «La Administración electrónica y la protección de datos personales» en PIÑAR MAÑAS, J.L. (Dir.), *Administración electrónica y ciudadanos,* Thomson Reuters Civitas, 2011, p. 185.

de que en ningún caso el uso de medios electrónicos pueda implicar la existencia de restricciones o discriminaciones para los ciudadanos que se relacionen con las Administraciones Públicas por medios no electrónicos, tanto respecto al acceso a la prestación de servicios públicos como respecto a cualquier actuación o procedimiento administrativo sin perjuicio de las medidas dirigidas a incentivar la utilización de los medios electrónicos. Se anticipaba así la Ley a una situación que ahora se produce, donde la asistencia presencial ya está en clara desventaja. Además, el artículo 4.d) de la LAE consagraba el principio general de la Administración electrónica del «mantenimiento de la integridad de las garantías de los ciudadanos ante las Administraciones Públicas», cuestión de la que nos ocuparemos ampliamente en el Capítulo II de esta obra.

5. Valoración final: ¿Debe ser la Administración electrónica obligatoria?

Como se ha reflejado en apartados anteriores, la gran novedad de la LAE fue la configuración del empleo de las TIC como un derecho del ciudadano y una obligación de la Administración, y así lo articulaba en sus preceptos al otorgar un alcance propio y el carácter de derecho subjetivo al derecho a relacionarse con la Administración por medios electrónicos. Las características de su reconocimiento eran tres: voluntariedad, posibilidad de revocación y configuración como obligación en determinados y concretos supuestos (personas jurídicas con capacidad y recursos técnicos reconocidos, art. 27.6). Este derecho general se complementaba con el reconocimiento específico de toda una serie de derechos concretos, algunos de los cuales eran simplemente la versión electrónica de derechos ya reconocidos por la LRJ-PAC[118].

---

118 MARTÍN DELGADO, I., «Una panorámica general del impacto de la nueva Ley de Procedimiento Administrativo Común en las rela-

La LPAC ha dejado de lado la opción del derecho a relacionarse electrónicamente con las Administraciones por medios electrónicos al convertirse en una obligación para todos los sujetos del artículo 14.2 y para todos aquellos colectivos que reciban también esa imposición por vía reglamentaria (art. 14.3 LPAC). Y si bien, la digitalización de la Administración pública encierra muchas ventajas para la propia Administración (simplificación, transparencia, reducción del coste de los servicios, agilidad...) y ha sido una reivindicación de empresas y ciudadanos para evitar desplazamientos y gastos, cuando la relación electrónica se impone como obligatoria, y con ella se transforman derechos en obligaciones, se corre el riesgo de dejar fuera de dichas relaciones a muchas personas, y consiguientemente de la posibilidad de defender sus derechos e intereses legítimos[119]. En efecto, la imposición de la relación electrónica no es una cuestión de menor importancia pues determina la aplicación de todo un régimen jurídico en la completa y compleja relación con las Administraciones (solicitudes, subsanaciones, notificaciones, plazos, recursos, etc.), así como unas dificultades técnicas insalvables para quienes no poseen los conocimientos o los medios para ello. La lógica consecuencia de ello es la pérdida de los derechos o intereses a los que, a la postre, sirven estos procedimientos o, en su caso, la necesidad de la contratación de gestores que suplan estas carencias con el coste adicional que ello conlleva[120].

---

ciones de los ciudadanos con la Administración Pública» en MARTÍN DELGADO, I. (Dir.), *La reforma de la Administración electrónica: Una oportunidad para la innovación desde el Derecho*, Instituto Nacional de Administración Pública, Madrid, 2017, pp. 164-166.

119 GONZÁLEZ RÍOS, I., «Servicios públicos digitales: naturaleza jurídica y garantías para el ciudadano», *Revista de Administración Pública*, op. cit., p. 44.

120 SÁNCHEZ LAMELAS, A. «La reciente jurisprudencia sobre la obligación de utilizar los medios electrónicos en las relaciones administrativas», op. cit., p. 217.

En cualquier caso, la LPAC es clara en su exposición de motivos (apartado III), generalizando la tramitación electrónica: «en el entorno actual, la tramitación electrónica no puede ser todavía una forma especial de gestión de los procedimientos, sino que debe constituir la actuación habitual de las Administraciones. Porque una Administración sin papel basada en un funcionamiento íntegramente electrónico no sólo sirve mejor a los principios de eficacia y eficiencia, al ahorrar costes a ciudadanos y empresas, sino que también refuerza las garantías de los interesados. En efecto, la constancia de documentos y actuaciones en un archivo electrónico facilita el cumplimiento de las obligaciones de transparencia, pues permite ofrecer información puntual, ágil y actualizada a los interesados».

Señalado lo anterior, la cuestión que cabe someter a reflexión es: ¿para qué queremos la tecnología en la Administración? Por un lado, la tecnología no tiene por objeto principal conseguir un beneficio directo en el ciudadano (más allá de evitarle desplazamientos cuando las plataformas digitales funcionan y se disponen de los requisitos materiales y competencias para su uso), sino un beneficio para la Administración y un mayor control del ciudadano y sus datos, pero es indiscutible que el aumento de la eficacia en la gestión de los servicios públicos redunda siempre en beneficio del ciudadano[121]. En la otra cara de la moneda, encontramos el artículo 18.4 de la Constitución Española: «La ley limitará el uso de la informática para garantizar el honor y la intimidad personal y familiar de los ciudadanos y el pleno ejercicio de sus derechos». Sin embargo, la actual normativa administrativa obliga a numerosos ciudadanos y ciudadanas a utilizar la informática para sus relaciones con la Administración, y para quienes son incapaces de ello les impide, precisamente, el ejercicio pleno de sus dere-

---

121 BAL FRANCÉS, E., «La digitalización de las Administraciones Públicas: un largo y tortuoso camino», op. cit., p. 47.

chos, de forma que, como afirma GONZÁLEZ RÍOS[122] cuando los derechos se puedan ver cuestionados por el uso de medios informáticos o —en sentido más actual y amplio— electrónicos, el legislador debe restringir su uso.

A ello cabe sumar que, como hemos afirmado en apartados anteriores, la obligación de la comunicación telemática del ciudadano con la Administración cada día será mayor y la regla general de opción por uno u otro sistema de comunicación cada día será menor. Al respecto, BAL FRANCÉS[123] sostiene de forma elocuente que el día que se decidió que el Boletín Oficial del Estado se dejara de imprimir en papel[124], la situación se volvió irreversible: «señor ciudadano/a, compre ordenador y programas, aprenda a usarlos, active el certificado digital del DNI, adquiera conexión a Internet si vive usted en una ciudad (lamentablemente, en las zonas rurales, la cosa es más difícil) y dispóngase a tratar por este medio sus problemas con la Administración, aunque no todos; los que la Administración quiera». No se miden si las medidas de digitalización nos han proporcionado, en relación con la inversión efectuada, más o menos beneficios, respecto a rapidez de respuesta al ciudadano, necesidad de menores efectivos humanos, ahorro de material físico, etc. Y esto debería estar haciéndose constantemente[125].

Desde un punto de vista más optimista, MARTÍN DELGADO[126] considera que «el uso de los medios electrónicos en las

---

122 GONZÁLEZ RÍOS, I., «Servicios públicos digitales: naturaleza jurídica y garantías para el ciudadano», op. cit., p. 40.

123 BAL FRANCÉS, E., «La digitalización de las Administraciones Públicas: un largo y tortuoso camino», op. cit., pp. 52.

124 El 31 de diciembre de 2008 fue la última edición en papel.

125 BAL FRANCÉS, E., «La digitalización de las Administraciones Públicas: un largo y tortuoso camino», op. cit., p. 56.

126 MARTÍN DELGADO, I. (Dir.), *La reforma de la Administración electrónica: Una oportunidad para la innovación desde el Derecho*, op. cit., 2017, p. 10.

relaciones entre Administración y ciudadanos se irá extendiendo paulatinamente no por imposición, sino por atracción». Entiende que la mejor forma de incorporar la Administración electrónica en nuestras vidas es, sencillamente, con una buena Administración electrónica. Ello pasa por considerar el uso de los medios electrónicos en la organización y en el procedimiento administrativo como un conjunto indivisible: toda actividad administrativa procedimentalizada debe operar en clave de Administración electrónica. Las TIC no son un fin en sí mismo, sino una herramienta imprescindible para la innovación del interior de la Administración y para la eficacia en la prestación de servicios a los ciudadanos[127]. En efecto, una Administración que funciona y que es accesible y cómoda de utilizar puede producir un efecto atractivo, sobre todo si permite resolver una necesidad rápidamente, sin desplazamientos ni colas. El problema radica, en mi opinión, en que no se da la premisa mayor, no tenemos, por regla general, una buena administración electrónica. En muchas ocasiones no resulta ni ventajoso ni a atractivo para la ciudadanía verse inmersa en una relación electrónica, en otras, directamente se sienten incapaces o carecen de los medios necesarios para ello, lo que perjudica el acceso a los servicios ciudadanos.

En cambio, como decíamos al principio, la generalización de la administración electrónica representa un ahorro de costes humanos y económicos para la propia Administración Pública (como sucede también con las entidades bancarias). Y se acaba convirtiendo al ciudadano en un empleado público más: al ser la ciudadanía quien vuelca pacientemente los datos a las plataformas de tramitación, y aporta los documentos en

---

127 MARTÍN DELGADO, I., «El acceso electrónico a los servicios públicos: hacia un modelo de administración digital auténticamente innovador», en DE LA QUADRA-SALCEDO, T. y PIÑAR MAÑAS, J. L., (Dirs.) *Sociedad Digital y Derecho,* BOE, Madrid, 2018, p. 183.

soporte electrónico, todo ese procesamiento de información, que anteriormente llevaban a cabo los empleados públicos, lo realizan ahora los ciudadanos. En consecuencia, cuando el canal electrónico se impone como obligatorio lo que se tienen en mente no es precisamente prestar un mejor servicio a los ciudadanos, sino facilitarle las cosas a la Administración. Se pierde así, en gran parte, esa faceta servicial y asistencial de la Administración Pública[128].

En este contexto, el procedimiento administrativo electrónico es esencialmente un procedimiento tramitado por la Administración Pública haciendo uso de los medios electrónicos, donde los interesados (personas físicas o jurídicas) tienen la posibilidad e incluso la obligación de relacionarse con aquella haciendo uso de dichos medios informáticos. De inicio podríamos decir que el procedimiento en sí no varía sustancialmente y que los cambios únicamente son de soporte papel a soporte digital como consecuencia de las nuevas herramientas electrónicas empleadas, sin embargo, estas son tan potentes que por sí mismas generan cambios o mutaciones que afectan a la relación jurídico-administrativa[129].

Ante una realidad en que el grado de penetración de dispositivos móviles con acceso en banda ancha de Internet no para de aumentar, es cierto que el ordenamiento jurídico debe reconocer el derecho de las personas físicas y jurídicas a comunicarse por medios electrónicos con las Administraciones Públicas para el ejercicio de sus derechos y obligaciones. Pero la con-

---

[128] GAMERO CASADO, E., «Reflexiones introductorias: de la administración electrónica a la digital» en CERRILLO I MARTÍNEZ, A. (Dir.), *La Administración Digital*, Dykinson, Madrid, 2022, pp. 44-45.

[129] COBO NAVARRETE, I., «Procedimiento administrativo electrónico» en «Reflexiones introductorias: de la administración electrónica a la digital» en CERRILLO I MARTÍNEZ, A. (Dir.), *La Administración Digital*, Dykinson, Madrid, 2022, p. 53.

trapartida de ese derecho es la obligación para estas de dotarse de los medios y sistemas electrónicos que puedan establecer de manera efectiva esas relaciones electrónicas y que ambas partes (Administración y ciudadanía) salgan realmente beneficiadas.

Por ello, considero que la legislación debería haber mantenido la relación con las Administraciones Públicas por medios electrónicos como un derecho de los ciudadanos y como una obligación correlativa para las Administraciones. De manera que todas las personas pudieran elegir en todo momento si se comunican con la Administración a través de medios electrónicos o no[130]. Siendo así las cosas, si la relación electrónica con la Administración fuera siempre y en todo caso opcional (sin excepción, incluso para las personas jurídicas) hoy no tendría sentido hablar de brecha digital en este ámbito[131], quien quisiera utilizar las innegables ventajas de lo electrónico podría, pues para quien es capaz y dispone de los medios, puede suponer un importante ahorro de costes (particularmente, de desplazamientos) y de tiempo (sin colas ni esperas). Y para quien prefiriese la relación tradicional, presencial, la atención personal y guiada por un empleado o empleada pública, podría recurrir a ella.

---

130 En el mismo sentido, COBO NAVARRETE, I., «Procedimiento administrativo electrónico» en «Reflexiones introductorias: de la administración electrónica a la digital», op. cit., p. 55.

131 Por ejemplo, GAMERO CASADO, E., «El derecho digital a participar en los asuntos públicos: redes sociales y otros canales de expresión» en DE LA QUADRA-SALCEDO, T. y PIÑAR MAÑAS, J. L., (Dirs.) *Sociedad Digital y Derecho*, BOE, Madrid, 2018, pp. 235-236, propone que, en los procedimientos de participación ciudadana para evitar la brecha digital y la distorsión de mayorías, el canal electrónico debería ser complementario del presencial, especialmente en procesos que consistan en la votación de propuesta, articulándose canales para el ejercicio presencial del voto, aunque sea durante un segmento temporal más reducido que el voto electrónico.

Sin embargo, la realidad es bien distinta, es justamente al revés, ciudadanos y ciudadanas obligadas a utilizar los medios electrónicos y Administraciones que no facilitan esa relación o no se dotan de los medios necesarios para que dichas relaciones sean realmente efectivas. Por tanto, la vía de obligar parece ser una solución más fácil que luchar por una Administración más usable e intuitiva para los administrados reticentes a emplearla[132]. Se han hecho muy importantes inversiones en implementar la administración digital y es necesario amortizarlas.

En este escenario, las Administraciones deben ofrecer una respuesta rápida ante los problemas de diseño o tecnológicos que puedan generar desconfianza o indefensión de quienes optan libremente por este medio o están obligados a su uso. Si la persona no puede acceder o no puede finalizar su relación sin saber cuál es el motivo, ni a quien se imputa la responsabilidad, ni cuáles son los efectos jurídicos es muy posible que intente resolver por otros medios la situación[133]. Esto le obligaría a intentar la tramitación en papel (si es que no es un sujeto obligado a la relación electrónica, caso en el cual podría salir altamente perjudicado[134]), o acudir a la representación de un tercero que sí sea capaz de mantener la relación (y costear sus servicios).

En cualquier caso, sea cual sea el canal escogido por la persona (cuando puede escoger), los derechos y garantías del procedimiento tienen que ser los mismos; es decir, no se puede producir una reducción de éstos como consecuencia de la tramitación electrónica. Este aspecto es relevante, pues en última instancia las Administraciones Públicas están al servicio del ciu-

---

132 COTINO HUESO, L., «La obligación de relacionarse electrónicamente con la Administración y sus escasas garantías», op. cit., p. 6.

133 COBO NAVARRETE, I., «Procedimiento administrativo electrónico» en «Reflexiones introductorias: de la administración electrónica a la digital», op. cit., p. 56.

134 *Vid.*, Capítulo II, apartado II.3 de esta obra.

dadano, sin poder desconocerse la esencia del Derecho Administrativo, íntimamente ligada con la concepción de respeto a los derechos y libertades fundamentales de las personas, y que tienen su plasmación concreta en la configuración del Derecho Administrativo como un instrumento de garantía para el administrado. En este sentido, no se pueden desconocer los riesgos que la tramitación electrónica implican, no solo en relación con las personas que se puedan encontrar en situación de brecha digital, sino también en la pérdida de proximidad en la relación con el ciudadano en la prestación del servicio público como función típicamente administrativa. Así, la asistencia y la atención al ciudadano, y el respeto a sus derechos y garantías cuando se relaciona con la Administración no pueden verse reducidos[135]. Ante este panorama, las relaciones digitales entre la Administración y el ciudadano deben analizarse desde el equilibrio entre prerrogativas —para satisfacer el interés general ínsito en la digitalización— y las garantías de los derechos e intereses legítimos de los ciudadanos. Cuando estas últimas puedan verse cercenadas, el derecho administrativo debe garantizarlas[136]. Este será el objeto del siguiente capítulo.

---

135 URIOS APARISI, X., «Consideraciones generales sobre la reforma de la Administración electrónica», op. cit., pp. 200-201.

136 GONZÁLEZ RÍOS, I., «Servicios públicos digitales: naturaleza jurídica y garantías para el ciudadano», *Revista de Administración Pública*, op. cit., p. 53.

Capítulo II. Los derechos y las garantías de los administrados digitales

SUMARIO: I. PLANTEAMIENTO. II. VULNERACIÓN DE DERECHOS Y GARANTÍAS CIUDADANAS: 1. EN EL PROCEDIMIENTO ADMINISTRATIVO. 2. DERECHOS MATERIALES O PRESTACIONALES 3. LAS CONSECUENCIAS DEL INCUMPLIMIENTO DE LA OBLIGACIÓN DE RELACIONARSE ELECTRÓNICAMENTE. III. EL DERECHO DE ASISTENCIA EN EL USO DE LOS MEDIOS ELECTRÓNICOS. IV. LA CITA PREVIA OBLIGATORIA: 1. GÉNESIS DE SU IMPLANTACIÓN. 2. SITUACIÓN ACTUAL. 3. RÉGIMEN JURÍDICO.

I. PLANTEAMIENTO

El argumentario clásico a favor de la administración digital apuesta por contraponer la administración presencial a la administración electrónica y hace alusión constantemente a esas ventajas que la segunda tiene sobre la primera: oficinas virtuales abiertas todos los días del año y a todas horas, que evita desplazamientos y costes, supresión de papel, con lo que de ecológica y económica tiene la apuesta, reducción de la necesidad de infraestructuras o edificios públicos para atender al público, probablemente supresión de algunos empleos y, combinado con el teletrabajo de los empleados públicos, el fomento de la sostenibilidad medioambiental, aparte de otras ventajas también económicas o de costes directos o indirectos. De este modo, la contraposición entre administración electrónica como de supresión o de «papel 0» y la administración presencial como propia del predominio del papel, parece diferenciar modernidad frente a tradición[137]. Pero las cosas no son tan simples. La impresión general siempre ha sido que la administración electrónica simplifica y facilita la actuación de la ciudadanía, y esa es una de las principales justificaciones que se utilizan para su impulso y generalización. Pero los desarrollos efectivos de administración electrónica, con la escasa usabilidad de las plataformas y medios, hace complicada la relación incluso para usuarios digitales avanzados[138].

Centrándonos en los derechos de los ciudadanos, la antigua LRJ-PAC ya incorporó un catálogo de derechos respecto de la actuación administrativa (arts. 35 y ss.)[139]. La LAE[140] tuvo en el reconocimiento de derechos de la ciudadanía su eje central, en especial, alrededor del reconocimiento del derecho a la relación electrónica (art. 6.1), así como una serie de derechos (art. 6.2) que conformaron todo un estatuto del ciudadano ad-

---

137 «Administración digital y relaciones con la ciudadanía. Su aplicación a las administraciones vascas», resumen ejecutivo del estudio, Defensoría del Pueblo, 2021, p. 21. Disponible en: https://www.ararteko.eus/RecursosWeb/DOCUMENTOS/1/2_5177_3.pdf (acceso: 10 de octubre de 2023).

138 GAMERO CASADO, E. «Cambio de tendencia en la jurisprudencia del Tribunal Supremo sobre administración digital», op. cit., p. 180.

139 *Vid.* entre otros, MORENO MOLINA, J.A., «Los derechos de los ciudadanos en sus relaciones con las Administraciones Públicas: los interesados en el procedimiento administrativo» *Revista jurídica de Castilla-La Mancha,* núm. 18, 1993 (Comentarios a la Ley 30/1992), pp. 85-108.

140 Sobre esta Ley son de referencia las obras de PALOMAR OLMEDA, A., *La actividad administrativa efectuada por medios electrónicos,* Thomson Aranzadi, Cizur Menor, 2007; MARTÍNEZ GUTIÉREZ, R., *Administración Electrónica,* Thomson-Aranzadi, Cizur Menor, 2009; GAMERO CASADO, E., y VALERO TORRIJOS, J. (Coords.), *La Ley de Administración electrónica. Comentario sistemático a la Ley 11/2007, de 22 de junio, de acceso electrónico de los ciudadanos a los Servicios Públicos,* Aranzadi, Cizur Menor, 3ª ed., 2011.

ministrado electrónicamente[141]. En efecto, la LAE tenía una orientación marcadamente dirigida a la garantía del derecho de acceso electrónico de la ciudadanía; esto es, ponía el foco de atención (por ejemplo, en su enunciado) en la persona o ciudadano, no tanto en la Administración Pública. Es esclarecedor para esta idea recordar lo que señalaba el preámbulo de la LAE: «la Administración debe incorporar las nuevas tecnologías a su funcionamiento interno y, simultáneamente, se debe garantizar que aquellos ciudadanos que por cualquier motivo (no disponibilidad de acceso a las nuevas tecnologías o falta de formación) no puedan acceder electrónicamente a la Administración Pública, dispongan de los medios adecuados para seguir comunicándose con la Administración con los mismos derechos y garantías. (…) O también, desde luego, establecer las previsiones generales que sean garantía de los derechos de los ciudadanos y de un tratamiento igual ante todas las Administraciones en todos esos supuestos».

Queda patente que la voluntad del legislador en 2007 era impulsar la implantación de la Administración electrónica, pero con las máximas cautelas, porque era consciente de la existencia de un amplio número de ciudadanos que se encontraban condicionados por la brecha digital. Incluso, al menos en la Administración General del Estado, se preveía la creación de un «defensor del usuario» que atendiera las quejas y realizase las sugerencias y propuestas pertinentes para mejorar las relaciones de ciudadanos en su trato con las Administraciones Públicas por medios electrónicos. Esa orientación ciudadana se perdió por completo en la reforma administrativa de 2015, donde la posición del ciudadano se convierte en adjetiva, ya que el problema central no era otro que garantizar que la Administración

---

141 COTINO HUESO, L., «El derecho y el deber de relacionarse por medios electrónicos (art. 14. LPAC). Asistencia en el uso de medios electrónicos a los interesados (art. 12)», op. cit., pp. 476-477.

electrónica se implantase de forma efectiva, quedando el ciudadano desplazado de la escena normativa por un enfoque predominantemente tecnológico del modelo previsto[142]. Además, la LPAC ha olvidado esta figura del defensor del usuario, ni tampoco la normativa sectorial se ha preocupado por implantarlo.

Por otra parte, la LPAC ha refundido el estatuto del ciudadano administrado, si bien, estructuralmente lo ha vuelto a dividir, al reconocer los derechos que le corresponden como «persona» (art. 13 LPAC) y como «interesado» (art. 53 LPAC), siendo derechos deben ser cumplidos por todas las Administraciones[143], y la cuestión gira sobre su efectiva implantación y cumplimiento. Al respecto, coincidimos con CERRILLO I MARTÍNEZ[144] en que ni el legislador ni las Administraciones Públicas han desarrollado de manera generalizada instrumentos suficientes ni han puesto a disposición de los ciudadanos medios bastantes para garantizar el pleno ejercicio y la eficacia de los derechos que el ordenamiento jurídico reconoce en relación con el uso de los medios electrónicos en las relaciones entre las Administraciones Públicas y los ciudadanos. La dificultad o imposibilidad de acceder a los medios electrónicos necesarios para relacionarse con la Administración constituye, pues, uno de los principales problemas de la Administración electrónica. También lo es la complejidad para utilizarlos.

---

142 JIMÉNEZ ASENSIO, R., «Administración digital y servicios a la ciudadanía: estado de la cuestión tras algunas (malas) lecciones de la pandemia», op. cit., p.8.

143 Los Derechos reconocidos en la LAE sólo pasaron a ser plenamente exigibles a la AGE (aunque esta no los hizo en muchos casos exigibles y no ha habido un clamor social por la exigibilidad de los mismos), pues para las autonomías y entes locales se hicieron depender, por la Disposición Final 3ª, de las «disponibilidades presupuestarias».

144 CERRILLO I MARTÍNEZ, A., «Los fundamentos jurídicos de la Administración Electrónica», op. cit., p. 29.

Por ello, como apunta VALERO TORRIJOS[145] resulta imprescindible examinar hasta qué punto el marco normativo vigente establece soluciones jurídicas suficientemente garantistas en atención al contexto tecnológico actual en que se ha de desenvolver la actividad administrativa; y, adicionalmente, valorar en qué medida las bases conceptuales en las que se sustenta dicha regulación son adecuadas a dicho contexto, caracterizado sustancialmente por una creciente complejidad que puede privar a las previsiones normativas de su función tuitiva de los diversos intereses potencialmente afectados.

Así, aunque la actual regulación ha supuesto importantes impulsos en el empeño de dotar al sector público de los instrumentos jurídicos que permitan avanzar en la definitiva modernización de su gestión, al mismo tiempo, ha supuesto una regresión por lo que se refiere a las garantías de quienes han de entablar relaciones jurídicas con las entidades del sector público, ya sean particulares o, incluso, otros sujetos públicos. No obstante, más allá de una mera valoración inicial de conjunto, resulta imprescindible llevar a cabo un análisis pormenorizado de las previsiones legales, teniendo en cuenta hasta qué punto las garantías jurídicas del proceso de modernización en que se encuentran inmersas las entidades del sector público están consagradas legalmente de manera adecuada.

II. VULNERACIÓN DE DERECHOS Y GARANTÍAS CIUDADANAS

Si en el artículo 13 de la LPAC se enumeran los derechos de las personas en sus relaciones con las Administraciones, la pri-

145 VALERO TORRIJOS, J., «La necesaria reconfiguración de las garantías jurídicas en el contexto de la transformación digital del sector público», op. cit., pp. 377-378.

mera vulneración de derechos, a mi juicio, puede encontrarse en el siguiente precepto, en el artículo 14.1 de la LPAC, respecto de la teórica libertad de elección del canal electrónico o presencial, pues aquellas personas físicas que, disponiendo de competencias digitales, toman la decisión de comunicarse con las Administraciones Públicas para ejercer dichos derechos por medios electrónicos, pero no consiguen lograrlo, tras varios intentos, por un mal diseño de la sede electrónica de la Administración en cuestión, o por errores continuos en su solicitud (entre otras posibilidades) tras lo cual, finalmente, terminan relacionándose por medios tradicionales, ¿realmente han podido elegir? esto es, si no logran relacionarse por medios electrónicos, ¿han podido ejercer su derecho previsto del artículo 14.1? me parece que no, que han tenido que conformarse, y no han podido beneficiarse de las aludidas «ventajas» que ofrece la tramitación telemática de sus instancias. Y no olvidemos la relación electrónica entre las personas físicas y la Administración pública es un derecho subjetivo, por lo que la Administración debe garantizar esa relación.

Por otro lado, si revisamos los derechos del interesado en el procedimiento administrativo (recogidos en el artículo 53 de la LPAC) pero, desde el punto de vista de la brecha digital, puede apreciarse una clara vulneración de varios derechos, tanto de tipo procedimental, como de tipo material o prestacional para aquellos administrados que no puedan mantener la relación digital a la que están obligados en aplicación del artículo 14 apartados 2º y 3º de la LPAC.

1. En el procedimiento administrativo

Empezaremos por los derechos del procedimiento, algunos de los cuales, como se verá, son en realidad una obligación. En este sentido, como afirma VALERO TORRIJOS[146] (respecto de la LAE) «el hecho de que el legislador haya tratado de impulsar la modernización tecnológica de la Administración Pública a partir del reconocimiento de un estatuto jurídico del *ciudadano electrónico* que se basa fundamentalmente en la atribución de derechos, puede conllevar relevantes problemas desde el punto de vista de la seguridad jurídica, por lo que quizás hubiera sido preferible que gran parte de estas medidas se concibieran, sin más, como una obligación dirigida a las Administraciones Públicas». En efecto, la principal obligación vinculada al uso de los medios electrónicos para las Administraciones Públicas es la de desarrollar las aplicaciones y los medios necesarios para facilitar a la ciudadanía el ejercicio de su derecho a relacionarse de manera electrónica con las Administraciones Públicas y poder, de este modo, tramitar electrónicamente los procedimientos[147]. Así lo señalaba, además, con acierto, la Exposición de Motivos de la LAE respecto del derecho a la comunicación electrónica: «la contrapartida de ese derecho es la obligación de éstas (las Administraciones) de dotarse de los medios y sistemas electrónicos para que ese derecho pueda ejercerse». Sucede, no obstante, que en la LPAC la obligación se ha trasladado en mi opinión, a los ciudadanos y ciudadanas, no solo ya de dotarse de los medios electrónicos necesarios para relacionarse con las Administraciones, sino también como un uso imperativo para hacer valer sus derechos.

De este modo, el apartado a) del artículo 53.1 de la LPAC dispone que «los interesados tienen derecho a conocer, en cualquier momento, el estado de la tramitación de los proce-

---

146 VALERO TORRIJOS, J., «Las garantías jurídicas en la Administración electrónica: ¿avance o retroceso?» *Revista Catalana de Dret Públic*, núm. 58, 2019, pp. 24-25.

147 CERRILLO I MARTÍNEZ, A., «Los fundamentos jurídicos de la Administración Electrónica», op.cit., p. 27.

dimientos en los que tengan la condición de interesados y a acceder y a obtener copia de los documentos del procedimiento. Además, quienes se relacionen con las Administraciones Públicas a través de medios electrónicos, tendrán derecho a consultar la información a la que se refiere el párrafo anterior, en el *Punto de Acceso General electrónico de la Administración que funcionará como un portal de acceso*[148]. Se entenderá cumplida la obligación de la Administración de facilitar copias de los documentos contenidos en los procedimientos mediante la puesta a disposición de las mismas en el Punto de Acceso General electrónico de la Administración competente o en las sedes electrónicas que correspondan».

Es decir, que aquellos sujetos obligados a relacionarse con la Administración por medios electrónicos (*ex* arts. 14.2 y 14.3

---

148 El anexo del RD 203/2021 (RAFME) define el Punto de Acceso General como «Portal de internet que facilita el acceso a los servicios, trámites e información de los órganos, organismos públicos y entidades vinculados o dependientes de la Administración Pública correspondiente y aglutina o conduce a las sedes electrónicas asociadas de sus órganos y las sedes electrónicas de sus organismos públicos y entidades de derecho público». Se trata de una dirección electrónica o portal de internet que engloba y facilita un uso directo a todos los servicios, trámites e información de todos los órganos, organismos y entidades de derecho público vinculados o dependientes de cada administración pública y que aglutina o conduce a todas las sedes electrónicas de esos órganos, organismos o entidades. Esto es, el PAGe de cada administración es una dirección electrónica que debe permitir el acceso a todos los partes de internet y todas las sedes electrónicas de esa Administración Pública. Su fundamento es aportar una solución a la gran dispersión de la información y trámites administrativos en distintos portales y páginas web. Su objetivo es, por tanto, facilitar a los ciudadanos el acceso electrónico a cada Administración desde un único punto de internet. DE JUAN CASERO, L. J., «Artículos 5-12», en CAMPOS ACUÑA, C. (Dir.), *Comentarios al Reglamento de actuación y funcionamiento del sector público por medios electrónicos,* Wolters Kluwer, Madrid, 2021, p. 155.

LPAC) tienen derecho, aunque más bien sería más correcto, como sostenemos, decir que «tienen la obligación» para conocer esta información, de acceder a través del Punto de Acceso General electrónico o en la sede electrónica de la Administración Pública de que se trate[149], pues como señala el precepto, respecto de estos sujetos la Administración únicamente está obligada a facilitar las copias de documentos a través de la sede electrónica. Dicho esto, aquellas personas que carezcan de competencias digitales básicas (como ya se señaló, en España, casi la mitad de la población) y se vean en la obligación del uso de medio electrónicos, se verán privadas de poder conocer la información que hemos indicado, lo que equivale a no poder hacer valer este derecho. O dicho de otro modo, los derechos del interesado en el procedimiento quedan supeditados al cumplimiento de la obligación de ejercerlos, exclusivamente, por medios electrónicos.

Esta misma reflexión puede realizarse respecto del segundo de los derechos que el precepto reconoce en el apartado b) «identificar a las autoridades y al personal al servicio de las Administraciones Públicas bajo cuya responsabilidad se tramiten los procedimientos». Se trata, además, de una información básica y fundamental para garantizar, en su caso, la exigencia de responsabilidad por defectos o retrasos en la tramitación y para demandar de dicho órgano el impulso de oficio del respectivo procedimiento[150]. Y por los mismos motivos, la imposibilidad de relacionarse por medios electrónicos puede colocar al interesado en una situación de indefensión, al ser incapaz

---

149 En el mismo sentido afirma GONZÁLEZ RÍOS, I., «Servicios públicos digitales: naturaleza jurídica y garantías para el ciudadano», op. cit., p. 39, que el derecho a comunicarse a través del Punto de Acceso General Electrónico se transforma en obligación para los colectivos a los que se refiere el art. 14.2.

150 OLIVER CUELLO, R., *Administración electrónica en el ámbito tributario,* op. cit., p. 50.

de «formular alegaciones, utilizar los medios de defensa admitidos por el Ordenamiento Jurídico, y a aportar documentos en cualquier fase del procedimiento anterior al trámite de audiencia» [apartado e) del art. 53.1 LPAC], salvo que contrate y costee los servicios de representación de un profesional.

Asimismo, debe advertirse acerca de la tentación en la que pueden sucumbir las Administraciones Públicas ante las posibilidades de agilizar la instrucción de los procedimientos empleando medios electrónicos. En concreto, existe una tendencia a que parte del trabajo que tradicionalmente habían realizado las Administraciones se lleve a cabo por el ciudadano que, de este modo, debe adquirir unas habilidades y destrezas mínimas para rellenar complicados formularios que, de modo irremediable, suelen terminar ofreciendo mensajes de error. En este sentido, la posibilidad de corregir los datos que ofrece el formulario a que se refiere el artículo 66.5 LPAC[151], constituye una herramienta de gran utilidad al anticipar parte del trabajo administrativo, pero en modo alguno puede ampararse en esta posibilidad la dejación de las funciones propias de esta fase del procedimiento administrativo que es la instrucción, de manera que habrán de llevarse a cabo las actuaciones de comprobación que resulten necesarias por parte de quien, en principio, está llamada a realizarlas, esto es, la Administración Pública[152].

Para terminar, especialmente preocupante es el «derecho» que nuevamente es, en realidad, una obligación para el interesa-

---

151 Artículo 66.5 LPAC: «Los sistemas normalizados de solicitud podrán incluir comprobaciones automáticas de la información aportada respecto de datos almacenados en sistemas propios o pertenecientes a otras Administraciones u ofrecer el formulario cumplimentado, en todo o en parte, con objeto de que el interesado verifique la información y, en su caso, la modifique y complete».

152 VALERO TORRIJOS, J., «La tramitación del procedimiento administrativo por medios electrónicos», op. cit., p. 189.

do[153], de «cumplir las obligaciones de pago a través de los medios electrónicos previstos en el artículo 98.2 [art. 53.1. h) LPAC]». Dicho artículo prevé, con carácter general y preferente, en particular para el pago de sanciones pecuniarias, multas o cualquier otro derecho que haya de abonarse a la Hacienda pública (salvo que se justifique la imposibilidad de hacerlo, aunque sin precisar cómo se debe llevar a cabo con éxito tal justificación), los siguientes medios electrónicos de pago: la Tarjeta de crédito y débito, la transferencia bancaria y la domiciliación bancaria.

Por tanto, aquella persona que, incapaz de acceder a la sede electrónica por falta de conocimientos informáticos o por carecer de la infraestructura o medios necesarios, se vea obligada a realizar pagos a la Administración (por ejemplo, el pago de una multa o un impuesto) por medios electrónicos va a ver, de nuevo, su derecho (en este caso, cumplir con una obligación) cercenado, ante la incapacidad de poder domiciliar el pago en la sede electrónica o acceder a los datos necesarios para realizar la transferencia. Y lo que es peor, puede que, por ejemplo, en el caso de personas de avanzada edad, siquiera sepan utilizar los

---

153 Si bien, desde otra perspectiva, FONDEVILA ANTOLÍ junto con otros autores de referencia como COTINO HUESO (2016), MARTÍNEZ GUTIÉRREZ (2016) y MARTÍN DELGADO (2018), consideran «que no estamos en presencia de una obligación, sino que lo que se habilita es al ciudadano/a para elegir qué tipo de medio de pago quiere utilizar en cualquier tipo de obligación pecuniaria, no estando obligado al uso de los electrónicos. Además, parece confirmar esta interpretación las previsiones del artículo 16 LPAC, que regula los registros y que establece en su apartado sexto la posibilidad de hacer efectivo mediante transferencia cualquier cantidad que haya que satisfacer en el momento de presentación de documentos a las Administraciones Públicas, sin perjuicio de la posibilidad de abono por otros medios». FONDEVILA ANTOLÍN, J. «La obligación de utilización de medios electrónicos en los procesos selectivos: ciudadanos o súbditos», *Revista Vasca de Gestión de Personas y Organizaciones Públicas*, núm. 20, 2021, p. 102.

medios de pago electrónicos que la normativa prevé pues, por ejemplo, con carácter general el pago *online* con tarjeta requiere verificar el mismo a través de la *App* Bancaria en un *smartphone*.

En definitiva, podemos observar cómo en unos casos la situación priva a tales personas de los correspondientes beneficios (derechos). En otros, supone incumplimientos de la ciudadanía (que no puede realizar el trámite) determinantes de infracciones[154]. A ese cuestionamiento de la relación electrónica obligatoria hemos de unir el hecho de que el procedimiento administrativo se concibe como una garantía para la defensa de los derechos e intereses legítimos de los interesados, y el medio (electrónico) puede condicionar (cuando no impedir) dicha garantía[155].

2. Derechos materiales o prestacionales

Como ha puesto de manifiesto la pandemia del COVID-19, la digitalización de la Administración ha sido especialmente intensa en el ámbito prestacional o de los servicios públicos[156]. En efecto, hablar de servicios públicos digitales comprende sectores como la educación (la introducción de las TIC en las aulas y el uso de plataformas virtuales o *e-learning*) sanidad o *e-Health* (historial clínico electrónico, la receta electrónica y la posibilidad de consultar todos estos datos desde cualquier lugar), justicia[157] (expediente judicial electrónico, notificaciones

---

154 GAMERO CASADO, E. «Cambio de tendencia en la jurisprudencia del Tribunal Supremo sobre administración digital», op. cit., p. 168.

155 GONZÁLEZ RÍOS, I., «Servicios públicos digitales: naturaleza jurídica y garantías para el ciudadano», op. cit., p. 51.

156 GONZÁLEZ RÍOS, I., «Servicios públicos digitales: naturaleza jurídica y garantías para el ciudadano», op. cit., p. 28.

157 El reciente Real Decreto-ley 6/2023, de 19 de diciembre, por el que se aprueban medidas urgentes para la ejecución del Plan de Recuperación, Transformación y Resiliencia en materia de servicio

procesales electrónicas), ciudades inteligentes (automatización de procesos y sistemas, control de la circulación)[158] y servicios sociales (por ejemplo, teleasistencia social a mayores[159]).

---

público de justicia, función pública, régimen local y mecenazgo reconoce a la ciudadanía el derecho a un servicio personalizado de acceso a procedimientos, informaciones y servicios accesibles de la Administración de Justicia y se establecen una serie de servicios cuya prestación deben garantizar las administraciones públicas con competencias en medios materiales y personales de la Administración de Justicia por medios digitales, en todo el territorio del Estado. Entre otros, la itineración de expedientes electrónicos y la transmisión de documentos electrónicos entre cualesquiera órganos judiciales o fiscales; la interoperabilidad de datos entre cualesquiera tribunales, oficinas judiciales y fiscales, a los fines previstos en las leyes; servicio personalizado que facilitará el acceso a los servicios, procedimientos e informaciones accesibles de la Administración de Justicia que afecten a un ciudadano o ciudadana cuando sea parte o se le haya reconocido interés directo y legítimo; determinados portales de datos en los términos previstos en la ley, y la identificación y firma de los intervinientes en actuaciones no presenciales.

158 BERNING PRIETO, A. D., «La Administración electrónica y los servicios públicos digitales al albor de los progresos de la Unión Europea y el "Horizonte Europa 2020". Su relación con las Leyes 39/2015, de Procedimiento Administración Común de las Administraciones Públicas y 40/2015, de Régimen Jurídico del Sector Público» en MARTÍN DELGADO, I. (Dir.), *La reforma de la Administración electrónica: Una oportunidad para la innovación desde el Derecho*, Instituto Nacional de Administración Pública, Madrid, 2017, p. 18.

159 El artículo 50 de la Constitución Española establece que los poderes públicos promoverán el bienestar de los ciudadanos durante la tercera edad «mediante un sistema de servicios sociales que atenderán sus problemas específicos de salud, vivienda, cultura y ocio». Se trata de un mandato vinculante de actuación cuyos destinatarios son todos los poderes del Estado, todas las Administraciones Públicas. Sobre los servicios sociales a mayores *vid.* DOMÍNGUEZ MARTÍN, M., «Los servicios sociales a mayores (en tiempos ordinarios y extraordinarios): una competencia compartida entre municipios y comunidades autónomas», en DÍEZ SASTRE, S. y RODRÍGUEZ DE

Por tanto, respecto de los derechos que hemos denominado como «materiales o prestacionales», dice el artículo 53.i) [y también el artículo 13.i) LPAC cuando establece los derechos de las personas en sus relaciones con las Administraciones Públicas] que el interesado tiene reconocidos «cualesquiera otros (derechos) que les reconozcan la Constitución y las leyes». En este sentido, como sostiene FONDEVILA ANTOLÍN[160] «recordemos que existe un mandato constitucional como Estado Social de prestar servicios a los ciudadanos/as con plenas garantías legales, pero también está obligada (la Administración) a remover los obstáculos para que los ciudadanos/as puedan acceder a todos a los que tenga derecho (artículos 1.1, 103 y 9.2 de la CE)». Nos encontramos en este caso ante los llamados servicios de interés general no económicos (SIGNE), que se caracterizan porque su objeto no es obtener una rentabilidad económica, sino un beneficio social, y por la titularidad pública del servicio. En los mismos, la Administración debe garantizar que lleguen a los usuarios en condiciones de calidad, regularidad, igualdad y asequibilidad[161]. Pues bien, aquellos ciudadanos y ciudadanas que no sean capaces de utilizar los medios electrónicos, pero estén obligados a ello verán, en consecuencia, limitados o se verán directamente privados de la posibilidad de ejercer los derechos y beneficios que supone el Estado Social, al no poder solicitar, por ejemplo, una subvención, una prestación social, etc., la cual posiblemente sí podrían haber solicitado a través de medios tradicionales.

SANTIAGO, J.M. (Dirs.), *Ciudades envejecidas. El Derecho y la política local para la protección y cuidado de las personas mayores,* Thomson Reuters Aranzadi, Cizur Menor, 2020, pp. 61 y ss.

160 FONDEVILA ANTOLÍN, J. «La obligación de utilización de medios electrónicos en los procesos selectivos: ciudadanos o súbditos», op. cit., p. 90.

161 GONZÁLEZ RÍOS, I., «Servicios públicos digitales: naturaleza jurídica y garantías para el ciudadano», op. cit., p. 29.

Estoy pensando, por ejemplo, en todos los padres y madres que cada curso académico sufren con la tramitación digital para solicitar las becas y ayudas de sus hijos menores para sus estudios elementales. Y también en el ámbito de la educación, la tramitación telemática de los procesos de matrícula del alumnado dificulta el acceso a las personas que carecen de herramientas adecuadas o de habilidades digitales. Por ello, como afirma el Defensor del Pueblo[162] «las Administraciones educativas deben adoptar medidas organizativas para mejorar la atención presencial de los ciudadanos y garantizar que la tramitación telemática no se convierta en un obstáculo para la subsanación de las solicitudes incorrectamente tramitadas en el plazo ordinario de matriculación».

En consecuencia, queda patente que las tecnologías disruptivas están teniendo un rol cada vez de mayor importancia y, en este sentido, las políticas públicas deben adaptar estas tecnologías a las necesidades de cada colectivo hacia el que están dirigidas, particularizando y adaptando las soluciones tecnológicas (y no tecnológicas) a los destinatarios de cada medida, de acuerdo a sus necesidades y puntos de partida[163].

Asimismo, la consagración legal de la obligación de relacionarse electrónicamente con la Administración pública para determinados colectivos (art. 14.2 LPAC) y la posibilidad de que dicha exigencia se haga extensiva a otros por vía reglamentaria (art. 14.3 LPAC), unido a la imposibilidad de acceder a servicios públicos prestados en formato electrónico o digital por parte de ciertos colectivos de personas o en determinadas zonas geográficas, puede suponer la vulneración de ciertos de-

---

162 Informe Anual, 2022, p. 90. Disponible en: https://www.defensordelpueblo.es/wp-content/uploads/2023/03/Defensor-del-Pueblo-Informe-anual-2022.pdf (acceso: 12 de noviembre de 2023).

163 *Cfr.* Plan de Digitalización de las Administraciones Públicas 2021-2025, p. 11.

rechos fundamentales. Entre ellos: a) el derecho a la no discriminación «por cualquier condición o circunstancia personal o social» (art. 14 CE); b) el derecho a elegir libremente su residencia (art. 19 CE), cuando la imposibilidad de acceder a servicios públicos esenciales impide la ciudadanía elegir dónde vivir; o, c) el derecho a la educación, debiendo ser la educación básica «obligatoria y gratuita» (art. 27 CE). Otros derechos, sin el carácter de fundamentales, pueden verse afectados en la prestación de servicios digitales por las Administraciones públicas, tal es el caso del derecho a la protección de la salud (art. 43 CE) o la tutela de los derechos de las personas con discapacidad física, sensorial y psíquica (art. 49 CE). Derechos constitucionales que deben servir de garantía frente al poder público cuando regula las relaciones de los ciudadanos con el sector público, esencialmente cuando se limita el derecho de las personas físicas a mantener una relación presencial[164].

Aquí es particularmente importante el «principio de proporcionalidad», que puede inferirse del artículo 4 de la LRJSP[165] y que se encuentra expresamente recogido en el artículo 2 del del Real Decreto 203/2021 (RAFME), y que supone «adecuar el nivel de exigencias en los trámites y actuaciones de las personas interesadas con las Administraciones a la naturaleza de la actuación a realizar, de manera que no se exijan requisi-

164 *Cfr.* GONZÁLEZ RÍOS, I., «Servicios públicos digitales: naturaleza jurídica y garantías para el ciudadano», op. cit., p. 27.

165 Artículo 4 LRJSP: «Las Administraciones Públicas que, en el ejercicio de sus respectivas competencias, establezcan medidas que limiten el ejercicio de derechos individuales o colectivos o exijan el cumplimiento de requisitos para el desarrollo de una actividad, deberán aplicar el principio de proporcionalidad y elegir la medida menos restrictiva, motivar su necesidad para la protección del interés público así como justificar su adecuación para lograr los fines que se persiguen, sin que en ningún caso se produzcan diferencias de trato discriminatorias».

tos desproporcionados para realizar trámites sencillos, lo que puede tener un especial interés para evitar desigualdades provocadas por la brecha digital»[166]. En virtud de este principio solo se exigirán las garantías y medidas de seguridad adecuadas a la naturaleza y circunstancias de los distintos trámites y actuaciones electrónicos. La seguridad es no obstante necesaria, pues la ciudadanía espera que los servicios se presten en condiciones de confianza y garantía equivalentes a las que encuentran cuando se acercan personalmente a las oficinas de atención ciudadana de la respectiva administración pública[167].

Igualmente, cuando la relación electrónica se imponga a un colectivo a través de reglamento (art. 14.3 LPAC) se deben respetar los principios de buena regulación previstos en el artículo 129 de dicha ley, debiendo justificarse en el preámbulo del reglamento. De estos principios cabe destacar también el principio de proporcionalidad que exigiría que la iniciativa de ampliar la relación electrónica obligatoria a otros colectivos de personas físicas constate que «no existen otras medidas menos restrictivas de derechos, o que impongan menos obligaciones a los destinatarios» (art. 129.3 de la Ley 39/2015). En este sentido, sostiene GONZÁLEZ RÍOS[168] que la medida menos restrictiva de los derechos sería aquella que, siguiendo lo dispuesto en el artículo 14.1 de la LPAC, permite al ciudadano optar por la relación presencial o electrónica (aunque esta posibilidad no se admite si se ha impuesto la relación electrónica como

---

166 MARTÍNEZ GUTIÉRREZ, R., «Administración electrónica e inclusión digital en las entidades locales medianas y pequeñas: Brecha digital, servicios públicos y nuevos modelos de atención a la ciudadanía», op. cit. pp. 114-115.

167 CAMPOS ACUÑA, C. (Dir.), *Comentarios al Reglamento de actuación y funcionamiento del sector público por medios electrónicos*, Wolters Kluwer, Madrid, 2021, p. 134.

168 GONZÁLEZ RÍOS, I., «Servicios públicos digitales: naturaleza jurídica y garantías para el ciudadano», op. cit., p. 51.

obligatoria, lo que no acaecería en el caso de que vía reglamento se quisiera imponer por primera vez esa relación electrónica obligatoria). Por tanto, dicho principio debería actuar como límite infranqueable a la eliminación de la relación presencial, puesto que hay una medida menos restrictiva.

Por su parte, el «principio de asequibilidad del servicio» no debe verse en entredicho por su prestación digital o electrónica. Las adaptaciones tecnológicas de la propia Administración para poder garantizar el servicio público digital de que se trate no debieran repercutirse en el ciudadano, sin perjuicio de que ello tenga un importante impacto para las arcas públicas. Cuestión distinta es que esa asequibilidad pueda verse cuestionada por la necesidad del ciudadano de disponer de medios tecnológicos y de conocimientos de los que no dispone y ello dificulte o impida el acceso, lo que sí puede hacer cuestionar la universalidad de los servicios públicos (sanitarios, educativos...)[169].

Además, uno de los principios aplicables al servicio público que más puede verse afectado en la prestación digital es el de «igualdad y no discriminación» entre los usuarios y usuarias, dado que el acceso a servicios como la sanidad o la educación, como servicios nucleares de un Estado democrático de derecho, puede verse limitado —cuando no impedido— para determinados colectivos si la prestación digital fuera la única imperante[170]. Esta cuestión es de suma relevancia, pues la igualdad no debe verse atacada con otro elemento que introduzca una mayor fisura en la sociedad, resultando inaceptable que el ciudadano o ciudadana digital pueda posicionarse en un nivel privilegiado con respecto a quien no dispone los medios o

---

169 GONZÁLEZ RÍOS, I., «Servicios públicos digitales: naturaleza jurídica y garantías para el ciudadano», op. cit., p. 31.

170 GONZÁLEZ RÍOS, I., «Servicios públicos digitales: naturaleza jurídica y garantías para el ciudadano», op. cit., pp. 30-31.

las competencias digitales[171]. Es imprescindible, por tanto, ser consciente de la desigualdad que las propias tecnologías pueden introducir, así como del incremento de las existentes para que se no vulnere el derecho fundamental básico[172].

Por todo lo expuesto, la situación resulta insostenible (por desproporcionada) en el universo de sujetos obligados a relacionarse electrónicamente por medios electrónicos, que padecen, por esta razón, de un deterioro de su posición, y sufren un claro retroceso en los derechos y garantías que trabajosamente ha ido consiguiendo la ciudadanía en la progresiva conquista del Estado de Derecho[173]. La Administración debe garantizar los derechos de los ciudadanos y el entorno digital no debe afectar a la configuración de los derechos fundamentales, que han gozar de la misma protección que se deduce de la CE y de su desarrollo normativo[174].

3. Las consecuencias del incumplimiento de la obligación de relacionarse electrónicamente

Una vez hemos revisado las limitaciones que sufren los derechos y garantías de la ciudadanía como consecuencia de la imposición de la relación electrónica con las Administraciones Públicas, debemos reflexionar sobre qué sucede cuando estos ciudadanos y ciudadanas, ante la imposibilidad de mantener esa relación o bien, por su mero desconocimiento, presentan

---

171 En el mismo sentido MENÉNDEZ SEBASTIÁN, E. M. y BALLINA DÍAZ, J., *Sostenibilidad social y ciudadanía administrativa digital,* Reus, Madrid, 2022, pp. 213-214.

172 *Ibídem,* p. 219.

173 GAMERO CASADO, E., «Reflexiones introductorias: de la administración electrónica a la digital», op. cit., p. 46.

174 GONZÁLEZ RÍOS, I., «Servicios públicos digitales: naturaleza jurídica y garantías para el ciudadano», op. cit., p. 37.

sus solicitudes ante las Administraciones presencialmente. Se trata pues de revisar qué consecuencias prevé la LPAC cuando los sujetos del artículo 14.2 y 14.3 no se ha comunicado a través de medios electrónicos.

Ciertamente, la LAE no expresaba qué sucedía si el ciudadano no se comunicaba electrónicamente con la Administración en los casos en los que estuviera obligado ello. En cambio, la LPAC sí ha previsto importantes consecuencias para los casos de incumplimiento de esta obligación. Así, el artículo 68.4 de la LPAC señala que «si alguno de los sujetos a los que hace referencia el artículo 14.2 y 14.3 presenta su solicitud presencialmente, las Administraciones Públicas requerirán al interesado para que la subsane a través de su presentación electrónica. *A estos efectos, se considerará como fecha de presentación de la solicitud aquella en la que haya sido realizada la subsanación*».

En mi opinión, la referencia a que la fecha de presentación será en la que se haya subsanado implica la clara voluntad del legislador de «castigar» al ciudadano que debiendo hacerlo, no utilizó los medios electrónicos[175], entendiendo que su solicitud no fue presentada en el momento en que lo hizo en papel, sino después, cuando ya lo presentó electrónicamente. Así, por ejemplo, si mediaba cualquier plazo que haya precluido al momento de la subsanación, el obligado habrá incumplido dicho plazo con los efectos que ello implique en cada procedimiento o relación jurídica administrativa. O en el mejor de los casos, cuando la Administración le indica al interesado que ha de presentar su solicitud por medios electrónicos al ser obligado, puede suceder que para éste lo haga en plazo ya no disponga

175 En el mismo sentido COTINO HUESO, L., «El derecho y el deber de relacionarse por medios electrónicos (art. 14. LPAC). Asistencia en el uso de medios electrónicos a los interesados (art. 12)», op cit., p. 502 y, del mismo autor, «La obligación de relacionarse electrónicamente con la Administración y sus escasas garantías», op. cit., p. 11.

de los diez días que la propia norma prevé con carácter general para la subsanación y mejora, sino de menos[176]. Además, por su naturaleza, la subsanación solo tiene sentido si se practica antes de que haya transcurrido el plazo de que se trate, de forma tal que, si se requiere subsanación de un plazo ya vencido (cuando el administrado venga a subsanar) el requerimiento no tendrá ya más sentido que el de informar del incumplimiento al propio obligado al uso de medios electrónicos. También podrá suponer que el que el interesado resulte perjudicado si el orden de presentación de una instancia fuese relevante a efectos de obtener, por ejemplo, la prestación de un servicio.

Por ello, esta regulación ha dado lugar en la práctica a situaciones en las que, tanto en relación con la presentación de solicitudes, como en dar cumplimiento a requerimientos o presentar recursos administrativos, la Administración ha procedido a admitir el escrito, otorgar un plazo de subsanación de diez, y al subsanar el administrado dentro de esos diez días conferidos, pero ya fuera del plazo inicial que debía observar, la Administración ha inadmitido posteriormente aquél escrito por entender que se ha presentado fuera de plazo; en definitiva, ha denegado la subsanación efectuada[177], de forma que en estos casos se priva al interesado o interesada de poder subsanar el error de haber escogido un canal de comunicación erróneo y, con ello, de poder hacer valer sus derechos o cumplir con sus obligaciones.

---

176 MENÉNDEZ SEBASTIÁN, E. M., *Las garantías del interesado en el procedimiento administrativo electrónico: luces y sombras de las nuevas Leyes 39 y 40/2015*, op. cit., p. 73.

177 BERNING PRIETO, A. D., «La subsanación electrónica en el procedimiento administrativo: una cuestión pendiente de resolver en la jurisprudencia española», *European Review of Digital Administration & Law – Erdal*, vol. 2, 2021, p. 250.

Por otra parte, como afirma BERNING PRIETO[178], ya que el artículo 68.4 se ubica en la Sección 3ª (inicio del procedimiento a solicitud del interesado) del Capítulo II (iniciación del procedimiento) de la Ley, parece que las previsiones relativas a la subsanación se aplican únicamente a las solicitudes presentadas por los interesados[179], y no a otras cuestiones como la subsanación de la presentación de recursos, problemática que ha sido objeto de pronunciamientos jurisprudenciales como la STSJ de Madrid núm. 276/2018, de 18 de mayo (rec. 251/2017) sobre la inadmisión de un recurso de alzada interpuesto por una persona jurídica contra una resolución dictada por la Dirección General de Medio Ambiente de la administración autonómica[180].

---

178 *Ibídem.*

179 MENÉNDEZ SEBASTIÁN E. M., *Las garantías del interesado en el procedimiento administrativo electrónico: luces y sombras de las nuevas Leyes 39 y 40/2015*, op. cit., p. 73, considera que lo que se quiere indicar es que a efectos de iniciación del procedimiento (que es lo que se regula en esta sección de la LPAC), se tomará en consideración no la fecha de la primera presentación (es decir, la que se efectuó presencialmente), sino en la que se hizo electrónicamente. Pero que por lo demás el trámite es similar, es decir, sería un plazo de diez días para subsanar. Con ello se evitaría el problema de presentación fuera de plazo e igualmente habría que entender que por lo que se refiere al fondo, es decir, a cualquier otro posible defecto de la solicitud que no consista en la forma de presentarla, cabría darle un nuevo trámite de subsanación. Pues de lo contrario se privaría realmente del mismo a aquellos que (en muchos casos por desconocimiento) presentan presencialmente una solicitud estando obligados a hacerlo presencialmente. Piénsese, por ejemplo, en determinadas entidades sin personalidad jurídica, que incluso pueden no disponer de los medios para hacerlo electrónicamente, ya que las solicitudes constituyen uno de los supuestos en que es imprescindible la firma electrónica.

180 En el supuesto enjuiciado, la recurrente era una persona jurídica que presentó físicamente un recurso de alzada en el plazo legalmente establecido de un mes y, según la Administración, dado que se encon-

El Tribunal entiende en relación con el artículo 68.4 LPAC que «cuando de inicio de un procedimiento se trata, resulta lógico que la falta de presentación telemática de instancias, por parte de aquellas personas que tengan la obligación de ello, pueda ser subsanada, sin sujeción a plazo alguno; pues, siendo la regla la de considerar como fecha de presentación la de su presentación telemática, no producirá más efectos que los de retrasar el inicio del procedimiento que se interesa». Sin embargo, «aplicar esa norma a la presentación de recursos (mediante una interpretación que, en todo caso, sería analógica y amplia) iría en contra del principio de tutela judicial efectiva» (FJ 9º). Por ello, el TSJ estima el recurso, ordenando la retroacción del expediente a fin de que se admita el recurso de alzada y se resuelva el mismo entrando en el fondo del asunto.

Esta interpretación del artículo 68.4 de la LPAC ha sido también recogida por el Tribunal Supremo, en su sentencia núm. 2747/2021, de 1 de julio de 2021 (rec. 1928/2020) al señalar que «cabe partir como premisa para abordar esta cuestión del presupuesto de que el artículo 68.4 de la Ley 39/2015 regula un trámite procedimental de subsanación especifico respecto de las solicitudes que se hubieren presentado ante la Administración de forma presencial, que resulta estrictamente aplicable a los procedimientos iniciados a solicitud del interesado y no a los procedimientos iniciados de oficio por la Administración,

---

traba obligada a relacionarse electrónicamente con ésta *ex* artículo 14 LPAC, la requirió para que subsanase el defecto conforme al artículo 68.4 LPAC en el plazo de diez días hábiles, advirtiéndole de que, en caso de no hacerlo, se tendría por no presentado el mismo. Tras dar cumplimiento al requerimiento de subsanación dentro del plazo de diez días conferido, recibió una resolución de inadmisión por haberse presentado fuera de plazo, al interpretarse el artículo 68.4 LPAC en el sentido de que, una vez realizada la subsanación electrónica, sería válida siempre y cuando hubiese sido presentada dentro del plazo originalmente conferido (un mes para el recurso de alzada).

ni a los procedimientos de revisión de los actos administrativos» (FJ 3º). Añade el Tribunal que «cabe significar al respecto, que el deber de la Administración de respetar el derecho al procedimiento debido, cuya constitucionalización como principio rector de la organización y funcionamiento de las Administraciones Públicas se deriva del artículo 103 de la Constitución, impone (a falta de una previsión normativa con rango que regule de forma específica las consecuencias que con carácter general origine el incumplimiento de la obligación de relacionarse con la Administración a través de medios electrónicos, a los efectos de determinar la fecha en que debe considerarse presentado el recurso administrativo, que, *sedes materiae*, debería establecerse en el artículo 14 de la Ley 39/2015), que se interpreten las normas procedimentales que regulan la interposición de recursos administrativos previos a entablar acciones ante los órganos de la Jurisdicción Contencioso-Administrativa con los mismos criterios hermenéuticos formulados por el Tribunal Constitucional y por este Tribunal Supremo para garantizar y asegurar el derecho a la tutela judicial efectiva, en los términos del artículo 24 de la Constitución».

Pero al margen de los recursos, el Tribunal afirma con rotundidad en su FJ 4º que «El apartado 4 del artículo 68 de la Ley 39/2015 de 1 de octubre, del Procedimiento Administrativo Común de las Administraciones Públicas, que dispone que si alguno de los sujetos a los que hace referencia el artículo 14.2 y 14.3 presenta su solicitud presencialmente, las Administraciones Públicas requerirán al interesado para que la subsane a través de su presentación electrónica, y que a estos efectos, se considerará como fecha de presentación de la solicitud aquella en la que haya sido realizada la subsanación, resulta aplicable a la fase inicial de los procedimientos administrativos iniciados a instancia del interesado».

Pues bien, pese a la voluntad legislativa que viene a expresar la LPAC respecto de la subsanación y aunque el TS parece dar carpetazo a esta cuestión apoyando la dureza del artículo 68.4

de la LPAC, creo que no deberían excluirse soluciones más positivas para el administrado. Por ejemplo, GAMERO CASADO[181] sostiene que los sujetos obligados a relacionarse electrónicamente no pueden verse privados de su derecho a subsanar, por lo que la ambigüedad de la redacción del artículo 68.4 LPAC debe propiciar su interpretación de la forma más favorable al ciudadano, permitiéndole subsanar y tener por presentado su escrito en plazo tras dicha subsanación. O COTINO HUESO[182] propone que puede regularse la subsanación, sus efectos y plazos por la legislación de desarrollo o en aquellos casos en los que la obligación de uso de medios electrónicos se fija reglamentariamente, de un modo más garantista. En esta línea se refiere al Decreto valenciano 220/2014 dispone en su artículo 12.5 que «si se establece la obligación de comunicación o relación electrónica, la regulación que concrete dicha obligación habrá de determinar expresamente las consecuencias de su incumplimiento y los posibles efectos de la presentación de escritos, comunicaciones o documentación en soporte no electrónico, entre ellas, *el posible requerimiento para la subsanación*»[183]. Sin ser la panacea, quizás la normativa de desarrollo pueda ser una vía para mejorar las garantías del administrado en los casos de subsanación del defecto de comunicación electrónica ante la obligación de practicarla.

---

181 GAMERO CASADO, E., «Panorámica de la administración electrónica en la nueva legislación administrativa básica», *Revista Española de Derecho Administrativo*, núm. 175, 2016, pp. 15-27.

182 COTINO HUESO, L., «El derecho y el deber de relacionarse por medios electrónicos (art. 14. LPAC). Asistencia en el uso de medios electrónicos a los interesados (art. 12)», op cit., p. 516.

183 Bien es cierto que el Decreto hace referencia a la LAE (art. 12.1) y no a la LPAC, lo cual tampoco se entiende si se tiene en cuenta que la última revisión de la norma es de enero de 2020, y debería pues, haberse adaptado a la legislación estatal vigente.

Por otro lado, la propia STSJ de Madrid núm. 276/2018, a la que ya nos hemos referido, reconoce la estrecha relación de esta problemática el «principio de confianza legítima». Así, afirma el Tribunal que la concesión del plazo de diez días para subsanación del defecto, y el apercibimiento de tenerle por desistido de su pretensión, suponen que la aplicación del párrafo cuarto del artículo 68 debe considerarse sorpresiva y contraria al principio de confianza legítima, y a los propios actos de la administración (FJ 7º). Por tanto, «al conceder un plazo, y formular ese apercibimiento, se estaba dando a entender a la parte que el escrito sí había sido tenido por presentado (ya que de otra forma no sería posible extender por desistido al interesado de la pretensión en él deducida), y que el defecto era subsanable en el plazo de referencia» (FJ 8º).

Pero al margen del caso enjuiciado[184], el Tribunal entiende que el derecho de subsanación en estos casos no existe. En efecto, afirma que «el párrafo cuarto no menciona plazo alguno de subsanación, y es que, ni existe, ni es necesario. Porque la fecha de presentación del escrito que se va a considerar, en todo caso, va a ser la de su presentación telemática, no se trata de una subsanación propia, ya que la consecuencia del defecto es, de entrada, la de no tener por presentado el escrito. Y, por otra parte, la fijación de un plazo concreto para su presentación resulta inútil, pues, cuando se realice, esto es, cuando se

---

184 Ciertamente, en el caso de la sentencia, como señala el Tribunal (FJ 8º), la Administración mezcló las previsiones de este artículo 68 de la LPAC. Porque aplicó el párrafo primero, concediendo expresamente a la parte un plazo de 10 días hábiles para subsanar el defecto de falta de presentación telemática, indicando expresamente a la parte que, en caso de no subsanación, se le tendría por desistida de su petición (que, por otra parte, se tuvo por formulada); pero a la hora de considerar los efectos de la subsanación, aplicó el último párrafo del art. 68, que establece que ha de tenerse en cuenta como fecha de presentación del escrito, la de su presentación telemática.

presente de forma telemática, sin perjuicio del tiempo en que se haga, producirá los efectos que procedan».

Y es que esa es la realidad, la consecuencia que el artículo 68.4 establece para el ciudadano o ciudadana que no cumple con su obligación legal de presentar electrónicamente su solicitud no es realmente la necesidad de subsanación, es simple y llanamente una inadmisión de su solicitud. La Ley debería haberlo señalado así, con claridad: «si alguno de los sujetos a los que hace referencia el artículo 14.2 y 14.3 presenta su solicitud presencialmente, no se admitirá, debiendo presentarse, en todo caso, electrónicamente». Si la LPAC se hubiera pronunciado con esta contundencia, no se producirían los problemas interpretativos a los que nos hemos referido, pero claro, se habría tratado de una redacción muy estricta y polémica, aunque a efectos prácticos es lo que realmente sucede.

Finalmente, el artículo 14.1 del RAFME regula también el régimen de la subsanación, aunque condicionado por lo que establece la LPAC. Así, primeramente establece que si existe la obligación del interesado de relacionarse a través de medios electrónicos y aquel no los hubiese utilizado (y también cuando voluntariamente se haya escogido la relación electrónica) «el órgano administrativo competente en el ámbito de actuación requerirá la correspondiente subsanación, advirtiendo al interesado, o en su caso su representante, que, de no ser atendido el requerimiento en el plazo de diez días, se le tendrá por desistido de su solicitud o se le podrá declarar decaído en su derecho al trámite correspondiente». Si el artículo solo dijera esto se estaría reconociendo el derecho del interesado a enmendar su error y corregir el canal utilizado (de presencial a electrónico), sin embargo, no aporta una mejora al régimen de subsanación, pues a continuación señala que «cuando se trate de una solicitud de iniciación del interesado, la fecha de la subsanación se considerará a estos efectos como fecha de presentación de la solicitud de acuerdo con el artículo 68.4

de dicha ley»[185], por tanto, en términos idénticos a la LPAC, eliminando la posibilidad de subsanar si existe un plazo determinado para presentar la solicitud, con las consecuencias que de ello se deriven en cada caso.

Ahora bien, como advierte MARTÍNEZ GUTIÉRREZ[186] «el reglamento sí ha determinado dos supuestos en los que procederá la subsanación en atención a cuestiones de índole técnica», que no guardan relación con la subsanación del canal (de presencial a electrónico). De un lado, el apartado 2º del artículo 14 señala que en el caso de que las Administraciones Públicas hayan determinado los formatos y estándares a los que deberán ajustarse los documentos presentados por el interesado (de acuerdo con el artículo 39.1)[187], si este incumple dicho requisito se le requerirá para que, en el plazo de diez días, subsane el defecto advertido, con la indicación de que, si así no lo hiciera se le tendrá por desistido de su solicitud o se le podrá declarar decaído en su derecho al trámite correspondiente. Por tanto, si el defecto no es ya un error en el canal utilizado, sino que en la relación electrónica se ha utilizado un formato electrónico incorrecto, se podrá subsanar y la fecha de presentación será la de la solicitud inicial.

---

185 BERNING PRIETO, A. D., «La subsanación electrónica en el procedimiento administrativo: una cuestión pendiente de resolver en la jurisprudencia española», op. cit., p. 254.

186 MARTÍNEZ GUTIÉRREZ, R. «La plena eficacia de la e-Administración. Comentario y notas fundamentales del Real Decreto 203/2021, por el que se aprueba el Reglamento de actuación y funcionamiento del sector público por medios electrónicos», *Derecho Digital e Innovación. Digital Law and Innovation Review,* núm. 8, 2021, p. 12.

187 Artículo 39.1 del RAFME: «Las Administraciones Públicas podrán determinar los formatos y estándares a los que deberán ajustarse los documentos presentados por las personas interesadas en el registro siempre que cumplan con lo previsto en el Esquema Nacional de Interoperabilidad y normativa correspondiente».

Y, de otro lado, el artículo 39.2 del RAFME dispone que «en el caso de que se detecte código malicioso susceptible de afectar a la integridad o seguridad del sistema en documentos que ya hayan sido registrados, se requerirá su subsanación al interesado que los haya aportado de acuerdo con lo previsto en el artículo 14.3 de este Reglamento». En este supuesto, se refiere a que la documentación electrónica presentada por el interesado esté infectada con algún tipo de virus informático o similar, permitiéndose la subsanación y que la fecha de presentación sea la de la solicitud inicial. Por lo demás, ese artículo 14.3 del RAFME se refiere a «otros defectos subsanables» de requisitos exigidos bien por la LPAC o bien por legislación específica aplicable. Por ejemplo, defectos en los datos de identificación del interesado que deben figurar en la solicitud electrónica[188].

III. EL DERECHO DE ASISTENCIA EN EL USO DE LOS MEDIOS ELECTRÓNICOS

El derecho más relevante para la lucha contra la brecha digital en las Administraciones Públicas es el «derecho de asistencia», pues tiene un especial papel de ayuda para aquellas personas que puedan tener una especial dificultad en la tra-

---

[188] En concreto, el artículo 14.3 del RAFME dispone que «en el caso de que el escrito o solicitud presentada adolezca de cualquier otro defecto subsanable, por la falta de cumplimiento de los requisitos exigidos en los artículos 66, 67 y 73 de la Ley 39/2015, de 1 de octubre, o por la falta de otros requisitos exigidos por la legislación específica aplicable, se requerirá su subsanación en el plazo de diez días, en los términos de los artículos 68.1 y 73.1 de la citada ley. Este plazo podrá ser ampliado hasta cinco días, a petición del interesado o a iniciativa del órgano, cuando la aportación de los documentos requeridos, en su caso, presente dificultades especiales, siempre que no se trate de procedimientos selectivos o de concurrencia competitiva»

mitación administrativa[189]. De esta forma, el artículo 12 de la LPAC que regula la asistencia en el uso de medios electrónicos a los interesados, dispone en su apartado 1° que: «las Administraciones Públicas deberán garantizar que los interesados pueden relacionarse con la Administración a través de medios electrónicos, para lo que pondrán a su disposición los canales de acceso que sean necesarios, así como los sistemas y aplicaciones que en cada caso se determinen». Además, el artículo 13 que regula los derechos de las personas en sus relaciones con las Administraciones Públicas establece en su apartado b) el derecho «a ser asistidos en el uso de medios electrónicos en sus relaciones con las Administraciones Públicas». Sin embargo, y pese a lo señalado, el artículo 12.2 de la LPAC, dice que «las Administraciones Públicas asistirán en el uso de medios electrónicos a los interesados no incluidos en los apartados 2 y 3 del artículo 14 que así lo soliciten, especialmente en lo referente a la identificación y firma electrónica, presentación de solicitudes a través del registro electrónico general y obtención de copias auténticas». Lo que en definitiva supone que la Administración está obligada a prestar ayuda solo a los interesados no obligados a usar medios electrónicos, esto es, a las personas físicas a las que se refiere el artículo 14.1 de la LPAC y que no se encuentren obligadas reglamentariamente por la vía del artículo 14.3 de la LPAC.

Ello supone una clara pérdida de garantías si se compara con la regulación anterior, pues el artículo 8.1 de la LAE garantizaba el derecho a «todos los ciudadanos» de acceder «en todo caso» a la relación electrónica con la Administración con independencia de sus circunstancias personales, medios o conoci-

---

189 MARTÍNEZ GUTIÉRREZ, R., «Administración electrónica e inclusión digital en las entidades locales medianas y pequeñas: Brecha digital, servicios públicos y nuevos modelos de atención a la ciudadanía», op. cit., p. 115.

mientos. Como afirma COTINO HUESO[190], el artículo 8 de la LAE era una concreción normativa de la igualdad material, que trataba de evitar para el ámbito de los servicios electrónicos la «dualidad» (conectados-desconectados), una «informarginalidad», «muro», «telón» o «brecha digital». Claro que también en la LAE el uso de los medios electrónicos se configuraba como un «derecho» y no como una «obligación» para muchos ciudadanos. De este modo, como sostiene VALERO TORRIJOS[191] no parece que el servicio a los ciudadanos haya sido precisamente la principal preocupación a la hora de afrontar la reforma legal, ya que las medidas propuestas desconsideran la función de asistencia al usuario de los servicios electrónicos.

No deja de llamar pues la atención que precisamente los obligados a la relación electrónica no tengan el derecho a ser asistidos ya que, como es sabido, la comunicación o relación electrónica con la Administración no es fácil: errores, desconexiones, mala información y funcionamiento, formularios imposibles, firma electrónica de baja usabilidad, navegadores incompatibles, Javas no actualizados, etc.[192]. Así, para un obligado que no logre relacionarse electrónicamente, las consecuencias pueden ser desastrosas: la pérdida de la posibilidad de hacer una solicitud o iniciar un procedimiento, de cumplir un plazo o trámite, de presentar un recurso o alegación...

Por ello, no faltan críticas en la doctrina a esta injustificada exclusión de asistencia a los obligados a relacionarse por me-

---

190 COTINO HUESO, L., «El derecho y el deber de relacionarse por medios electrónicos (art. 14. LPAC). Asistencia en el uso de medios electrónicos a los interesados (art. 12)», op cit., p. 518.

191 VALERO TORRIJOS, J., «La reforma de la administración electrónica, ¿una oportunidad perdida?, *Revista Española de Derecho Administrativo,* núm. 172, julio-septiembre, 2015, p. 14.

192 COTINO HUESO, L., «La obligación de relacionarse electrónicamente con la Administración y sus escasas garantías», op. cit., p. 10.

dios electrónicos. Por ejemplo, afirma MARTÍN DELGADO[193] que, si se tiene en cuenta que entre los sujetos obligados a la relación electrónica se encuentran no sólo grandes multinacionales, sino también pequeñas asociaciones o comunidades de vecinos, resulta evidente que en estos casos la asistencia en el uso de los medios electrónicos es fundamental. No basta con remitir a la posibilidad de acudir a la representación electrónica, pues ello no será garantía suficiente de acceso en todos los casos (piénsese en trámites de escasa cuantía, en los que no resulta rentable satisfacer la cuota de la representación, o en colectivos desfavorecidos). En el mismo sentido, GAMERO CASADO[194] considera que estamos ante una paradoja pues «la Administración viene disfrutando de una manifiesta impunidad en el cumplimiento de estos deberes prestacionales y asistenciales, que, sin embargo, constituyen un contrapeso inexcusable para la restricción de derechos que padecen los sujetos obligados a relacionarse por medios electrónicos» lo que supone un inexplicable ejercicio de inclemencia para quienes han de cumplir deberes y no tienen derecho a solicitar el auxilio de la Administración, que solo está obligada a prestarlo a quienes no tengan el deber de usar el medio. Y también BERNING PRIETO[195] sostiene que «esta concreta disfunción, de darse además en el acceso a los servicios públicos, no hace otra cosa sino incrementar la brecha digital existente, pues no

---

193 MARTÍN DELGADO, I., «Algunos aspectos problemáticos de la nueva regulación del uso de los medios electrónicos por las Administraciones Públicas», op. cit., p. 14.

194 GAMERO CASADO, E. «Cambio de tendencia en la jurisprudencia del Tribunal Supremo sobre administración digital», op. cit., p. 165- 166.

195 BERNING PRIETO, A. D., «La Administración electrónica y los servicios públicos digitales al albor de los progresos de la Unión Europea y el "Horizonte Europa 2020". Su relación con las Leyes 39/2015, de Procedimiento Administración Común de las Administraciones Públicas y 40/2015, de Régimen Jurídico del Sector Público» op. cit., p. 18.

puede presumirse de todos los obligados una capacidad económica suficiente como para recurrir a servicios de terceros para realizar los trámites con la Administración en caso de no ser capaces de hacerlo por sí mismos».

Además, los tribunales vienen inadmitiendo cuestionamientos respecto a la presentación electrónica de solicitudes basados en la falta de competencia tecnológica del interesado, en la edad avanzada del interesado, en lo incipiente de la aplicación de las TIC a los procedimientos administrativos «con fundamento en el auxilio que debe prestar la Administración en el uso de medios electrónicos»[196]. Por ejemplo, en la STSJ de Murcia 122/2020, de 6 de marzo (rec. 4/2020) el Tribunal argumenta que «en cuanto a la aptitud o habilidad de la interesada para la utilización de medios telemáticos, además de no resultar probado este extremo, se reitera que podía disponer de ayuda al efecto, y no consta que la solicitara y presentara la solicitud con las indicaciones que desde esa Sección se le dieron (...)» (FJ 5º). Por tanto, si la relación electrónica es complicada para los que sí disponen de derecho de asistencia, ¿qué sucede con aquellos para los que ni siquiera está previsto dicho auxilio?

Por otra parte, resulta factible que un interesado opte por relacionarse con la Administración Pública aún sin disponer de los medios electrónicos necesarios para su identificación o firma electrónica[197]. En este supuesto, el artículo 12.2, párrafo 2º de la LPAC establece que su identificación o firma electrónica en el procedimiento administrativo podrá ser válidamente realizada por un funcionario público mediante el uso del

---

196 GONZÁLEZ RÍOS, I., «Servicios públicos digitales: naturaleza jurídica y garantías para el ciudadano», op. cit., p. 43.

197 COBO NAVARRETE, I., «Procedimiento administrativo electrónico» en «Reflexiones introductorias: de la administración electrónica a la digital», op. cit., pp. 60-61.

sistema de firma electrónica del que esté dotado para ello[198]. Ahora bien, esta posibilidad únicamente está reconocida, como recuerda también el artículo 30.1 del RAFME, para los interesados no incluidos en los apartados 2 y 3 del artículo 14 de la LPAC. En consecuencia, en la presentación de solicitudes en los procedimientos iniciados a instancia del interesado, en caso de que dicho interesado esté obligado a utilizar los medios electrónicos, no podrá acudir a los servicios de asistencia en el uso de medios electrónicos con la Administración y, además, deberá contar con firma electrónica[199]. Y aunque la Ley limita los supuestos en los que cabe imponer el uso de la firma electrónica (art. 11 LPAC), son muy amplios: formular solicitudes, presentar declaraciones responsables o comunicaciones, interponer recursos, desistir de acciones y renunciar a derechos. Por el contrario, cuando se trate simplemente de garantizar la identificación del ciudadano se pueden utilizar otros sistemas que cuenten con un registro previo del usuario (por ejemplo, el sistema Cl@ve) que, si bien son más sencillos de utilizar que la firma electrónica, también pueden suponer barreras para las personas con competencias digitales bajas. Y todo ello termina provocando un maremágnum de sistemas de identificación al que hay que adaptarse en función de la Administración y del trámite concreto que se trate[200].

---

198 En este caso, será necesario que el interesado que carezca de los medios electrónicos se identifique ante el funcionario y preste su consentimiento expreso para esta actuación, de lo que deberá quedar constancia para los casos de discrepancia o litigio.

199 *Cfr.* FONDEVILA ANTOLÍN, J. «La obligación de utilización de medios electrónicos en los procesos selectivos: ciudadanos o súbditos», op. cit., p. 101.

200 Como advierte VALERO TORRIJOS, J., «La reforma de la administración electrónica, ¿una oportunidad perdida?, op. cit., p. 20; la alternativa a la firma digital debe ser expresamente admitida por la respectiva Administración Pública, de manera que podrá darse el caso de que ante una misma actuación se exija un sistema distinto en fun-

Y respecto de las oficinas de asistencia en materia de registros, y aunque nos ocupamos de su regulación y funciones en el Capítulo IV de esta obra, también pueden apreciarse retrocesos con respecto a la regulación anterior. En efecto, el artículo 8.2 de la LAE hacía referencia a «oficinas de atención presencial» que ponían «de forma libre y gratuita los medios e instrumentos precisos para ejercer los derechos reconocidos, debiendo contar con asistencia y orientación sobre su utilización». Pero ahora ya no es libre para todos, solo para los sujetos del artículo 14.1 LPAC (personas físicas no obligadas). Y también preveía la LAE «servicios de atención telefónica» que «faciliten a los ciudadanos el acceso a las informaciones y servicios electrónicos» y que en la actualidad prácticamente se han sustituido por llamadas a robots, asistentes virtuales y similares[201].

---

ción de la entidad pública ante la que se pretenda actuar, al menos que sea admitido por la Administración General del Estado, en cuyo caso habrá de ser aceptado por el resto salvo prueba en contrario. De este modo, el origen de la regulación vuelve a evidenciar una visión excesivamente sesgada y, por tanto, tecnológicamente discutible de las garantías jurídicas del ciudadano, solución sin duda problemática en la medida que se podría haber optado simplemente por establecer reglas claras, precisas y exigibles basadas en el cumplimiento de estándares técnicos que obligaran a todas las entidades públicas.

201 Los robots no sirven, con carácter general, para facilitar la relación de los colectivos vulnerables con las Administraciones Públicas (*vid.* apartado IV.4 del Capítulo III de esta obra), si bien, sí presentan otras ventajas. En cuanto a los aspectos vinculados a la salud o de carácter asistencial, los robots ayudan a mejorar sensiblemente la calidad de vida de las personas mayores y, entre otros, se convierten en un gran aliado en la lucha contra la soledad no deseada. La asistencia sanitaria está cada vez más digitalizada: nuevas aplicaciones y software de salud pública, telemedicina y diagnóstico por imágenes asistido por IA ayudarán a definir y prestar la asistencia, a mejorar la eficacia del diagnóstico y a trasformar el sector de la atención sanitaria. También la tecnología nos ayuda a monitorizar su actividad, constantes vitales, o el sueño, ayudados por la domotización de los hogares que, ade-

El derecho a comunicarse electrónicamente con las Administraciones que establece estable el artículo 12.1 de la LPAC debería implicar el aseguramiento de que toda persona pueda relacionarse con ellas a través de este medio y, además, en el caso de obligados por la propia Ley (art. 14.2) o por imposición reglamentaria (art. 14.3 LPAC) el derecho asistencia habría de adquirir especial intensidad, esto es, las medidas de garantía efectiva de acceso para los obligados a la relación electrónica deberían darse de forma más intensa en estos supuestos[202].

El problema radica, pues, en que las Administraciones Públicas están interpretando el marco regulador en materia de Administración electrónica pensando sólo en sus exclusivos intereses, no en los generales. En efecto, como se desprende con claridad del citado artículo 12.1 de la LPAC, hay un innegable contenido prestacional, esto es, que las Administraciones Públicas deberían poner todos los medios a su alcance para facilitar la relación telemática de la ciudadanía con ellas. Dicho de otro modo, se trata de un deber de asistencia general de la Administración Pública hacia la ciudadanía, poco o muy mal cumplido. Hay, en efecto, un deber de asistencia general y, asimismo, un deber de

---

más, facilitará que las personas mayores puedan permanecer viviendo en sus domicilios. ARIZA RODRÍGUEZ, F., «El derecho al servicio de los ciudadanos ante el desafío de la vejez y el envejecimiento», ROMEO CASABONA, C. M., *Tratado de Derecho y Envejecimiento. La adaptación del Derecho a la nueva longevidad*, Wolters Kluwer, Madrid, 2021, p. 936. En cualquier caso, como advierte GONZÁLEZ RÍOS, I., «Servicios públicos digitales: naturaleza jurídica y garantías para el ciudadano», op. cit., p. 34, «La digitalización de la sanidad, aplicando nuevas tecnologías para mejorar las prestaciones o mejorando la estructura e interoperabilidad de la Administración sanitaria, no debe dejar de lado el trato personal, la humanización en la aplicación de las TIC y la atención al paciente como referente».

202 En términos similares, COTINO HUESO, L., «El derecho y el deber de relacionarse por medios electrónicos (art. 14. LPAC). Asistencia en el uso de medios electrónicos a los interesados (art. 12)», op. cit., p. 520.

asistencia específico (identificación y firma, art. 12.2. párrafo 2º). Como argumenta JIMÉNEZ ASENSIO[203] «el primero apenas se cumple; es más en muchas Administraciones Públicas se ignora por completo. El segundo sí que se cumple, pero única y exclusivamente porque a la Administración Pública, dado que debe tramitar todos los procedimientos electrónicamente, le interesa sobremanera que la puerta de entrada a los procedimientos se franquee mediante medios electrónicos, colaborando así en la identificación y firma de las personas que acuden a las oficinas de asistencia en materia de registros (salvo las del art. 14.2 y 3), al efecto de facilitar no sólo el acceso de tales interesados a los procedimientos administrativos, sino en particular disponer así de los procedimientos (y de la documentación que forma parte de los mismos) formalizados electrónicamente».

En cualquier caso, el derecho subjetivo legalmente reconocido para los sujetos del artículo 14.1 LPAC no prohíbe que una Administración que así lo haya decidido en su legítimo marco autoorganizativo y conforme a su potestad reglamentaria, permita garantizar también la asistencia a otros sujetos no incorporados en este precepto legal, por ejemplo, a pequeñas empresas, a entidades sin personalidad jurídica o a personas mayores. El artículo 12 de la LPAC configura un derecho de mínimos, que podría ser ampliado en cada Administración por sus normas reglamentarias de desarrollo para no agravar todavía más la brecha digital[204]. Ello, además, entraría dentro de las acciones que pueden adoptar las Administraciones Públicas en materia de Responsabilidad Social, al ir más allá de

---

203 JIMÉNEZ ASENSIO, R., «Administración digital y servicios a la ciudadanía: estado de la cuestión tras algunas (malas) lecciones de la pandemia», op. cit., pp. 16-17.

204 MARTÍNEZ GUTIÉRREZ, R., «Administración electrónica e inclusión digital en las entidades locales medianas y pequeñas: Brecha digital, servicios públicos y nuevos modelos de atención a la ciudadanía», op. cit., p. 116.

la exigencia de la norma para favorecer a la sociedad[205]. En este sentido, afirma BOIX PALOP[206] respecto de las entidades locales, que hay que exigir a los ayuntamientos que se comprometan a ofrecer también asistencia y ayuda, más allá de lo que es su obligación estrictamente legal, a aquellos ciudadanos obligados (a la relación electrónica). Por tanto, hay que pedir a los entes locales que, frente a esta muy deficiente regulación derivada del marco legal vigente (LPAC) apliquen remedios bien a partir de su propia reglamentación interna en materia de Administración electrónica –lo que sería en todo caso preferible–, bien a partir de sus directrices informales de actuación a la hora de prestar esta asistencia.

Cabe incluso hacer una interpretación más razonable de la Ley, extensiva y generosa del Derecho de asistencia que alcance a todos los sujetos, en aplicación del artículo 13.b) LPAC[207]. Este precepto reconoce a todos los que tengan capacidad de obrar ante las Administraciones Públicas el derecho a ser asistidos en el uso de medios electrónicos en sus relaciones con las Administraciones Públicas. En efecto, a diferencia del artículo 12.2 LPAC, este artículo reconoce el derecho a todos, estén o no obligados a la relación electrónica. Ello permite (o debería permitir) que el derecho de asistencia alcance también a quienes están obligados a la interactuación electrónica y puedan efectivamente necesitar de asistencia para relacionarse electrónicamente y ejercer sus derechos y obligaciones sin discrimina-

---

205 *Vid.*, el apartado IV del Capítulo IV de esta obra.

206 BOIX PALOP, A., «Reforma jurídico-administrativa, procedimiento electrónico y Administración local: análisis de la incidencia de las recientes transformaciones en las bases del procedimiento administrativo español sobre el régimen local», *Revista Galega de Administración Pública (REGAP)*, núm. 58, 2020, p. 344.

207 COTINO HUESO, L., «El derecho y el deber de relacionarse por medios electrónicos (art. 14. LPAC). Asistencia en el uso de medios electrónicos a los interesados (art. 12)», op cit., p. 520.

ción. Porque no basta con que la LPAC regule en el artículo 13 un conjunto de derechos de las personas en sus relaciones con las Administraciones Públicas, en los que, en realidad, se pone el énfasis en los derechos a relacionarse con medios electrónicos y hay un total descuido o abandono de cualquier relación física o presencial. Da la impresión de que la Administración Pública considera que los derechos de la ciudadanía son sobre todo electrónicos, cuando la realidad demuestra que no es siempre así; y, además, lo realmente importante es que eso no debe ser así si la Administración Pública quiere ser esa organización proveedora efectiva de servicios a la ciudadanía[208].

IV. LA CITA PREVIA OBLIGATORIA

1. Génesis de su implantación

Contactar y resolver trámites con las administraciones públicas se ha complicado bastante tras la pandemia y, en algunos casos, se ha convertido en misión imposible: no se puede ir sin cita previa, pero, cuando se intenta pedir, en una de cada tres ocasiones no se logra o, si se consigue, requiere una espera superior a dos semanas (en algunos casos más de 40 días) o desplazarse a otra ciudad diferente (en ocasiones, hasta 200 kilómetros del domicilio). Así se desprende del informe presentado por la Organización de Consumidores y Usuarios (OCU) a finales de 2023[209], respecto de gestiones tan comunes como solicitar la pensión de jubilación, tramitar el subsidio de

---

208 JIMÉNEZ ASENSIO, R., «Administración digital y servicios a la ciudadanía: estado de la cuestión tras algunas (malas) lecciones de la pandemia», op. cit., pp. 14-15.

209 Tras lanzar más de 1.800 peticiones de cita para los seis trámites administrativos más habituales desde 25 ciudades de distintos tamaños y en dos periodos temporales diferenciados: julio y octubre. Informe disponible

desempleo, una fe de vida, cambiar el nombre del propietario de un vehículo, renovar el DNI o conseguir el certificado de antecedentes por delitos sexuales.

Ciertamente, algunos de estos trámites se pueden realizar a través de internet, pero exigen disponer y ser capaz de utilizar el certificado digital, el DNI electrónico o el registro en el sistema Cl@ve. «Cada vez más hay ciudadanos de primera que lo hacen todo sin problema desde casa y ciudadanos de segunda perdidos en los vericuetos de las oficinas de la Administración, porque la digitalización acelerada que trajo consigo la pandemia está dejando atrás a quienes no saben desenvolverse con los certificados digitales o los registros electrónicos», denuncian desde la OCU. Y añaden que quienes necesitan atención presencial y acuden a las oficinas de la administración pública tropiezan allí con otro problema: el teletrabajo de los funcionarios, que hace que estén menos disponibles para atender de forma presencial.

En efecto, es frecuente que exista una crítica al teletrabajo como uno de los elementos que configuran o están en el tuétano de la crisis[210] de la atención presencial en las Administraciones Públicas. Ahora bien, probablemente el problema no es el teletrabajo en sí mismo, sino su articulación sin una valoración real de los puestos de trabajo en los que puede realizarse sin una aportación real de medios y sin una capacidad de control de la actuación que despeje las dudas que puedan plantearse en relación con esta figura[211]. Ante una nueva dimensión en la forma de trabajar, las soluciones que se adoptaron en su mo-

en: https://www.ocu.org/consumo-familia/derechos-consumidor/noticias/cita-previa-administracion (acceso: 13 de enero de 2024).

210 *Vid.* CASTILLO RAMOS-BOSSINI, S. E., «Teletrabajo en la Administración Pública», en CERRILLO I MARTÍNEZ, A. (Dir.), *La Administración Digital*, Dykinson, Madrid, 2022, pp. 343 y ss.

211 PALOMAR OLMEDA, A., *La Administración Pública en el siglo XXI: Una situación de crisis evidente*, op. cit., p. 141.

mento con urgencia y a corto plazo deben ser revisadas, pues lo que parecía una solución transitoria se ha convertido en un modelo organizativo con vocación de estabilidad[212].

Pero volviendo a la cita previa, es necesario referirse a este obstáculo adicional para relacionarse con las Administraciones Públicas y que se ha intensificado notablemente con la pandemia. Así, como consecuencia de la crisis sanitaria, las Administraciones Públicas impusieron la necesidad de obtener cita previa obligatoria para prestar atención a la ciudanía, aunque ya existía alguna norma que la establecía previamente a la pandemia, por ejemplo, para modificar el borrador de declaración del IRPF[213]. El impulso importante de la cita previa obligatoria vino de la mano de la resolución del secretario de Estado de Política Territorial y Función Pública, de 4 de mayo de 2020, y la posterior resolución de la secretaria de Estado de Función Pública, de 15 de septiembre de 2021, cuyo objetivo era mantener el funcionamiento de los servicios públicos durante la crisis sanitaria generada por la covid-19, preservando la salud y la seguridad de la ciudadanía y de los empleados públicos[214]. Posteriormente,

---

212 CAMPOS ACUÑA, C., «Competencias digitales de los empleados públicos: la base de la transformación digital a través de las personas» en CERRILLO I MARTÍNEZ, A. (Dir.), *La Administración Digital*, Dykinson, Madrid, 2022, pp. 390-391.

213 Por ejemplo, el artículo 6. 1.c) de la Orden HAC/277/2019, de 4 de marzo, por la que se aprueban los modelos de declaración del Impuesto sobre la Renta de las Personas Físicas y del Impuesto sobre el Patrimonio, ejercicio 2018, establece que se puede modificar el borrador de la declaración de la renta «mediante personación, previa solicitud de cita, en cualquier Delegación Administración de la Agencia Estatal de Administración Tributaria».

214 En la Comunitat valenciana, mediante el Acuerdo de 19 de junio, del Consell, sobre medidas de prevención frente a la Covid-19 se establece en el Anexo II, apartado séptimo que «en los servicios de atención al público se priorizará la atención telefónica y telemática. Para el caso de atención presencial será precisa la cita previa y se limitará

cuando se levantaron las restricciones, sorprendentemente la necesidad de cita previa obligatoria se ha conservado en muchas Administraciones, mientras que, en otras, se ha mantenido como una opción voluntaria. Por ejemplo, la cita previa sigue siendo obligatoria para la acreditación de la identidad que permite obtener los certificados de firma electrónica y debe solicitarse, exclusivamente, por internet[215]. También es obligatoria para solicitar presencialmente en la Jefatura de Tráfico diversos trámites, como el permiso internacional para conducir fuera de la UE, pudiendo obtenerse únicamente por internet o llamando al 060[216]. Son solo algunos de los muchos trámites que siguen impidiendo que los ciudadanos y ciudadanas puedan acudir a las Administraciones Públicas sin haber pasado previamente por la dificultad de obtener la meritada cita.

Pues bien, la exigencia de cita previa obligatoria por parte de las Administraciones Públicas, no solo es que carezca de cobertura legal, sino que no está permitida por nuestro ordenamiento jurídico, constituyendo una vulneración de los derechos de la ciudadanía en sus relaciones con las Administraciones, y aumentado aún más la brecha digital, pues generalmente dichas citas deben obtenerse bien por teléfono, lidiando con un contestador automático que rara vez permite culminar la cita con éxito, bien por internet, a través de la correspondiente sede electrónica.

---

el aforo al 75% de la superficie disponible para el público». Disponible en: https://dogv.gva.es/datos/2020/06/20/pdf/2020_4770.pdf (acceso: 10 de octubre de 2023). Dicho apartado séptimo quedó sin efecto desde el 14 de febrero de 2022, tras ser modificado el 11 de febrero de 2022: https://dogv.gva.es/datos/2022/02/11/pdf/2022_1126.pdf (acceso: 10 de octubre de 2023).

215 https://www.mdsocialesa2030.gob.es/servicio-a-la-ciudadania/cita-previa.htm (acceso: 9 de noviembre de 2023).

216 https://sede.dgt.gob.es/es/permisos-de-conducir/permiso-internacional/# (acceso: 9 de noviembre de 2023).

Y es que hay personas que por razones de edad, incapacidad digital o tecnológica, escasas destrezas o carencia de medios tecnológicos no pueden optar por acceder a esa cita previa por tales medios telemáticos. Pero también sucede que, cuando se logra acceder a la sede electrónica donde se solicitan las citas, hay muchas veces que no existen horas ni días para realizar tales trámites presenciales (o bien las citas disponibles únicamente aparecen a primera hora de la mañana y después desaparecen hasta el día siguiente), lo cual puede conducir derechamente a la pérdida de derechos o prestaciones (cuando hay un plazo estipulado[217]), incluso vulnerar los propios derechos del interesado en el procedimiento administrativo. De este modo, la ciudadanía sufre un trastorno cuando debe presentar sus solicitudes y documentos, o cumplimentar cualquier consulta, trámite o acción antes de que expire un plazo máximo, y no consigue obtener cita previa. Además, al interesado le resulta muy difícil (por no decir imposible) acreditar la saturación o desatención de las líneas telefónicas, el bloqueo o inoperatividad de una página web, la caída o fallos en el servicio informático, la indisponibilidad de fechas libres, o el propio analfabetismo digital[218].

Como sostiene PALOMAR OLMEDA[219], esta situación está condicionando la percepción social de la Administración y de los servicios públicos, y tiene un coste reputacional evidente. Esta percepción social se ha complicado, aún más, con las noticias de que en las dificultades de acceso habían derivado en la

---

217 Además, la solicitud de cita previa antes de la expiración del plazo no sustituye ni libera de la obligación de cumplir el plazo establecido para el que se concierta la cita. RUIZ CENICEROS, M., «La cita previa y el derecho al plazo», *Revista de Administración Pública,* núm. 219, 2022, p. 257.

218 RUIZ CENICEROS, M., «La cita previa y el derecho al plazo», op. cit., pp. 256 y 271.

219 PALOMAR OLMEDA, A., *La Administración Pública en el siglo XXI: Una situación de crisis evidente,* op. cit., p. 139.

creación de mercados negros de citas y de reventa de posiciones. La sociedad y las propias instituciones (como el Defensor del Pueblo) están reaccionando contra esta situación con notable preocupación y con la perplejidad de saber que estamos ante una práctica inédita y ciertamente más propia de otros momentos sociales o de otros tipos de Administración que los que se corresponde a la Administración del siglo XXI.

2. Situación actual

Como señala el Defensor del Pueblo en su informe anual de 2022[220] el sistema de organización de la atención ciudadana mediante un servicio de cita previa responde a criterios de racionalidad y tiene una indudable eficacia en la gestión de los servicios públicos. Así, con la cita previa se evita la aglomeración de individuos que aguarden *in situ* su turno, y aunque no elimina totalmente las colas, al menos permite controlar el tiempo de espera y la ubicación de los ciudadanos en puestos o lugares adecuados, guardando la distancia mediante la señalización con soporte dentro o fuera de las dependencias[221]. Sin embargo, si se emplea un sistema de cita previa, han de facilitarse los medios y recursos humanos necesarios para que la obtención de esa cita no se convierta en algo de difícil acceso, o que se supedite su obtención a la disponibilidad del momento. Así, cuando las administraciones establecen únicamente la vía telemática para la concertación de la cita previa, requerida para la realización de cualquier trámite, y no disponen de mecanismos de atención presencial, ni tan siquiera para solventar situaciones de urgen-

---

220 Pp. 85 y ss. Disponible en: https://www.defensordelpueblo.es/wp-content/uploads/2023/03/Defensor-del-Pueblo-Informe-anual-2022.pdf (acceso: 12 de noviembre de 2023).

221 RUIZ CENICEROS, M., «La cita previa y el derecho al plazo», op. cit., p. 256.

cia, se convierte en un obstáculo para el ejercicio de los derechos de los ciudadanos y el cumplimiento de sus obligaciones. Y es que en cualquier ámbito de gestión la brecha digital genera personas vulnerables digitalmente, y ello hace necesario concienciar a los empleados públicos y a los ciudadanos en general de que la existencia de medios electrónicos en el funcionamiento administrativo es (y debe ser) solo un canal alternativo, no excluyente ni obligatorio (salvo para los sujetos del art. 14.2 y 14.3 de la LPAC), de las relaciones con las Administraciones Públicas, conforme a lo dispuesto en el artículo 14.1 de la LPAC.

En el mismo sentido, defiende JIMÉNEZ ASENSIO[222] que si la Administración Pública exige un sistema de cita previa que debe tramitarse electrónicamente, según la interpretación finalista del artículo 12 LPAC, aquella estaría obligada a proveer de los medios tecnológicos y de la asistencia personal necesaria para que tal trámite pudiera ser efectuado por quienes tienen la condición de no obligados a relacionarse con la Administración por medios electrónicos, sin que sufrieran ningún menoscabo de sus derechos. Y sencillamente esto requeriría que esa asistencia fuera no sólo por canales telemáticos o telefónicos, sino que también la propia Administración Pública habilitara espacios físicos dotados de profesionales que asistieran a la ciudadanía, así como de medios tecnológicos para que la ciudadanía obtuviera ese trámite electrónico necesario o aprendiera a cómo tramitar electrónicamente sus solicitudes de cita.

No obstante, el informe del Defensor del Pueblo constata que los ciudadanos continúan encontrando importantes dificultades para obtener cita previa en la mayoría de las provincias, bien por no estar disponibles, bien por significativas demoras en su concesión. Esto conduce a la ciudadanía a reiterados

222 JIMÉNEZ ASENSIO, R., «Administración digital y servicios a la ciudadanía: estado de la cuestión tras algunas (malas) lecciones de la pandemia», op. cit., p. 9-10.

intentos, en sucesivos días y horas, a acudir a una provincia menos saturada que no corresponde a su domicilio, o a recurrir a gestorías privadas, con el consiguiente abono del servicio. En particular, se han recibido numerosas quejas por imposibilidad o excesiva dificultad de obtener cita previa en el Servio Público de Empleo Estatal, el Registro Civil Central, en las inspecciones de educación, en las jefaturas provinciales de tráfico y en la Mutualidad de Funcionarios Civiles del Estado, entre otras.

A ello se suma que, cuando los ciudadanos se personan en alguna dependencia sin cita previa, el vigilante de seguridad privada que custodia la puerta les impide la entrada, facilitándoles tan solo unos números de teléfonos, alguno de ellos de tarifa compartida o, si insisten en poder entrevistarse con un funcionario de la Administración, con suerte en ocasiones les permite el acceso a las dependencias. Las medidas adoptadas hasta el momento en materia de personal no cubren las necesidades de atención directa que reclaman los ciudadanos y a ello se añade que el fomento de la implantación de sistemas basados en la no presencialidad, mediante la atención telefónica o el servicio de videollamadas, que requieren de igual modo destinar recursos a su gestión, que se detrae de las citas presenciales.

Por su parte, el informe anual del Síndic de Greuges a las Cortes Valencianas de 2022[223] también hace eco de esta problemática, señalando que se han aprovechado las limitaciones a la movilidad y aforo derivadas de la pandemia para implantar esta solución, no ya para recibir, por ejemplo, una atención personalizada y específica (como pudiera ser información sobre una cuestión que pueda requerir previa preparación), sino incluso para trámites tan habituales y simples como la presentación de documentos ante el registro de las Administraciones. Desde

---

223 Pp. 15 y 137 y ss. Disponible en: https://www.elsindic.com/wp-content/uploads/2023/03/informe-anual-2022-castellano.pdf (acceso 10 de noviembre de 2023).

el Síndic estiman que la proximidad y el servicio efectivo a la ciudadanía no permiten levantar nuevos muros entre las personas y aquellas. De este modo, tras constatar que todavía hay importantes Administraciones que persisten en la exigencia de ese requisito, advierten que, como ya hemos señalado, para mayor trastorno, en numerosos casos esta cita previa solo puede ser demandada de forma electrónica, lo que ha dado lugar a la aparición de una picaresca de bloqueo y venta de citas con evidente perjuicio para quienes inevitablemente las necesitan.

Adicionalmente, el informe afirma con rotundidad que el mantenimiento de la cita previa, pasadas las restricciones de la pandemia, infringe derechos reconocidos a la ciudadanía por la LPAC o por la LRSP, que obliga a respetar los principios de proximidad y servicio efectivo. Es el resultado de una inercia que muestra la rigidez y la falta de evaluación de los procedimientos y que responde a mecanismos de autoprotección de las Administraciones, contrarios a la eficacia en la provisión de bienes y servicios. Resulta muy ejemplificadora la queja núm. 2202855[224] en la que un ciudadano le resulta imposible obtener cita previa para ser atendido de modo presencial para empadronarse en el Ayuntamiento de Alicante. El Síndic constata que el citado Ayuntamiento en determinados procedimientos informa a las personas acerca de dos únicas vías de relación: comparecencia personal (con cita previa obligatoria) o relación electrónica, no informando de las otras vías previstas en la LPAC (art. 16.4, a través de correos, de las oficinas de asistencia en materia de registros, etc.). Además, también advierte que en determinados procedimientos informa a las personas de una única vía de relación: la electrónica. Incluso en procedimientos sensibles como los referidos a acción social (que afectan a

---

[224] http://www.elsindic.com/Resoluciones/expedientes/2022/202202855/11916776.pdf (acceso: 10 de noviembre de 2023).

colectivos en situación de vulnerabilidad) o reclamaciones y bonificaciones tributarias (por su impacto en toda la ciudadanía).

3. Régimen jurídico

Debemos advertir que la obligación de cita previa no encuentra amparo en la normativa de procedimiento, y como recuerda la LPAC en su preámbulo, el artículo 103 de la Constitución establece los principios que deben regir la actuación de las Administraciones Públicas, entre los que destacan el de eficacia y el de legalidad, al imponer el sometimiento pleno de la actividad administrativa a la Ley y al Derecho. La materialización de estos principios se produce en el procedimiento, constituido por una serie de cauces formales que han de garantizar el adecuado equilibrio entre la eficacia de la actuación administrativa y la imprescindible salvaguarda de los derechos de los ciudadanos, que deben ejercerse en condiciones básicas de igualdad en cualquier parte del territorio, con independencia de la Administración con la que se relacionen sus titulares. No hay que olvidar además, que la vinculación a la legalidad de las Administraciones públicas tiene un carácter positivo, lo que significa que las Administraciones sólo pueden hacer aquello para lo que se encuentran expresamente habilitadas por parte de la legalidad. Así, el artículo 1.2 de la LPAC establece que solo mediante ley, cuando resulte eficaz, proporcionado y necesario para la consecución de los fines propios del procedimiento, y de manera motivada, podrán incluirse trámites adicionales o distintos a los contemplados en la norma. Pues bien, no hay ninguna Ley que ampare la exigencia de cita previa obligatoria por parte de las Administraciones Públicas. Tampoco la propia LPAC la menciona en su texto y, en particular, no está recogida en artículo 16.4, que regula los lugares de presentación de documentos ante los órganos de las Administraciones Públicas.

Por su parte, el artículo 3 de la LRJSP, cuando regula los principios generales que la Administraciones Públicas deben respetar en su actuación y relación con los ciudadanos, contempla expresamente en el apartado a) el «servicio efectivo a los ciudadanos» y el apartado b) la «proximidad a los ciudadanos», principios que no casan con la exigencia de cita previa obligatoria para relacionarse con las Administraciones Públicas.

A lo que cabe sumar que el artículo 2 del RAFME consagra entre sus principios generales[225] el «principio de accesibilidad», por el que se ha de garantizar que el diseño de los servicios electrónicos respete la igualdad y no discriminación en el acceso de los usuarios, en particular, de las personas con discapacidad y de las personas mayores. A ese principio de accesibilidad se suman los principios de «neutralidad tecnológica, facilidad de uso, el de proporcionalidad en las medidas de seguridad y el de personalización». En particular destaca el principio de «facilidad de uso» que obliga a que el diseño esté centrado en las personas usuarias, para minimizar el grado de conocimiento necesario para el uso del servicio. Estos principios deben ser seguidos por las Administraciones públicas en su actuación y en sus relaciones electrónicas, e impiden que las citas previas disponibles se oculten en determinadas horas del día, o que el trámite se encuentre «escondido» entre la amplitud de servicios que ofrecen las sedes electrónicas.

Por otro lado, la Orden PCM/466/2022, de 25 de mayo[226], por la que se publica el Acuerdo del Consejo de Ministros de 24 de mayo de 2022, que aprueba el plan de medidas de ahorro y eficiencia energética de la Administración General del Estado y las entidades del sector público institucional estatal,

---

225 Para más detalle las implicaciones de estos principios *vid.*, el Capítulo IV, apartado III.1 de esta obra.

226 Disponible en: https://www.boe.es/buscar/doc.php?id=BOE-A-2022-8563 (acceso: 15 de diciembre de 2023).

establece en su apartado 2.1 que el Ministerio de Hacienda y Función Pública «reforzará la atención presencial» en las oficinas de la Administración General del Estado y del sector público institucional estatal, en las que será preferente la atención a mayores de 65 años «sin necesidad de cita previa», mediante la elaboración de planes de refuerzo de la atención presencial. Asimismo, señala que se establecerán mecanismos de seguimiento destinados a facilitar la atención presencial a ciudadanos que se ven afectados por la brecha digital.

Y por lo que respecta a la jurisprudencia, cabe traer a colación la STS 412/2021, de 23 de marzo, rec. 3688/2019 (FJ 3º) que señala que «no hay un interés general superior, en el orden constitucional, al de que la ley se cumpla (arts. 9.1, 9.3 y 103.1 CE); del mismo modo que el interés general o público pertenece y beneficia a los ciudadanos, no a la Administración como organización servicial que lo gestiona -lo debe gestionar-. Por tanto, debemos preguntarnos si la cita previa beneficia a la ciudadanía (bajo el pretexto de minimizar los tiempos de espera) o a la propia Administración, que restringe así el número de ciudadanos y ciudadanas que tendrá que atender cada día. Ello entronca directamente con el «principio de buena administración», que como señala la STS 1667/2020, de 3 de diciembre (rec. 8332/2019), «es algo más que un derecho fundamental de los ciudadanos, siendo ello lo más relevante; porque su efectividad comporta una indudable carga obligación para los órganos administrativos a los que se les impone la necesidad de someterse a las más exquisitas exigencias legales en sus decisiones» (FJ 2º). Por tanto, la buena administración supone que el acceso a la Administración por parte de la ciudadanía sea claro, sencillo y próximo. Y a pesar de la contribución de los medios electrónicos a la consecución de la buena Administración, en ocasiones el uso de estos medios puede ser un motivo de mala administración. En efecto, la definición y delimitación de la buena Administración permite identificar prácticas y actitudes de las Administraciones Públicas y sus agentes que se separan de los estándares recogidos, lo que se conoce como mala Administración[227], como puede ser la exigencia obligatoria de cita previa obtenida a través de medios electrónicos.

Actualmente el principio de buena administración está recogido en los siguientes textos legales[228]: el Artículo 41 de la Carta de los Derechos Fundamentales de la Unión Europea[229]; los artículos 9.3 y 103.1 de la Constitución Española; el artículo 3.1 e) de la LRJSP («Buena fe, confianza legítima y lealtad institucional[230]); y de forma implícita en los derechos que reconoce artículo 13 de la LPAC en sus relaciones con las Administraciones Públicas y, en particular, el apartado e) que recoge el derecho de los ciudadanos a ser tratados con respeto y deferencia por las autoridades y empleados públicos, que habrán de facilitarles el ejercicio de sus derechos y el cumplimiento de sus obligaciones. En realidad, salvo en el caso de la Carta de Derechos de Fundamentales de la UE, en las normas descritas no aparece como tal el principio de buena Administración[231], sino que tie-

---

227 CERRILLO I MARTÍNEZ, A., «Los fundamentos jurídicos de la Administración Electrónica», op.cit., p. 25.

228 ORENA DOMÍNGUEZ, A., «El principio de buena administración como derecho y garantía de los obligados tributarios», en MORENO GONZÁLEZ, S., CARRASCO PARRILA, P. J. (Dirs.) y GÓMEZ REQUENA, J. A., (Coord.), *Los principios del cumplimiento cooperativo en materia tributaria,* Atelier, Barcelona, 2023, pp. 49-51.

229 Este Derecho está llamado a reforzar la condición de ciudadano frente a las instituciones comunitarias y frente a los organismos internos cuando apliquen Derecho Comunitario, lo que lógicamente debe comportar una reforma en los modos de actuar de nuestra Administración.

230 El principio de buena administración no está descrito como tal, pero el TS considera que tiene encaje o subyace en estos principios: SSTS de 17 de abril de 207 (rec. 782/2016) y de 18 de mayo de 2020 (rec. 6950/2018).

231 Ello sin perjuicio de su incorporación de la buena administración en diversas leyes autonómicas, como el artículo 22 de la Ley catalana 26/2010, de 3 de agosto, de Régimen Jurídico y procedimiento de las Administraciones Públicas en Cataluña, o el artículo 3 de la Ley

ne su base, su encaje, en otros principios de actuación y funcionamiento de la Administración que quedan aglutinados en el más amplio derecho de los ciudadanos a dicha buena administración, puesto que, por mandato constitucional, la actuación administrativa debe de estar dirigida a la satisfacción de este derecho y a todos los demás derechos y libertades[232]. Se trata, en fin, de situar al ciudadano en el centro de las preocupaciones de la actividad administrativa, de entender la buena administración como un elemento que permite captar la diversidad de situaciones y la consiguiente diversidad necesaria de respuestas por parte de la Administración[233].

---

balear 4/2011, de 31 de marzo, de la buena administración y del buen gobierno de las Illes Balears que afirma expresamente que «La ciudadanía y la satisfacción de sus necesidades reales son la razón de ser de la administración pública. Los servidores y las servidoras públicos tienen que actuar en el ejercicio de sus funciones con voluntad de servicio a la sociedad y tienen que perseguir siempre el interés general. Asimismo, mantendrán la imparcialidad y la equidad en el trato, el servicio y la administración de los intereses de la ciudadanía», entre otras. SÁNCHEZ LÓPEZ, M. E., «La seguridad jurídica en la elaboración de las normas tributarias. La proyección de la buena administración» en MORENO GONZÁLEZ, S., CARRASCO PARRILA, P. J. (Dirs.) y GÓMEZ REQUENA, J. A., (Coord.), *Los principios del cumplimiento cooperativo en materia tributaria*, Atelier, Barcelona, 2023, p. 157. También el artículo 15.2 de la Ley Valenciana 18/2018, de 13 de julio, para el fomento de la responsabilidad social: « (…) se avanzará en la reducción o supresión de las cargas administrativas, la racionalización y simplificación de los procedimientos administrativos, para dotarlos de mayor celeridad, eficacia y eficiencia en su gestión, de acuerdo con los principios de *buena administración* priorizando el uso de nuevas tecnologías de la información, procurando la actualización permanente y garantizando la accesibilidad universal y el diseño inclusivo».

232 ORENA DOMÍNGUEZ, A., «El principio de buena administración como derecho y garantía de los obligados tributarios», op. cit., p. 52

233 RODRÍGUEZ PONTÓN, F. J., «El derecho a una buena administración: un contexto, ¿y también un pretexto?, en MONTORO, M. J.

Pero quizás la impronta predominantemente tecnológica de la LPAC y la LRJSP ha hecho que las Administraciones Públicas olviden esencial, su razón de ser, que es servir y atender a la ciudadanía. Los ciudadanos, salvo quienes están obligados a relacionarse electrónicamente con la Administración, tienen un derecho a ser atendidos presencialmente; por tanto, físicamente, y no solo a través de la pantalla. Pero, como hemos podido comprobar, aun hoy en día realizar muchos trámites en oficinas públicas o registros administrativos requieren cita previa, lo que se convierte en muchos casos en misión imposible porque se ha de tramitar electrónicamente (y se bloquea el sistema o no hay fechas disponibles) y si se gestiona telefónicamente[234] simple y llanamente nadie contesta[235].

En conclusión, la cita previa obligatoria en la Administración ha perdido las circunstancias que motivaron su implan-

---

y SOMMERMANN, KARL-PETER (Coords.), *Les Administracions en perspectiva europea,* Generalitat de Catalunya, Barcelona, 2012, P. 4 versión electrónica, disponible aquí: https://eapc.gencat.cat/web/.content/home/publicacions/col_leccio_materials/26_les_administracions_en_perspectiva_europea/9_rodriguez/09-rodriguez_tradcast.pdf (acceso: 14 de diciembre de 2023).

234 A pesar del escaso éxito de las llamadas telefónica, sigue siendo una constante en la regulación de la Administración electrónica. Así, el artículo 4.3 del Real Decreto-ley 6/2023, de 19 de diciembre, por el que se aprueban medidas urgentes para la ejecución del Plan de Recuperación, Transformación y Resiliencia en materia de servicio público de justicia, función pública, régimen local y mecenazgo, sigue insistiendo en que, en este caso, las Administraciones de justicia cuenten con servicios de atención telefónica con los criterios de seguridad y las posibilidades técnicas existentes, que faciliten a los ciudadanos y ciudadanas las relaciones con la Administración de Justicia en lo que se refiere a los servicios electrónicos.

235 JIMÉNEZ ASENSIO, R., «Administración digital y servicios a la ciudadanía: estado de la cuestión tras algunas (malas) lecciones de la pandemia», op. cit., p. 23.

tación, esto es, racionalizar el acceso a las oficinas y registros públicos durante la pandemia, y ha pasado a convertirse en una barrera de acceso en vez de evitar demoras y ajustar el tiempo de espera de los interesados. De facilitar a impedir, es el tránsito que está produciéndose y que ha sido perceptible en 2023 donde la sociedad ha empezado a reaccionar y a formular una airada queja contra el bloqueo y la incapacidad de la Administración para atender las demandas de los ciudadanos[236]. Por tanto, es necesario asegurar que las vías de relación de la Administración con las personas están disponibles: presencial, electrónica y a través del resto de lugares previstos en la LPAC (como las oficinas de Correos o las oficinas de asistencia en materia de registros, art. 16.4). Además, las Administraciones deben informar a la ciudadanía de estas vías, en cada procedimiento y de forma clara, evitando que la cita previa se convierta en un requisito general. Lo que podría mantenerse, todo lo más, es la cita previa «voluntaria», que puede resultar admisible como solución para planificar el servicio de atención a la ciudadanía en determinadas horas o para ciertos trámites que requieran una preparación previa por parte del servicio, pero debe resultar ventajosa tanto para la Administración como para las personas. Además, en este supuesto, la cita debería poder obtenerse tanto por medios electrónicos, como presencialmente, y el sistema debería reservar específicamente cupos de citas para los ciudadanos más vulnerables o que puedan tener más dificultad para realizar los trámites a través de internet.

---

236 PALOMAR OLMEDA, A., *La Administración Pública en el siglo XXI: Una situación de crisis evidente*, op. cit., p. 138.

Capítulo III. *La brecha digital en la actuación y funcionamiento del sector público por medios electrónicos*

SUMARIO: I. PLANTEAMIENTO. II. PRECISIONES SOBRE LA OBLIGACIÓN DE RELACIONARSE ELECTRÓNICAMENTE CON LAS ADMINISTRACIONES PÚBLICAS: 1. IMPOSICIÓN DE LA RELACIÓN ELECTRÓNICA A LOS PARTICIPANTES EN PROCESOS SELECTIVOS PARA EL ACCESO AL EMPLEO PÚBLICO. 2. RANGO DE LAS DISPOSICIONES REGLAMENTARIAS QUE ESTABLECEN LA IMPOSICIÓN DE LA RELACIÓN ELECTRÓNICA. III. LOS CANALES DE ASISTENCIA PARA EL USO DE LOS SERVICIOS PÚBLICOS ELECTRÓNICOS. IV. NOTIFICACIONES ELECTRÓNICAS Y BRECHA DIGITAL: 1. CUESTIONES GENERALES. 2. AVISO DE PUESTA A DISPOSICIÓN DE LA NOTIFICACIÓN CARECIENDO DE LOS DATOS ELECTRÓNICOS DE LOS CIUDADANOS. 3. LAS ESCASAS GARANTÍAS PARA LOS CIUDADANOS NOTIFICADOS. V. LA INSENSIBILIDAD DEL RAFME ANTE LA BRECHA DIGITAL. VI. MEDIDAS ADOPTADAS POR LAS ADMINISTRACIONES PÚBLICAS PARA INTENTAR REDUCIR LA BRECHA DIGITAL: 1. *APP FACTORY* (SERVICIO DE FACTORÍA PARA EL DESARROLLO DE *APPS*). 2. NUEVO MODELO DE IDENTIDAD DIGITAL. EL PROYECTO DNIE EN EL MÓVIL. 3. EL DESARROLLO DE *CHATBOTS* O ASISTENTES VIRTUALES INTELIGENTES. 4. INEFICACIA DE LAS MEDIDAS PARA REDUCIR LA BRECHA DIGITAL.

I. PLANTEAMIENTO

En julio de 2020 el Gobierno presentó la Agenda España Digital 2025[237], en la que se prevén diez ejes estratégicos orientados a impulsar un crecimiento más sostenible e inclusivo, impulsado por las sinergias de las transiciones digital y ecológica, que llegue al conjunto de la sociedad y concilie las nuevas oportunidades que ofrece el mundo digital con el respeto de los valores constitucionales y la protección de los derechos individuales y colectivos. Entre las medidas, se prevé contribuir de forma considerable a cerrar las diferentes brechas digitales que se han ensanchado, en los últimos años, por motivos socioeconómicos, de género, generacionales, territoriales, o medioambientales. Además, se fijan objetivos muy ambiciosos, como que en 2025 el 80% de las personas dispongan de competencias digitales básicas, de las cuales el 50% sean mujeres, o que el 50% de los servicios públicos se presten a través en *Apps* (aplicaciones) desde el móvil. Además, también se ha publicado ya «España Digital 2026», que es la actualización de la estrategia lanzada en julio de 2020 como hoja de ruta de transformación digital del país[238], que señala que el reto para 2026 es reforzar las competencias digitales de la fuerza laboral y del conjunto de la ciudadanía, reduciendo las brechas digitales; completar la transformación digital de la educación; garantizar la formación en competencias digitales a lo largo de la vida laboral; y aumentar el porcentaje de especialistas digitales en la economía española consiguiendo una paridad de género en este colectivo.

---

237 Disponible en: https://avancedigital.mineco.gob.es/programas-avance-digital/Documents/EspanaDigital_2025_TransicionDigital.pdf (acceso: 21 de noviembre de 2023).

238 Disponible en: https://portal.mineco.gob.es/RecursosArticulo/mineco/ministerio/ficheros/EspanaDigital_2026.pdf (acceso: 23 de noviembre de 2023).

Asimismo, a la Agenda de julio de 2020 le siguieron otros documentos del Gobierno como (1) El Plan para la Conectividad y las Infraestructuras Digitales de la sociedad, la economía y los territorios[239], de noviembre de 2020, que busca garantizar una conectividad digital adecuada para toda la población, promoviendo la desaparición de la brecha digital entre las zonas rurales y urbanas[240]; (2) el Plan Nacional de Competencias Digitales[241]; (3) el Plan de Digitalización de las Administraciones Públicas, ambos de enero de 2021, y a los que ya nos referimos

---

239 https://portal.mineco.gob.es/RecursosArticulo/mineco/ministerio/ficheros/201202_Plan_para_la_Conectividad.pdf (acceso: 23 de noviembre de 2023).

240 La meta en 2025 es alcanzar que el 100% de la población tenga cobertura de más de 100 Mbps y posicionar a España como el polo de infraestructuras digitales de interconexión transfronterizas de referencia del sur de Europa. Además, dice el Plan que el refuerzo de la conectividad en el sector del comercio minorista es esencial tanto para cerrar la brecha digital del pequeño comercio, que todavía explota locales sin conexión digital tradicional, como para apoyar la lucha por el liderazgo de las empresas con organizaciones digitales, que rentabilizan grandes bases de datos utilizando las últimas tecnologías de inteligencia artificial.

241 El objetivo de este Plan es cerrar la brecha actual de competencias digitales en la ciudadanía española, aunque se definen objetivos específicos que consideran tanto aquellos sectores de la población española con mayores deficiencias en este ámbito, como las necesidades particulares en sectores específicos como el educativo (que afecta tanto al acceso a las tecnologías y dispositivos que faciliten los procesos de enseñanza y aprendizaje, como a las metodologías y al desarrollo de los currículos) o el laboral (donde la necesidad de especialistas TIC con competencias digitales especializadas) es creciente: 1. Mejorar las competencias digitales básicas de la ciudadanía y cerrar brechas entre colectivos. 2. Dotar de competencias digitales avanzadas al alumnado y fomentar vocaciones digitales. 3. Dotar a las personas trabajadoras de las competencias digitales requeridas en el ámbito laboral. 4. Atender la demanda de especialistas en tecnologías digitales. 5. Reducir la brecha digital de género.

al inicio de esta monografía[242]; (4) El Plan de Digitalización de Pymes 2021-2025[243], también de enero de 2021, que contempla como objetivo disminuir la brecha digital por cuestión de género, incrementando el número de mujeres matriculadas, graduadas y trabajadoras en sectores TIC[244]; (5) la Estrategia Nacional de Inteligencia Artificial (ENIA) en noviembre de 2021[245], cuyo desafío social 4º prevé favorecer la reducción de la brecha digital a través de la comprensión de los beneficios de la IA o la accesibilidad a la misma, señalando que son competencias que deben adquirirse para avanzar en la reducción de la mencionada brecha; y (6) la Carta de Derechos Digitales[246], de julio de 2021, que establece que se fomentará y facilitará el acceso de todos los colectivos a los entornos digitales y su uso y la capacitación para el mismo.

Pues bien, pese a todas las buenas intenciones que reúnen los citados Planes y documentos, y como se ha podido comprobar en los capítulos anteriores de esta obra, es llamativa

---

242 *Vid.* también *infra* apartado VI de este Capítulo

243 https://espanadigital.gob.es/sites/espanadigital/files/2022-06/210127_plan_digitalizacion_pymes.pdf (acceso: 23 de noviembre de 2023).

244 El Plan advierte de la escasa presencia femenina en el sector universitario relacionado con las TIC y señala que la mujer tampoco está presente como directiva en empresas del sector TIC. Así, además de la baja creación de *startups* por parte de las mujeres, apenas un 20% de los altos cargos de las grandes empresas tecnológicas están ocupados por mujeres.

245 https://portal.mineco.gob.es/RecursosArticulo/mineco/ministerio/ficheros/201202_ENIA_V1_0.pdf (acceso: 23 de noviembre de 2023).

246 https://www.lamoncloa.gob.es/presidente/actividades/Documents/2021/140721-Carta_Derechos_Digitales_RedEs.pdf (acceso: 23 de noviembre de 2023). La Carta parte de la centralidad de la persona en la relación digital y del reconocimiento de su dignidad y de los derechos normativamente consagrados; enfoque que deben respetar los poderes públicos en el desarrollo de servicios públicos en red.

la asimetría que se observa entre la imposición del deber de relacionarse por medios electrónicos y la correspondiente necesidad de que las Administraciones públicas den soporte a la efectiva realización de los derechos que la legislación reconoce a la ciudadanía en general (como la buena administración) y a quienes se relacionen obligatoriamente por medios electrónicos en particular (la necesaria asistencia en el uso de dichos medios)[247]. Así, con el fin de desarrollar y concretar las previsiones legales de la LPAC y la LRJSP y de facilitar a los agentes involucrados en el uso de medios tecnológicos su utilización efectiva, el siguiente paso del Gobierno en materia de digitalización fue normativo, con la aprobación Real Decreto 203/2021, de 30 de marzo, por el que se desarrolla el Reglamento de actuación y funcionamiento del sector público por medios electrónicos (RAFME).

En su análisis, debemos partir del hecho de que, aunque paradójicamente el Reglamento no hace referencia expresa en ningún momento a la «brecha digital», entre los cuatro objetivos generales que persigue[248] figura el de «garantizar servicios digitales fácilmente utilizables de modo que se pueda conseguir que la relación del interesado con la Administración sea fácil, intuitiva y efectiva cuando use el canal electrónico». Centrándonos en esta cuestión sí encontramos algunos preceptos que guardan relación con la brecha digital, aunque, como se verá, en la mayoría de los casos, no para bien.

---

[247] *Cfr.* GAMERO CASADO, E. «Cambio de tendencia en la jurisprudencia del Tribunal Supremo sobre administración digital», op. cit., p. 165.

[248] Los otros tres objetivos son: (1) mejorar la eficiencia administrativa para hacer efectiva una Administración totalmente electrónica e interconectada; (2) incrementar la transparencia de la actuación administrativa y la participación de las personas en la Administración Electrónica y (3) mejorar la seguridad jurídica.

II. PRECISIONES SOBRE LA OBLIGACIÓN DE RELACIONARSE ELECTRÓNICAMENTE CON LAS ADMINISTRACIONES PÚBLICAS

Aunque esta cuestión ya ha sido objeto de estudio en el Capítulo I (apartado III) de esta obra, las novedades que introduce el RAFME merecen que volvamos a reflexionar sobre la obligación de la relación electrónica con las Administraciones Públicas. Así, en primer lugar, el artículo 3 apartados 1° y 3° (párrafo 1°), apenas contienen novedades con respecto a la LPAC, recordando los sujetos obligados en todo caso a la relación electrónica para cualquier trámite de un procedimiento administrativo (art. 14.2 LPAC) y los colectivos de personas físicas que por razón de su capacidad económica, técnica, dedicación profesional u otros motivos, pueden resultar reglamentariamente obligados a utilizar el canal electrónico con la Administración (art. 14.3 LPAC).

Las novedades se encuentran pues, por un lado, en el apartado 2° del artículo 3 del RAFME. Aquí el reglamento recuerda el derecho de las personas físicas a relacionarse a través de medios electrónicos con la Administración (personas que, por tanto, pueden elegir no utilizar los citados medios electrónicos, o dicho de otro modo, no están obligadas a la relación electrónica *ex* art. 14.1 LPAC) así como la posibilidad que tienen de modificar el medio[249], cambio que, como novedad, el reglamento aclara que surtirá efectos a partir del quinto día hábil siguiente a aquel en que el órgano competente para tra-

---

249 Artículo 3.2 RAFME: «(...) La voluntad de relacionarse electrónicamente o, en su caso, de dejar de hacerlo cuando ya se había optado anteriormente por ello, podrá realizarse en una fase posterior del procedimiento, si bien deberá comunicarse a dicho órgano de forma que quede constancia de la misma».

mitar el procedimiento haya tenido constancia del mismo[250]. Se supera así el riesgo de que, en un ejercicio de mala voluntad relacional, se alterase reiteradamente el canal de comunicación para frustrar la correcta tramitación administrativa[251], y se aporta seguridad jurídica al ciudadano o ciudadana, que podrá reclamar el cambio en caso de que no se haya realizado dentro del plazo reglamentariamente establecido.

Y, de otro lado, se introducen dos cuestiones relevantes respecto de la brecha digital: (1) la imposición de la relación electrónica a los participantes en procesos selectivos para el acceso al empleo público (a través de la habilitación reglamentaria) y (2) cuál debe ser el rango de la normativa reglamentaria que imponga la obligación electrónica a determinados colectivos. A continuación, nos centraremos en estas dos importantes novedades.

1. Imposición de la relación electrónica a los participantes en procesos selectivos para el acceso al empleo público

Como hemos señalado, el apartado 3º del artículo 3 del RAFME recuerda la posibilidad de que la Administración apruebe una norma reglamentaria para obligar a ciertos colectivos

---

250 Si bien, COTINO HUESO, L., «El nuevo reglamento de administración electrónica, que no innova en tiempos de transformación digital», *Revista Catalana de Dret Públic*, núm. 63, 2021, p. 125, afirma que podrían haberse incluido algunas garantías y concreciones, por ejemplo, siguiendo el artículo 13.2 del Decreto 220/201 de 12 de diciembre, del Consell, por el que se aprueba el Reglamento de Administración Electrónica de la Comunitat Valenciana, que establece que «la variación del canal de relación elegido no podrá suponer un ejercicio abusivo de este derecho o generar disfunción en la marcha del procedimiento. De considerar que se dan estos factores, la Administración actuante podrá requerir justificación por el cambio de canal elegido».

251 CAMPOS ACUÑA, C. (Dir.), *Comentarios al Reglamento de actuación y funcionamiento del sector público por medios electrónicos, op. cit.*, p. 141.

de personas físicas a la utilización de medios electrónicos de acuerdo con lo previsto en el apartado 3 del artículo 14 de la LPAC, cuando por razón de su *capacidad económica, técnica, dedicación profesional u otros motivos*, quede acreditado que tienen acceso y disponibilidad de los medios electrónicos necesarios. Aquí coincidimos con MARTÍNEZ GUITÉRREZ[252] en que debería haberse aprovechado para desarrollar el alcance concreto de esta obligación perfilando la necesidad de que la norma reglamentaria determine con claridad en su memoria y justifique las razones que amparan la obligación, ya que el artículo 14.3 de la Ley emplea expresiones que son claramente conceptos jurídicos indeterminados.

Pues bien, uno de los ámbitos en los que tal atribución reglamentaria se ha realizado con mayor profusión ha sido el relativo a las personas que pretenden acceder al empleo público, es decir, a los que participen en dichos procesos, a los que se presumen dichas capacidades sin discriminar entre los distintos cuerpos, escalas y subescalas. Como muestra de ello[253], la propia Disposición adicional primera del RAFME incurre precisamente en el vicio que estamos apuntado (imposición de medios electrónicos a colectivos de ciudadanos y ciudadanas sin la adecuada justificación) pues establece la «obligatoriedad del uso de medios electrónicos en los procesos selectivos para el acceso al

---

252 MARTÍNEZ GUTIÉRREZ, R. «La plena eficacia de la e-Administración. Comentario y notas fundamentales del Real Decreto 203/2021, por el que se aprueba el Reglamento de actuación y funcionamiento del sector público por medios electrónicos», op. cit., pp. 8-9.

253 En la misma línea, por ejemplo, la Ley 1/2021, de 11 de febrero, de simplificación administrativa de Aragón, prevé en su disposición adicional tercera que en los procesos selectivos, el deber de comunicarse electrónicamente se puede imponer mediante orden del departamento competente en materia de empleo y en los términos que establezca la convocatoria para la presentación de solicitudes, aportación de documentación y pago de tasas.

empleo público en el ámbito de la Administración General del Estado», de forma que las personas participantes en procesos selectivos convocados por la propia AGE, sus organismos públicos o entidades de derecho público vinculados o dependientes a la misma, deberán realizar la presentación de las solicitudes y documentación y, en su caso, la subsanación y los procedimientos de impugnación de las actuaciones de estos procesos selectivos a través de medios electrónicos. Todo ello, como decimos, sin realizar una motivación y justificación clara de esta imposición reglamentaria que limita el ejercicio del derecho a elegir la relación presencial establecido en el artículo 14.1 de la LPAC.

A este respecto, el Consejo de Estado, en su Dictamen 45/2021 relativo al proyecto del RAFME[254] afirma que la memoria (del análisis de impacto normativo del proyecto) indica que la disposición responde a una sugerencia de la Dirección General de Función Pública del Ministerio de Política Territorial y Función Pública, que en su informe de 18 de septiembre de 2020, incluyó, entre otras, las siguientes manifestaciones: «... esta Dirección General considera procedente dar un paso adelante a nivel normativo (...) considerando a los participantes como personas físicas pertenecientes a un colectivo con respecto del cual, en el contexto del proceso selectivo, resulta presumible la capacidad técnica necesaria para dirigirse a la AGE por medios telemáticos, bien mediante el empleo directo de sus propios equipos, bien mediante el acceso a los medios electrónicos puestos a su disposición a tal efecto por parte de la propia Administración[255]. A este respecto debe tenerse en

254 Disponible en: https://www.boe.es/buscar/doc.php?id=CE-D-2021-45 (acceso: 8 de octubre de 2023).

255 Aquí se produce una disfunción legal y esencial, advertida por FONDEVILA ANTONLÍN, J., «Disposición adicional primera», op. cit., p. 501; pues la afirmación de que los problemas que puedan tener los ciudadanos en el uso de medios electrónicos para el acceso a los procedimientos de selección quedarán subsanados mediante la

cuenta que, dadas las características de la actividad formativa llevada a cabo por los participantes para la superación de los procesos selectivos, con la inversión de recursos personales de todo tipo que, per se, ello implica, es dable presumir que la brecha digital entre las personas físicas integrantes de este colectivo será prácticamente inexistente...».

Coincidimos con FONDEVILA ANTOLÍN[256] en que la norma que autoriza la imposición de esta obligación para los procedimientos selectivos no puede ser general e indiscriminada, sino que debe precisar de forma detallada y concreta la concurrencia de los requisitos establecidos por la LPAC, y para su ponderación debe utilizar tanto el principio (juicio) de proporcionalidad como la aplicación de los principios constitucionalmente reconocidos para el acceso al empleo público (art. 103 CE). En este sentido, es absolutamente necesario tomar en consideración tanto las concretas condiciones personales de los ciudadanos/as que pueden concurrir a los procedimientos, como sus condiciones económicas y sociales, de forma que la cuestión de la «brecha digital», es un punto de referencia esencial. No debe olvidarse además que el artículo 55 del Real Decreto Legislativo 5/2015, de 30 de octubre, por el que se aprueba el texto refundido de la Ley del Estatuto Básico del Empleado Público (TREBEP) establece que todos los ciudadanos tienen derecho al acceso al empleo público de acuerdo con los principios constitucionales y entre ellos figura el de la «igualdad», la cual puede verse vulnerada, precisamente, por

---

puesta a su disposición de los servicios de información establecidos en las oficinas de asistencia en materia de registro y atención al ciudadano, olvida las previsiones del artículo 12.2 de la LPAC, que excluye expresamente a los obligados a relacionarse por medios electrónicos del derecho a ser asistidos en el uso de los mismos.

256 FONDEVILA ANTOLÍN, J. «La obligación de utilización de medios electrónicos en los procesos selectivos: ciudadanos o súbditos», op. cit., p. 106.

la brecha digital, al imponerse el uso de medios electrónicos para concurrir a los procesos selectivos.

En efecto, primero, la Administración no puede partir de la base de que por el mero hecho de prepararse para un procedimiento selectivo los solicitantes disponen de la infraestructura y los conocimientos necesarios para relacionarse con la Administración a través de medios electrónicos. Segundo, conviene recordar que aquellos que alcancen la condición de empleados públicos «para los trámites y actuaciones que realicen con ellas por razón de su condición» estarán obligados a utilizar dichos medios electrónicos, pero, sucede no obstante que no se puede adelantar sin más la obligación a una fase anterior (cuando aún no son empleados públicos), pues durante el proceso selectivo no dejan de ser personas físicas en el sentido del artículo 14.1 de la LPAC. Y, tercero, con la justificación de la Dirección General parece que la disposición esté pensada para empleados públicos muy cualificados (aunque tampoco todas las personas con estudios universitarios disponen de competencias digitales[257]), olvidándose la amplitud del empleo pú-

---

257 Por ejemplo, aunque el Real Decreto 1129/2021, de 21 de diciembre, sobre reconocimiento y homologación de cualificaciones profesionales en la UE «considera que los profesionales que solicitan el reconocimiento de cualificaciones profesionales reúnen las habilidades y disponen de los recursos necesarios para cumplir con los trámites y actuaciones que realicen con las Administraciones públicas, incluyendo la obligación de relacionarse con estas a través de medios electrónicos»; sin embargo, Advierte el Consejo de Estado en su Dictamen 1152/2021, de 16 de diciembre, que «no cabe olvidar que el acceso a determinado nivel de cualificación formativa y profesional no está necesariamente relacionado ni con la edad, ni con el conocimiento y el dominio del uso de las tecnologías de la información. Es decir, que *pueden existir graduados universitarios y profesionales que no tengan esa capacidad técnica a la que alude la memoria y que, de aprobarse en sus términos el Proyecto, tendrían la obligación de relacionarse de forma electrónica con la Administración General del Estado*».

blico, compresivo de puestos del grupo C2 a los que se accede con el requisito de Graduado en Educación Secundaria Obligatoria, que tampoco garantiza que se posean competencias digitales avanzadas.

En el mismo sentido, FONDEVILA ANTOLÍN[258] afirma que «no todos los procesos se refieren a ámbitos de cualificación profesional universitaria, sino que la mayor parte, en sentido cuantitativo, se refieren a plazas donde lo determinante no es la cualificación en el uso de las TIC, sino el adecuado conocimiento de su profesión: conductores, auxiliares de clínica, personal de oficios (fontaneros, carpinteros, electricistas, etc.)». Por tanto, debe tenerse en consideración que en las Administraciones Públicas existen múltiples escalas, subescalas, y no todos ellos necesitan las mismas competencias digitales, sin perjuicio de que los procesos selectivos deben valorar las posibilidades de los candidatos para utilizar las TIC en su futuro trabajo[259]. Pero, como hemos señalado, aunque las capacidades digitales pueden ser un mérito a valorar en el acceso al empleo público, no deben necesariamente ser un requisito y, mucho menos, un requisito establecido con carácter general para cualquier aspirante a la función pública.

Asimismo, debe tenerse en cuenta que el artículo 14.3 de la LPAC establece la posibilidad para las Administraciones

---

258 FONDEVILA ANTONLÍN, J., «Disposición adicional primera», op. cit., p. 498.

259 CAMPOS ACUÑA, C., «Competencias digitales de los empleados públicos: la base de la transformación digital a través de las personas», op. cit., p. 392. La misma autora afirma (p. 375) que «la transformación digital de la Administración no se limita a la adquisición de material tecnológico ni a la digitalización de los procedimientos, sino que en el epicentro de este proceso deben estar las personas, por ello, para dar respuesta a las nuevas necesidades, es necesario revisar los perfiles de los empleados públicos, para garantizar su adecuación con el modelo de administración que se demanda».

Públicas de imponer la obligación de relacionarse con ellas a través de medios electrónicos para «ciertos colectivos de personas físicas», de forma que no es posible realizar una referencia genérica o indeterminada para calificar como colectivo a los «opositores», sino que es necesaria una homogeneidad de condiciones objetivas y materiales que justifiquen esa agrupación, lo que no se da en el caso de la Disposición adicional primera del RAME, ya que estamos en presencia de una posible condición que puede afectar casi a todos los ciudadanos y ciudadanas de nuestros país e incluso, en algunos casos, también a los nacionales de otros Estados, de forma que existe una manifiesta heterogeneidad en su composición y características personales que impide su calificación como colectivo. A lo que debemos sumar que los procesos selectivos están dirigidos a cualquier edad dentro de los límites establecidos en el TREBEP [art. 56.1.c)][260] y, por tanto, esos sectores de mayor edad pueden acudir a los procesos electivos, siendo como ya se ha señalado, sujetos especialmente vulnerables a la brecha digital. En consecuencia, el reglamento que impone la obligación debe acotarla tanto objetivamente (para determinados procedimientos) como subjetivamente (para ciertos colectivos de personas físicas que cumplan los requisitos legales de capacidad acreditada), no siendo admisible la imposición reglamentaria general a un colectivo de personas físicas para todo tipo de procedimientos, ni tampoco una imposición carente de suficiente justificación avalada en la acreditación del acceso y disponibilidad de los medios[261].

---

260 FONDEVILA ANTONLÍN, J., «Disposición adicional primera» op. cit., pp. 492 y 498.

261 SÁNCHEZ LAMELAS, A. «La reciente jurisprudencia sobre la obligación de utilizar los medios electrónicos en las relaciones administrativas», op. cit., p. 215.

Y, en fin, el propio RAFME reconoce (con acierto) en su Disposición adicional segunda la necesidad de que la AGE promueva la formación del personal a su servicio en el uso de medios electrónicos (para asistir posteriormente a los interesados), por lo que implícitamente se admite que se pueda acceder a la función pública sin poseer previamente todas las capacidades para el manejo de los medios electrónicos, que se pueden adquirir o reforzar posteriormente a través de la formación que ofrezca la propia Administración. Además, como señala el preámbulo del Real Decreto-ley 6/2023, de 19 de diciembre, por el que se aprueban medidas urgentes para la ejecución del Plan de Recuperación, Transformación y Resiliencia en materia de servicio público de justicia, función pública, régimen local y mecenazgo; la necesidad de abordar en nuestro país una reforma de la Administración y del empleo público constituye un compromiso contemplado en el componente 11 del Plan de Recuperación, Transformación y Resiliencia, que tiene como objetivos la revitalización de los instrumentos de planificación, ordenación y gestión de los recursos humanos, la garantía de la efectividad de los principios de igualdad, mérito y capacidad en el acceso al empleo público, así como la transparencia y agilidad de los procesos selectivos, y la regulación de la evaluación del rendimiento con arreglo a un marco basado en las competencias. Pero para lograr estos objetivos, desde luego, el camino no es generar una brecha digital adicional en la fase de acceso al empleo público.

Para terminar, es necesario traer a colación la STS 635/2021, de 6 de mayo de 2021 (rec. 150/2020), dictada poco después de la entrada en vigor del RAFME (el 20 de marzo), que anula la obligación introducida por la Administración de solicitar las plazas MIR por medios exclusivamente telemáticos. En concreto, los recurrentes son participantes en el proceso selectivo convocado en la Orden SCB/925/2019, de 30 de agosto, por la que se aprueba la oferta de plazas y la convocatoria de pruebas selectivas de 2019 para el acceso en el año 2020, a plazas de formación sanitaria especializada para las titulaciones universitarias de grado/licenciatura/diplomatura de Medicina, Farmacia y Enfermería, entre otras. Alegan que a través de una modificación operada por el artículo 2 de la Orden SND/411/2020, de 13 de mayo, del Ministerio de Sanidad, se modifica las bases de una convocatoria ya en curso e impone y exige a los aspirantes, que son personas físicas, una obligación de relacionarse con la Administración mediante forma electrónica para la elección de las plazas.

La razón de la modificación, como explica la Administración demandada fue la situación sanitaria, por la que resultaba imposible permitir la comparecencia física de los aspirantes en el Ministerio de Sanidad o en cualquier otro lugar habilitado al efecto, pero los recurrentes rechazan la justificación pretendida por la Administración por existir medios para impedir la excesiva concentración de personas, ampliando las sesiones a la tarde o habilitando otros espacios, y la posibilidad de adoptar medidas de prevención como las que son usuales en cualquier tipo de actividad y que ya están establecidas ampliamente en todos los sectores de actividad. Añaden, además, que el aspirante que no cumpla con la petición de plaza, se le tendrá por renunciado expresamente y ello significa que si un aspirante tiene problemas para acceder a la web de petición de plaza por la razón que sea, se le tendrá por desistido de la petición de plaza para el año 2020 y no tendrá una segunda oportunidad para solicitar plaza, lo que supone un claro perjuicio económico, personal y profesional pues deberá esperar hasta el año próximo para seleccionar plaza, comenzar a formarse y trabajar.

Como razona la sentencia (FJ. 7°) «la modificación introducida, vulnera el artículo 14.3 de la LPAC, al imponer a las personas participantes en el proceso selectivo, que no constituyen un colectivo profesional determinado de los incluidos en el apartado 2 del art. 14 LPAC, una forma de relación exclusivamente por medios electrónicos». Y añade que «obviamente, los participantes en el proceso selectivo que nos ocupa no tienen ninguna de las condiciones exigidas en el art. 14.2 LPAC, y así lo admite la Administración demandada. Su situación es simple y llanamente la de personas físicas, para las que el apartado 3 del art. 14 LPAC dispone que está obligación podrá establecerse mediante reglamento y bajo el cumplimiento de ciertas condiciones», no constando que «se haya verificado o constatado la razón de capacidad económica, técnica, dedicación profesional u otros motivos que acrediten que los participantes en el proceso selectivo en cuestión tienen acceso y disponibilidad de los medios electrónicos necesarios. La contestación a la demanda no ofrece el menor dato al respecto, siendo carga de la Administración acreditar el cumplimiento de los presupuestos para imponer a las personas físicas la obligación de relacionarse electrónicamente» por lo que el Tribunal anula la disposición recurrida[262]. Pues bien, los razonamientos del alto Tribunal me parece que son plenamente aplicables a la Disposición adicional primera del RAFME, al no constatar ni verificar el Reglamento los motivos que acreditan que los aspirantes a los procesos selectivos para el acceso al empleo público disponen de la capacidad y competencias digitales necesarias para utilizar los medios electrónicos en sus solicitudes.

---

262 En términos similares, la Sentencia del TSJ de Murcia 622/2021, de 24 de noviembre, analiza el Decreto 293/2019, de 5 de diciembre, de la comunidad autónoma de la Región de Murcia, relativo a la obligatoriedad de relacionarse a través de los medios electrónicos a los participantes en procesos selectivos del Personal Estatutario fijo o temporal y de provisión de plazas del Servicio Murciano de Salud. En esta Sentencia se afirma que «la habilitación legal conferida por el precepto a la Administración no es omnímoda ni libre, sino que deben cumplirse ciertos requisitos, y solo es posible si tienen capacidad económica o técnica, dedicación profesional o que por otros motivos quede acreditado que tienen acceso y disponibilidad de los medios electrónicos necesarios». Sin embargo, finalmente la sentencia no anula el decreto porque en él se contemplan unidades de apoyo y asistencia en el uso de medios electrónicos que asisten a quienes carecen de los medios o de la capacidad necesaria para presentar la solicitud.

2. Rango de las disposiciones reglamentarias que establecen la imposición de la relación electrónica

El artículo 3.3 *in fine* del RAFME aborda, como novedad respecto de la LPAC, la cuestión relativa al rango del reglamento que, en el caso de la AGE, se exige para imponer los medios electrónicos a determinados colectivos de personas físicas. Pero, primeramente, cabe recordar que la naturaleza reglamentaria de una norma no proviene de la forma a través de la cual se adopta –Decreto, Orden, Ordenanza, etc.- sino de la naturaleza del contenido y del procedimiento de aprobación según la legislación correspondiente. En este punto, convocatorias de subvenciones, contrataciones o concursos, entre otros, no son reglamentos que puedan imponer la relación electrónica. Por tanto, no siempre son claros los lindes de lo que es una norma reglamentaria y no son pocos los instrumentos de apariencia similar a la de un reglamento que se utilizan para imponer la interactuación electrónica respecto de los que hay que tener cautela[263].

Un esclarecedor ejemplo lo encontramos en la Orden SND/411/2020, de cuya impugnación conoce STS 635/2021 citada en el apartado anterior. Como argumenta SÁNCHEZ LAMELAS[264] su verdadera naturaleza es la de acto administra-

---

263 COTINO HUESO, L., «La obligación de relacionarse electrónicamente con la Administración y sus escasas garantías», op. cit., p. 7.

264 SÁNCHEZ LAMELAS, A. «La reciente jurisprudencia sobre la obligación de utilizar los medios electrónicos en las relaciones administrativas», op. cit., pp. 190 y 213. Añade con acierto que la naturaleza reglamentaria del instrumento empleado para imponer la obligación de relacionarse electrónicamente con la Administración determina la posibilidad de su impugnación directa e indirecta, con ocasión de los actos de aplicación correspondientes. Sin embargo, cuando la obligación se impone mediante acto, en la convocatoria de las pruebas selectivas, únicamente se podrá cuestionar la legali-

tivo plúrimo, pues carece de contenido normativo, no innova el ordenamiento jurídico, sino que se limitar a modificar las bases de una convocatoria de pruebas selectivas que, a su vez, tiene también naturaleza de acto administrativo. En este sentido, la sentencia señala (FJ 7º): «[...] la Orden SND/411/2020, recurrida, no tiene vocación de permanencia, que es una característica consustancial a las normas jurídicas, a los auténticos reglamentos. La Orden SND/411/2020 se limita a imponer una determinada obligación de relacionarse electrónicamente a los participantes en un proceso selectivo en curso, pero una vez acabado el mismo, deja de tener efectividad, y no se incorpora al ordenamiento jurídico. Por tanto, no responde a la tipología de producto normativo que exige el art. 14.3 LPAC».

Precisado lo anterior, a efectos de determinar el rango reglamentario que es necesario para imponer la relación electrónica, el RAFME señala que la obligación podrá ser establecida por decreto u orden ministerial que se publicará en el PAGe y en la sede electrónica o sede asociada que corresponda, aunque sin dejar claro cuándo procederá uno u otra. En concreto, establece que «en el ámbito estatal la mencionada obligatoriedad de relacionarse por medios electrónicos con sus órganos, organismos y entidades de derecho público podrá ser establecida por real decreto acordado en Consejo de Ministros o por orden de la persona titular del Departamento competente respecto de los procedimientos de que se trate que afecten al ámbito competencial de uno o varios Ministerios cuya regulación no requiera de norma con rango de real decreto».

En relación con ello, el ya citado Dictamen 45/2021 del Consejo de Estado afirma que «la redacción del artículo 3.3, párrafo segundo, resulta excesivamente abierta, en cuanto no concreta

dad de la exigencia de manera directa, impugnando la convocatoria misma, pero no con ocasión de sus actos de aplicación, lo que reduce considerablemente el margen de recurso.

los criterios que permitan diferenciar cuándo deberá imponerse la obligación mediante real decreto ni cuándo bastará con una orden ministerial. Habida cuenta de la trascendencia de esta regulación para los sujetos afectados, sería oportuno que la norma proyectada recogiera con mayor precisión los criterios que permitan determinar cuándo deberá establecerse la obligación mediante real decreto acordado en Consejo de Ministros y cuándo podrá hacerse a través de orden ministerial».

Por su parte, el TS en su Sentencia 635/2021 decide aclarar, en un primer momento, cuál es el tipo de reglamento que es preciso. En efecto, en el FJ 7º afirma que «el reglamento que requiere el art. 14.3 LPAC no es el reglamento administrativo interno o *ad intra* que se reconoce a los Ministros en el art. 61.*a*)[265] de la LRJSP (ejercer la potestad reglamentaria en las materias propias de su Departamento)». Antes al contrario, para el TS la excepción al derecho a elegir relacionarse electrónicamente con la Administración es una «cuestión situada sin duda fuera de ese ámbito interno en que se puede desarrollar, en ausencia de habilitación legal, la potestad reglamentaria de los Ministros». Afirma categóricamente que es una «habilitación que se dirige al genuino titular de la potestad reglamentaria, esto es, el Gobierno mediante Real Decreto». Pues bien, esta primera doctrina del TS aplicada al 3.3 del RAFME reduce (o debería reducir) claramente las posibilidades de regulación de la obligación electrónica a través de órdenes ministeriales o, por extensión, de consejerías de comunidades autónomas[266].

Sin embargo, hasta la fecha, no es difícil encontrar en la práctica supuestos en los que se está empleando la orden mi-

---

265 La sentencia, por error, se refiere al artículo 62.1.a), que regula las competencias de los Secretarios de Estado.

266 *Cfr.* COTINO HUESO, L., «El nuevo reglamento de administración electrónica, que no innova en tiempos de transformación digital», op. cit., p. 125.

nisterial para imponer, al amparo del artículo 14.3 LPAC, la relación electrónica. A modo de ejemplos podemos citar la Orden PCI/1255/2019, de 26 de diciembre, por la que se establece la obligatoriedad de relacionarse a través de medios electrónicos en las pruebas de evaluación de aptitud profesional para el ejercicio de las profesiones de abogado/a y procurador/a. También la Orden TFP/510/2019, de 30 de abril, por la que se establece la obligatoriedad de la inscripción electrónica en los procesos selectivos para el ingreso o el acceso a los cuerpos o escalas de funcionarios cuya selección corresponde al Ministerio de Política Territorial y Función Pública. Igualmente, entre muchas otras, la Orden EFP/103/2022, de 11 de febrero, por la que se establece la obligatoriedad de comunicaciones y notificaciones por medios electrónicos en las convocatorias de programas de movilidad y formación del profesorado de la acción educativa exterior[267].

En cualquier caso, a efectos prácticos, la diferencia sustancial, más allá de la competencia para aprobar el reglamento que imponga la relación electrónica, la encontramos en la exigencia del Dictamen del Consejo de Estado (art. 22.3 Ley Orgánica 3/1980, de 22 de abril, del Consejo de Estado) u órgano consultivo equivalente de las Comunidades Autónomas, como trámite esencial de su procedimiento de elaboración (pues cuando se trata de Órdenes Ministeriales no suelen remitirse para la evacuación de su preceptivo dictamen). El Consejo de Estado analiza entonces si el proyecto de reglamento cumple o no con las exigencias del artículo 14.3 de la LPAC que desarrolla, pormenoriza o complementa. Como argumenta SÁN-

---

267 SÁNCHEZ LAMELAS, A. «La reciente jurisprudencia sobre la obligación de utilizar los medios electrónicos en las relaciones administrativas», op. cit., p. 193.

CHEZ LAMELAS[268] «podrá criticarse la laxitud de sus juicios o la contradicción de sus observaciones, pero existe, al menos, un control previo sobre estos extremos».

Sin embargo, y a pesar de este incremento de control (recordemos que el dictamen es preceptivo, pero no vinculante), ello no impide que el real decreto que se apruebe no cumpla plenamente con las exigencias del artículo 14.3 de la LPAC en cuanto a la completa constatación de que las personas físicas a las que se impone la relación electrónica disponen de capacidad económica, técnica, dedicación profesional u otros motivos por los que queda acreditado que tienen acceso y disponibilidad de los medios electrónicos necesarios. Buena prueba de ello la encontramos en la propia disposición adicional primera del RAFME, a la que nos hemos referido en el apartado anterior, y por la que se impone la relación electrónica a los participantes en procesos selectivos para el acceso al empleo público. En conclusión, y aunque la obligación electrónica se establezca por medio de un real decreto ello no impedirá, por sí solo, que se imponga la misma a colectivos de personas afectados por la brecha digital, siendo necesario, pues, que no se produzca un abuso de la habilitación reglamentaria y que, en efecto, el titular de la potestad reglamentaria verifique que el colectivo en cuestión reúne los requisitos legales para imponer la obligación sin generar la meritada brecha digital.

Por otro lado, en un segundo momento, el TS ha dictado otra sentencia, la número 610/2022, de 25 de mayo (rec. 163/2021), que matiza la anterior doctrina, permitiendo que en determinados casos se pueda imponer la obligación de relacionarse electrónicamente con las Administraciones mediante Orden Ministerial. En realidad, el cambio es consecuencia del propio

---

268 SÁNCHEZ LAMELAS, A. «La reciente jurisprudencia sobre la obligación de utilizar los medios electrónicos en las relaciones administrativas», op. cit., p. 196.

artículo 3.3 del RAFME, de forma que pasaríamos de interpretar el reglamento con la doctrina del TS a la situación inversa, ahora el TS interpreta el rango necesario con arreglo al RAFME.

A grandes rasgos[269], la sentencia afirma que el artículo 3.3 del RAFME se ajusta al artículo 14.3 de la LPAC dado que contiene una habilitación específica al ministro (en los supuestos que no sea exigible la aprobación de un Real Decreto por el Gobierno) para establecer, respecto de determinados procedimientos y ciertos colectivos de personas físicas, la obligación de relacionarse con la Administración por medios electrónicos.

Es decir, frente al criterio establecido en la sentencia de 2021, conforme a lo dispuesto en el artículo 3.3, párrafo 2° del RAFME una orden ministerial puede imponer a las personas físicas la obligación de relacionarse electrónicamente, pero únicamente en aquellos supuestos en que no sea exigible la aprobación de un real decreto por el Gobierno, aunque, como ya dijimos, este precepto no aclara cuándo es exigible un real decreto y cuándo una orden ministerial.

A este respecto, el artículo 129.4, párrafo 3, de la LPAC dispone que la habilitación para el desarrollo reglamentario de las leyes se debe conferir, con carácter general, al Gobierno, mientras que la atribución directa a los ministros tiene carácter excepcional y debe justificarse en la ley habilitante. Además, la disposición final sexta de la Ley señala que su desarrollo reglamentario corresponde al Consejo de Ministros y, en el ámbito de sus competencias, al ministro de Hacienda y Administraciones públicas. Por tanto, coincidimos con SÁNCHEZ LAMELAS[270]

---

269 Para un análisis más detallado *vid.* SÁNCHEZ LAMELAS, A. «La reciente jurisprudencia sobre la obligación de utilizar los medios electrónicos en las relaciones administrativas», op. cit., pp. 200-204.

270 SÁNCHEZ LAMELAS, A. «La reciente jurisprudencia sobre la obligación de utilizar los medios electrónicos en las relaciones administrativas», op. cit., pp. 203. La autora añade (p. 202) que «es in-

en que para ejercer el desarrollo reglamentario que prevé el artículo 14.3 de la LPAC, el artículo 3.3, párrafo 2° del RAFME supone que será siempre necesario un real decreto salvo que en un ámbito concreto exista una habilitación legal específica al ministro para que regule este aspecto mediante orden.

Para terminar, debemos recordar que la obligación de la relación electrónica con la Administración también viene en ocasiones impuesta por el Gobierno, en ámbitos sectoriales, no ya a través del desarrollo reglamentario que permite el artículo 14.3 de la LPAC, sino directamente a través de normas Gubernamentales con rango del Ley. Así, por ejemplo, la disposición final primera del Real Decreto Ley 29/2020, de 29 de septiembre, de medidas urgentes en materia de teletrabajo en las Administraciones Públicas y de recursos humanos en el Sistema Nacional de Salud para hacer frente a la crisis sanitaria ocasionada por la COVID-19; modifica el apartado 1 del artículo 22 de la Ley 44/2003, de 21 de noviembre, de ordenación de las profesiones sanitarias, para disponer que las personas que participen en las convocatorias anuales de acceso a la formación sanitaria especializada «deberán relacionarse obligatoriamente con la Administración a través de medios electrónicos», cuando así se prevea en la referida convocatoria y en los términos que ésta establezca, en relación con los trámites de cumplimentación y presentación de solicitudes, aportación de documentación y pago de tasas, así como en la fase de adjudicación de plazas. Y lo mismo sucede con el ya citado Real Decreto-ley 8/2023, de 27 de diciembre, por el que se adop-

negable que el Gobierno, a través del real decreto que desarrolla la Ley 39/2015 no cumple con el deber de desarrollo reglamentario derivado del art. 14.3 cuando se limita a prever una habilitación general y en blanco a los ministros para que sean ellos los que impongan, en su caso, la obligación de relacionarse electrónicamente, máxime cuando nada indica sobre los aspectos o elementos objeto de regulación. Más bien parece que el Gobierno ha hecho dejación de su potestad reglamentaria mediante un simple reenvío».

tan medidas para afrontar las consecuencias económicas y sociales derivadas de los conflictos en Ucrania y Oriente Próximo, así como para paliar los efectos de la sequía; que modifica la LIRPF para establecer, como vimos, que los modelos de declaración se aprobarán por la persona titular del Ministerio de Hacienda y Función Pública, quien podrá establecer la obligación de presentación por medios electrónicos siempre que la Administración tributaria asegure la atención personalizada a los contribuyentes que precisen de asistencia para el cumplimiento de la obligación.

De este modo, la labor de verificación o constatación de los requisitos que establece el artículo 14.3 de la LPAC (que quede acreditado que los colectivos obligados tienen acceso y disponibilidad de los medios electrónicos necesarios) no se exige cuando es una norma gubernamental con rango de ley la que impone la obligación, lo implica una reducción de garantías que puede generar o acrecentar la brecha digital si dicha obligación se establece respecto de colectivos incapaces de mantener la relación digital.

III. LOS CANALES DE ASISTENCIA PARA EL USO DE LOS SERVICIOS PÚBLICOS ELECTRÓNICOS

El artículo 4 del RAFME regula los «canales de asistencia para el acceso a los servicios electrónicos» y establece que las Administraciones Públicas prestarán la asistencia necesaria para facilitar el acceso de las personas interesadas a los servicios electrónicos proporcionados en su ámbito competencial a través de alguno o algunos de los siguientes canales: a) Presencial, a través de las oficinas de asistencia que se determinen; b) Portales de Internet[271] y sedes electrónicas; c) Redes sociales; d) Telefónico; e)

---

271 En aras de prestar la asistencia, coincidimos con CRIADO, J. I., «Administración Pública en la web y redes sociales para la prestación de

Correo electrónico; y f) Cualquier otro canal que pueda establecerse de acuerdo con lo previsto en el artículo 12 de la LPAC.

Este precepto supone la sistematización, por primera vez, de los canales de asistencia para el acceso a los servicios electrónicos, incorporando canales informales como «las redes sociales»[272]. De este modo, frente a los modelos de canales de asistencia de corte clásico, la entrada formal de las redes sociales, el canal telefónico y el correo electrónico, representan el reconocimiento normativo de una práctica habitual en las relaciones de las Administraciones Públicas[273], lo que no quiere decir que sean canales efectivos en todos los casos.

Como argumenta MARTÍNEZ GUTIÉRREZ[274], este artículo 4 se limita a establecer la relación de canales de asistencia para

---

servicios públicos», en MARTÍN DELGADO, I. (Dir.), *El procedimiento administrativo y el régimen jurídico de la Administración Pública desde la perspectiva de la innovación tecnológica,* Iustel, Madrid, 2020, p. 302; en que las páginas web de la Administración se deben entender como espacios de prestación de servicios públicos y, por tanto, deben estar centradas en los ciudadanos. Así la cosas, la organización de la presencia en la web no ha de realizarse atendiendo a la estructura interna de la Administración, sino en atención a las necesidades de la ciudadanía. Aquí es necesario categorizar la información en base a hechos vitales y temáticas de interés para las personas en lugar de atendiendo a la estructura de los departamentos o unidades que configuran la organización administrativa.

272 Sobre el régimen jurídico en general de las redes sociales *vid.* RALLO LOMBARTE, A. y MARTÍNEZ MARTÍNEZ, R. (Coods.), *Derecho y Redes Sociales,* Thomson Reuters Civitas, Cizur Menor, 2013; y BELTRÁN CASTELLANOS, J.M., «Aproximación al régimen jurídico de las redes sociales», *Cuaderno electrónico de estudios jurídicos,* núm. 2, 2014, pp. 31-90.

273 CAMPOS ACUÑA, C. (Dir.), *Comentarios al Reglamento de actuación y funcionamiento del sector público por medios electrónicos, op. cit.*, p. 143.

274 MARTÍNEZ GUTIÉRREZ, R. «La plena eficacia de la e-Administración. Comentario y notas fundamentales del Real Decreto 203/2021,

el acceso a los servicios electrónicos sin ocuparse de cómo se garantiza este derecho. Sí resulta interesante que en este artículo se haya dado carta de naturaleza normativa como canal de asistencia expresamente a las «redes sociales», abriendo con ello la posibilidad de exigir responsabilidad patrimonial por los contenidos publicados en este canal de comunicación, ya que aunque el artículo 12 del RAFME y el artículo 38.2 de la LRJSP limiten esta posibilidad a las sedes electrónicas, es evidente que esta posibilidad está abierta también desde hace ya muchos años a cualquiera de los canales[275].

Por lo demás, como decimos, los canales simplemente se enuncian con relación a la posible asistencia y no tanto como mecanismos para ejercer la relación electrónica. A este respecto, COTINO HUESO[276] considera que «sería mucho más útil y relevante dar cierta cobertura jurídica a la realidad de la relación electrónica a través de correo electrónico, redes sociales u otros medios informales» y trae a colación la detallada regulación prevista en el artículo 20 del Decreto 220/2014 valenciano sobre la definición, delimitación jurídica del régimen y responsabilidad de las comunicaciones de contacto informal que comprenden «comunicaciones a través de correo electrónico, uso de redes sociales y otras comunicaciones informales electrónicas», en el que en efecto, se definen concretamente y se determinan las características de estas comunicaciones y se delimitan y excluyen sus efectos jurídicos, remitiéndose a

---

por el que se aprueba el Reglamento de actuación y funcionamiento del sector público por medios electrónicos», *op. cit.*, p. 8.

275 Al respecto *vid.* BELTRÁN CASTELLANOS, J.M., «El principio de responsabilidad como mecanismo de resarcimiento en materia de transparencia y administración electrónica», *Revista práctica de Derecho. Comentarios y casos prácticos*, núm. 216, 2019.

276 COTINO HUESO, L., «El nuevo reglamento de administración electrónica, que no innova en tiempos de transformación digital», op.cit., p. 126.

regulaciones o criterios, normas de uso y recomendaciones a través de carta de servicios de espacio web, manuales o guías de uso de medios electrónicos o redes sociales o similares, y se redirige el régimen de responsabilidad de las mismas.

Ciertamente, las comunicaciones informales electrónicas que pueden realizarse a través de los canales electrónicos de asistencia pueden ser de lo más variadas: correos electrónicos, plantillas electrónicas de contacto, buzones del portal corporativo o buzones ciudadanos, redes sociales, e incluso videoconsultas, chats de texto o voz y similares. Ahora bien, aunque dichas comunicaciones presentan ciertas ventajas para los ciudadanos pues, por ejemplo, no requieren necesariamente de la acreditación especial de la identidad de autenticación, ya que no tienen validez como registro electrónico, como contrapartida, no son vinculantes las respuestas a dichas comunicaciones ni para la persona que las formula, ni para la Administración o personal que las contesta, lo que las priva de cualquier efecto garantista para el administrado que confíe en la respuesta recibida y, además, si la comunicación no va dirigida a la entidad, órgano o persona correspondiente, no se remitirá necesariamente a la persona destinataria de aquella, por lo que puede ser infructuosa, máxime si se tiene en cuenta que el ciudadano no tiene por qué conocer la competencia exacta del órgano al que debe dirigir la consulta. Por tanto, la falta de garantía tanto en el éxito de obtener respuesta, como en el contenido en sí, que no es vinculante, en mi opinión, las convierte en un elemento con un alcance muy limitado, para consultas muy genéricas o de muy poca entidad, al no generar ningún efecto jurídico más allá de una orientación que podría ser acertada o no sobre cómo funciona una determinada sede electrónica, registro electrónico, formulario web de la Administración o similares.

En este sentido se pronuncia, por ejemplo, la Ley 4/2019, de 17 de julio, de administración digital de Galicia, al señalar que tales canales (refiriéndose al correo electrónico, y los sistemas de mensajería) no servirán, sin embargo, para la válida presentación de solicitudes, escritos, comunicaciones, recursos o reclamaciones, para lo cual se deberá estar a lo dispuesto en la normativa reguladora del procedimiento administrativo común, en esta ley y en la restante normativa de aplicación (art. 38).

Para terminar, recordemos que la asistencia prestada a través los canales recogidos en el artículo 4 del RAFME se encuentra limitada a los sujetos no obligados a relacionarse por medios electrónicos con la Administración en aplicación del artículo 12.2 LPAC y, a excepción del apartado a), (asistencia presencial y, aunque la norma no lo diga, siempre que sea sin cita previa obtenida obligatoriamente por medios electrónicos) no resultarán de utilidad para aquellas personas que sufren la brecha digital, ante la imposibilidad de acceder a portales y sedes electrónicas, e incluso y, según los casos de bajas o nulas competencias digitales o falta de equipamientos informáticos, a redes sociales o correos electrónicos. Además, particularmente, la asistencia prestada por medios telefónicos suele ser poco útil, pues rara vez se consigue la comunicación con un empleado público por esta vía y, cuando esto sucede, suelen derivar la cuestión a los otros canales (principalmente el correo electrónico o la sede electrónica).

Por ello, sostenemos que lo verdaderamente útil habría sido el desarrollo del derecho de asistencia regulado legalmente en el artículo 12 de la LPAC, en particular, reforzando la asistencia presencial y haciendo extensivo el derecho a alguno de los colectivos de sujetos obligados a la relación electrónica, por ejemplo, y al menos, cuando se trate de personas mayores o personas con discapacidad o diversidad funcional, pues aunque es positivo que se reconozcan en la normativa los canales de asistencia electrónicos, como decimos, estos no servirán para los colectivos más afectados por la brecha digital.

IV. NOTIFICACIONES ELECTRÓNICAS Y BRECHA DIGITAL

1. Cuestiones generales

En materia de notificaciones, la LPAC apuesta en firme por las notificaciones electrónicas. Basta leer el inicio del artículo 41 rubricado «condiciones generales para la práctica de las notificaciones» para advertir que las notificaciones se practicarán preferentemente por medios electrónicos y, en todo caso, cuando el interesado resulte obligado a recibirlas por esta vía, refiriéndose a los sujetos del artículo 14.2 y a los que se les haya impuesto este medio a través de la habilitación reglamentaria del artículo 14.3.

Además, en el caso de los sujetos no obligados (art. 14.1 LPAC), la Ley recuerda la posibilidad que estos tienen de decidir y comunicar en cualquier momento a la Administración Pública, que las notificaciones sucesivas se practiquen por medios electrónicos. De hecho, es común encontrar en los formularios en papel para presentar solicitudes ante las Administraciones una casilla a marcar por el interesado que quiera recibir de forma electrónica las notificaciones. Además, todas las notificaciones que se practiquen en papel también son puestas a disposición del interesado en la sede electrónica de la Administración, para que pueda acceder a la misma de forma voluntaria (art. 42.1). A este respecto, es importante señalar que, como establece el artículo 41.7, cuando el interesado fuera notificado por distintos cauces, se tomará como fecha de notificación la de aquélla que se hubiera producido en primer lugar. Por tanto, en caso de que el interesado no obligado a relacionarse por medios electrónicos, por las razones que sean, bien intencionadamente o bien por desconocimiento, acceda a la notificación electrónica antes de recibirla en papel, será esta primera la que surtirá efectos e iniciará, por ejemplo, el plazo de alegaciones. Asimismo, cuando el interesado accede al contenido de la notificación en la sede electrónica, el apartado 3º del artículo 42 ordena que al mismo se le ofrezca la posibilidad de que el resto de notificaciones se realicen a través de medios electrónicos, buscando de este modo que la opción por la notificación electrónica sea lo más extendida posible. La razón es obvia, a la Administración le es mucho más cómodo y económico enviar la notificación por medios electrónicos que practicarla en el domicilio del interesado.

Por otro lado, el apartado 1º del artículo 43 del RAFME es casi fiel reproducción del artículo 41.6 de la LPAC: «con independencia de que la notificación se realice en papel o por medios electrónicos, las Administraciones Públicas enviarán al interesado o, en su caso, a su representante, aviso informándole de la puesta a disposición de la notificación bien en la Dirección Electrónica Habilitada única (DEHú), bien en la sede electrónica o sede electrónica asociada de la Administración, u Organismo o Entidad *o, en su caso, en ambas*» (la cursiva en nuestra). Por tanto, mientras que la LPAC parece que deja la opción del aviso de notificación bien a través de la sede electrónica o bien a través de la dirección electrónica habilitada, el Reglamento permite la simultaneidad en ambas[277].

Pero más allá de este detalle, lo importante es que nos encontramos ante una garantía para los interesados impuesta (en principio) como obligatoria para el órgano administrativo. Ciertamente, sin este aviso las notificaciones electrónicas plantean un problema práctico que dificulta su aceptación por los interesados y hasta puede redundar en una merma de garantías para los mismos: obligarían al interesado a acceder de manera regular a la correspondiente sede electrónica o a la dirección electrónica habilitada para comprobar si se ha

---

277 LÓPEZ DONAIRE, B., «Artículos 41-45» en CAMPOS ACUÑA, C. (Dir.), *Comentarios al Reglamento de actuación y funcionamiento del sector público por medios electrónicos,* Wolters Kluwer, Madrid, 2021, p. 354.

producido la puesta a disposición de alguna notificación, con el peligro de que, como ese acceso no sea lo suficientemente frecuente, alguna actuación se dé por notificada sin que el administrado tenga conocimiento de ello, debido al régimen de eficacia de las notificaciones que establece nuestra legislación administrativa (pues se entienden rechazadas si en un plazo de diez días naturales desde la puesta a disposición no se accede al contenido, art. 43.2 LPAC). Y si ya es una carga excesiva el tener que acceder y comprobar si existe alguna notificación pendiente, incluso cuando el interesado lo es por haber presentado una solicitud, en cuyo supuesto podría pensarse que estará más atento a recibir la notificación, «lo que ya en sí es inadmisible, es que las mismas reglas se apliquen en los procedimientos iniciados de oficio»[278].

Sin embargo, no se exige expresamente en la Ley (ni en el RAFME) que el aviso sea previo o simultáneo a la puesta a disposición de la notificación[279] y, además, y aunque esa garantía legal genera a los interesados una confianza legítima en el cumplimiento por el órgano administrativo de su obligación, dice la LPAC que «la falta de práctica de este aviso no impedirá que la notificación sea considerada plenamente válida» (art. 41.6 LPAC), privando por tanto, de efectos invalidantes el incumplimiento de la Administración de su obligación de enviar el meritado aviso, y «tratándose de un precepto legal que no ayuda a la aceptación del sistema de notificación electrónica»[280].

---

278 MENÉNDEZ SEBASTIÁN, E. M., *Las garantías del interesado en el procedimiento administrativo electrónico: luces y sombras de las nuevas Leyes 39 y 40/2015*, op. cit., p. 43.

279 MIGUEZ MACHO, L. M., «Las notificaciones electrónicas», op. cit., p. 240.

280 MARTÍNEZ GUTIÉRREZ, R. *El procedimiento electrónico en las Administraciones Locales. Aspectos metodológicos y normativos del proceso de implantación*, CEMCi, Granada, 2018, p. 172.

El RAFME, por su parte, aún refuerza más la falta de necesidad de cumplimiento por parte de la Administración de realizar el aviso, porque establece que «la falta de práctica de este aviso, *de carácter meramente informativo*, no impedirá que la notificación sea considerada plenamente válida». Este breve añadido «de carácter meramente informativo», deja aún más clara la naturaleza jurídica del aviso, y la impunidad para la Administración que lo incumple, pues aunque no se realice el mismo la notificación puede ser válida, configurándose el aviso como «un elemento accesorio de la notificación»[281].

Para MARTÍN DELGADO[282] resulta inaceptable que la ausencia de aviso complementario no posea consecuencias; más aún en el caso de los sujetos obligados a recibir notificaciones por medios electrónicos, que no tienen la posibilidad de optar por las notificaciones en papel. La garantía fundamental que permite justificar el desplazamiento de la carga de la Administración al interesado (se pasa de ser aquélla la que acude al domicilio de éste a pedir a éste que acuda a la «oficina virtual» de aquélla o a un buzón de titularidad pública) es precisamente la confianza en que el destinatario de una notificación electrónica recibirá en los dispositivos electrónicos o en su buzón de correo electrónico ordinario que utiliza habitualmente un aviso complementario de notificación. Suprimir los efectos invalidantes de la notificación en ausencia de este aviso –ni siquiera se exige excepcionalidad en la omisión– es, sencillamente, poner en situación de indefensión al interesado cuando esto ocurra, sobre todo si se tiene en cuenta que no hay motivos técnicos ni jurídicos para no practicarlo. En el mismo senti-

---

281 LÓPEZ DONAIRE, B., «Artículos 41-45», op. cit., p. 354.

282 MARTÍN DELGADO, I., «Algunos aspectos problemáticos de la nueva regulación del uso de los medios electrónicos por las Administraciones Públicas», op. cit., p. 42.

do, MIGUEZ MACHO[283] señala que con esta desafortunada frase de la Ley (reforzada aún más en el RAFME) el esfuerzo por dotar de más garantías a la notificación electrónica queda neutralizado; si no se prevé sanción jurídica alguna para el incumplimiento por la Administración de la teórica obligación de mandar el aviso de notificación, mal puede hablarse de la verdadera obligación para la Administración y, por tanto, el envío del aviso se deja a la buena voluntad de ésta.

Por otra parte, en la jurisprudencia encontramos pronunciamientos contradictorios. De un lado, la STSJ de Cataluña de 15 de junio de 2018 (rec. 613/2015), sin negar que la falta de la práctica del aviso no invalida la notificación, señala que en determinados casos concretos pueden generar una confianza legítima del interesado que sí determine un vicio de nulidad de la notificación del acto (FJ 5º)[284]. De otro lado, posteriormente, la STC de 17 de enero de 2019 (cuestión de inconstitucionalidad 3323-2017), ha analizado el aviso en las notificaciones, si bien en el marco de la normativa procesal y no administrativa, para tratar las notificaciones electrónicas en el buzón de Lexnet. El TC, en lo que aquí interesa, afirma que «no existe siquiera el compromiso de garantizar la viabilidad técnica de estos

283 MIGUEZ MACHO, L. M., «Las notificaciones electrónicas» en ALMEIDA CERREDA, M., y MÍGUEZ MACHO, L. (Dirs.), *La actualización de la Administración electrónica,* Andavira editora, A Coruña, 2016, p. 242.

284 El Tribunal afirma que «se constata que la falta de aviso no invalida la notificación a través de las formas legales, pero es que en este caso no ocurre este supuesto, sino que la actuación de la Administración a través de un sistema que avisa al obligado genera una confianza legítima respecto a la existencia de una notificación de la AEAT pendiente de recepcionar. Esa confianza legítima hace que sea transcendente y relevante que el obligado no entrara en su Dirección Electrónica Habilitada (D.E.H.) a la vista que no había recibido un aviso en su dirección de correo como había ocurrido hasta ese momento. Es decir, era una actitud esperable en el obligado tributario sin que pueda tildarse de negligente el hecho que no accediera a su D.E.H».

avisos. Al menos es lo que se colige del preámbulo de la Ley 42/2015, que en su epígrafe II matiza que tales envíos se remitirán *siempre que esto sea posible*». Pues bien, en idénticos términos se pronuncia el apartado V del preámbulo de la LPAC, al disponer que «se incrementa la seguridad jurídica de los interesados estableciendo nuevas medidas que garanticen el conocimiento de la puesta a disposición de las notificaciones como: el envío de avisos de notificación, *siempre que esto sea posible*».

Y respecto de la confianza legítima, dice el TC que «no puede reclamarse una confianza legítima en un precepto que no existe, pues ninguno de los previstos en la LEC o en la normativa sobre comunicaciones electrónicas en el ámbito de la justicia plasman una vinculación o condicionamiento de los efectos propios de las notificaciones procesales con la realización del aviso sobre la puesta a disposición». En el ámbito administrativo, en cambio, sí que tenemos dos preceptos que regulan los efectos del aviso, el artículo 46.1 de la LPAC y el artículo 43.1 del RAFME, pero precisamente, para señalar su carácter meramente informativo y que su falta de práctica no impide la validez de la notificación.

En cualquier caso, la STC puede entrar en contracción con lo establecido por la STSJ de Cataluña que admite que los avisos pueden generar una confianza legítima en el interesado cuando le habían enviado el aviso en diversas comunicaciones y no en la que quedó anulada en la sentencia[285], («el sistema de avisos había generado una confianza legítima del obligado que no debía cercenar sus posibilidades de defensa y ataque de la liquidación», FJ 6º). Por ello, afirma GÓMEZ ZAMORA[286] que «la posibilidad de que el aviso en las comunicaciones o notifi-

---

285 LÓPEZ DONAIRE, B., «Artículos 41-45», op. cit., p. 355.

286 GÓMEZ ZAMORA, L., «el aviso en la notificación electrónica y la confianza legítima», disponible en: https://www.legaltoday.com/practica-juridica/derecho-publico/derecho-administrativo/el-avi-

caciones electrónicas anule la comunicación deberá estudiarse caso por caso, pero partiendo de la premisa de que debe haber una verdadera indefensión material para que pueda causar tal efecto, y una infracción del principio de confianza legítima grave, lo que es difícilmente predicable con carácter general». Aunque coincidimos con VALERO TORRIJOS[287] en que sólo si la Administración cumple voluntariamente con su obligación de realizar el aviso se podría evitar la indeseable consecuencia de la indefensión, ya que es desproporcionado en muchos casos hacer recaer sobre ciertos sujetos una exigencia absoluta de consulta de las sedes o direcciones electrónicas cuando la propia Administración Pública ha incumplido una obligación legal que, en última instancia, está dirigida a facilitar el conocimiento de la existencia de una notificación pendiente de acceso.

Por otro lado, el aviso de puesta a disposición de la notificación se remitirá al dispositivo electrónico o la dirección de correo electrónico que el interesado haya comunicado voluntariamente al efecto, o a ambos, de acuerdo con lo previsto en el artículo 41.1 *in fine* de la LPAC. Aquí la flexibilidad de la Ley es total y no se cierran los medios que se pueden admitir para el envío del aviso, por lo que, como advierte MIGUEZ MACHO[288], «no parece muy correcto el uso del término *dispositivos*, pues se confunde el aparato con el sistema o medio de comunicación que se utiliza a través del mismo». Así, el correo electrónico no cabe duda de que deberá ser admitido, por referencia expresa además en en el artículo 66.b) de la LPAC al

so-en-la-notificacion-electronica-y-la-confianza-legitima-2019-02-20/ (acceso: 7 de diciembre de 2023).

287 VALERO TORRIJOS, J., «La necesaria reconfiguración de las garantías jurídicas en el contexto de la transformación digital del sector público», op. cit., p. 383.

288 MIGUEZ MACHO, L. M., «Las notificaciones electrónicas», op. cit., p. 241.

regular las solicitudes de iniciación[289], mientras que por dispositivos podemos entender un número de teléfono móvil al que enviar un Sms, por ejemplo, pero en el futuro podrían aceptarse otras aplicaciones como *Whatsapp*, *Telegram* o similares, que son ya mucho más utilizadas por la ciudadanía.

Finalmente, el artículo 43.1, párrafo 4º del RAFME establece una novedad al responsabilizar al interesado de comunicar a la Administración, organismo público o entidad de derecho público vinculado o dependiente, de que dispone de acceso al dispositivo o dirección de correo electrónicos que haya designado previamente. Así, en caso de que dejen de estar operativos o pierda la posibilidad de acceso, el interesado está obligado a comunicárselo a la Administración para que no le realice el aviso en tales medios. Además, el incumplimiento de esta obligación por parte del interesado libera de toda responsabilidad a la Administración por los avisos que haya efectuados a dichos medios no operativos.

2. *Aviso de puesta a disposición de la notificación careciendo de los datos electrónicos de los ciudadanos*

El apartado 2º del artículo 43 del RAFME viene a aportar una solución a una laguna de la LPAC. Nos referimos a la primera notificación en los procedimientos iniciados de oficio en los que el interesado sea un sujeto obligado a relacionarse por medios electrónicos y la Administración emisora de la notifica-

---

289 Artículo 66.b) LPAC: «Identificación del medio electrónico, o en su defecto, lugar físico en que desea que se practique la notificación. Adicionalmente, los interesados podrán aportar su dirección de correo electrónico y/o dispositivo electrónico con el fin de que las Administraciones Públicas les avisen del envío o puesta a disposición de la notificación».

ción no disponga de datos de contacto electrónicos para practicar el aviso de su puesta a disposición.

Este supuesto encuentra ahora una solución regulada en el apartado 2° del artículo 43 del Reglamento. En concreto, el precepto establece que «cuando el interesado sea un sujeto obligado a relacionarse por medios electrónicos y la Administración emisora de la notificación no disponga de datos de contacto electrónicos para practicar el aviso de su puesta a disposición, en los procedimientos iniciados de oficio la primera notificación que efectúe la Administración, organismo o entidad se realizará en papel en la forma determinada por el artículo 42.2 de la LPAC, advirtiendo al interesado en esa primera notificación que las sucesivas se practicarán en forma electrónica y dándole a conocer que, de acuerdo con lo previsto en el artículo 41.1 de la LPAC, puede identificar un dispositivo electrónico, una dirección de correo electrónico o ambos para el aviso de la puesta a disposición de las notificaciones electrónicas posteriores».

Hay que señalar del análisis de este precepto que la norma ha venido a dar carta de naturaleza normativa a una práctica que realizaban muchas Administraciones al no disponer de datos de contacto electrónico de los sujetos obligados, yendo el Reglamento incluso un paso más allá, dado que la remisión en papel no será un aviso sino «la primera notificación que efectúe la Administración, organismo o entidad», que «se realizará en papel en la forma determinada por el artículo 42.2 de la LPAC»[290]. Por supuesto, ya las sucesivas notificaciones se practicarán por medios electrónicos, como dispone con claridad el precepto, brindando la oportunidad al ciudadano o

---

290 MARTÍNEZ GUTIÉRREZ, R. «La plena eficacia de la e-Administración. Comentario y notas fundamentales del Real Decreto 203/2021, por el que se aprueba el Reglamento de actuación y funcionamiento del sector público por medios electrónicos», op. cit., p. 17.

ciudadana para dé su contacto (dispositivo o correo electrónico) de forma que la Administración pueda avisarle de futuras notificaciones, lo que será esencial para que pueda tener conocimiento de estas sin tener que acceder constantemente a la dirección electrónica habilitada (en caso de que, en efecto, la Administración correspondiente realice dicho aviso en tiempo). Si por el contrario, el ciudadano, una vez recibida esta primera notificación en papel, no comunica sus datos de contacto electrónico, ya pasa a aplicarse la regla del artículo 43.1 *in fine,* que supone que «el aviso sólo se practicará en caso de que el interesado o su representante hayan comunicado a la Administración un dispositivo electrónico o dirección de correo electrónico al efecto».

3. Las escasas garantías para los ciudadanos notificados

Desde la perspectiva de las notificaciones, es necesario reconocer que la regulación legal y reglamentaria de las mismas no permite afirmar de manera rotunda que se hayan reforzado las garantías jurídicas de los destinatarios, sobre todo si tenemos en cuenta que cada Administración Pública puede utilizar su propia sede electrónica y, en consecuencia, resulta preciso acudir a cada una de ellas específicamente, salvo que ya se encuentren adheridas a DEHú[291].

---

291 La Dirección Electrónica Habilitada Única (DEHú) es un servicio electrónico de notificaciones para facilitar a los ciudadanos el acceso y comparecencia a sus notificaciones y/o comunicaciones emitidas por las Administraciones Públicas adheridas. Desde este portal, los usuarios podrán gestionar las notificaciones de los diferentes Organismos Emisores de las Administraciones Públicas que aún estén pendientes de comparecer, consultar notificaciones que ya hayan sido comparecidas y consultar y/o leer sus comunicaciones; o darse de alta en los servicios de Mis datos de contacto o Grandes Destinatarios.

Asimismo, una deseable exigencia de refuerzo de la seguridad jurídica puede consistir, como propone VALERO TORRIJOS[292], en ampliar la práctica existente en el ámbito tributario, donde se contempla el derecho de los interesados de señalar los días en los que la Agencia Estatal de Administración Tributaria no podrá poner notificaciones a su disposición en la dirección electrónica habilitada. Así, la Orden EHA/3552/2011, de 19 de diciembre, establece que los obligados tributarios que estén incluidos, con carácter obligatorio o voluntario, en el sistema de dirección electrónica habilitada en relación con la Agencia Estatal de Administración Tributaria podrán señalar, en los términos que por Orden Ministerial se disponga, hasta un máximo de 30 días en cada año natural durante los cuales dicha Agencia no podrá poner notificaciones a su disposición. Pues bien, teniendo en cuenta la celeridad de los plazos previstos desde que se pone a disposición la notificación hasta que empiezan a computarse los efectos de su rechazo –tan sólo diez días naturales–, parece más que justificado ampliar el ámbito de este derecho a las notificaciones que se practiquen por otras Administraciones.

Por otro lado, hay que tener en cuenta que ha desaparecido una previsión legal de gran transcendencia que, en última instancia, estaba destinada a reforzar la posición jurídica de la persona destinataria de las notificaciones. En concreto, se trata de la referencia a la imposibilidad técnica o material del acceso como causa obstativa del comienzo de la eficacia de la notificación puesta a disposición, a la que se refería el artículo 28.3 de la LAE[293] (y anteriormente el artículo 59.3 de la LRJ-PAC),

---

292 VALERO TORRIJOS, J., «La necesaria reconfiguración de las garantías jurídicas en el contexto de la transformación digital del sector público», op. cit., pp. 383-384.

293 Art. 28.3 LAE: «Cuando, existiendo constancia de la puesta a disposición transcurrieran diez días naturales sin que se acceda a su contenido, se entenderá que la notificación ha sido rechazada con los efectos previstos en el artículo 59.4 de la Ley 30/1992 de Régimen

y que no ha sido recogida en la LPAC (ni tampoco la recupera el RAFME). Aun cuando dicha previsión resultaba ciertamente complicada de interpretar debido a la multiplicidad de supuestos imaginables, permitía tener en cuenta una serie de circunstancias de diversa índole que podían justificar sobradamente la ineficacia de la notificación y, sobre todo, que el plazo para realizar las actuaciones correspondientes no diera comienzo. En última instancia, al igual que sucede en relación al aviso informativo, dicha medida justificaba tener en cuenta circunstancias relevantes desde la perspectiva de la indefensión que, de lo contrario, se produce cuando por razones ajenas a la voluntad de la persona destinataria de la notificación y suficientemente justificadas resulta imposible tener conocimiento del acto notificado[294].

Como argumenta MIGUEZ MACHO[295] esto resulta inaudito, pues si después de producida la puesta a disposición de la notificación en la sede electrónica o en la dirección electrónica habilitada se produjese un fallo técnico en el sistema informático correspondiente que impidiese el acceso al contenido de aquella, el plazo correría igualmente y la notificación se entendería rechazada con independencia de cuándo se produjese el restablecimiento del servicio, con evidente y grave perjuicio para el interesado. A éste no le quedaría más remedio que hacer uso de la posibilidad a que se refiere el apartado 1° del artículo 41 de la LPAC, que permite que la notificación se realice en papel cuando esta se realice con ocasión de la

---

Jurídico y del Procedimiento Administrativo Común y normas concordantes, *salvo que de oficio o a instancia del destinatario se compruebe la imposibilidad técnica o material del acceso*».

294 VALERO TORRIJOS, J., «La necesaria reconfiguración de las garantías jurídicas en el contexto de la transformación digital del sector público», op. cit., p. 384.

295 MIGUEZ MACHO, L. M., «Las notificaciones electrónicas», op. cit., p. 245.

comparecencia espontánea del interesado o su representante en las oficinas de asistencia en materia de registro y solicite la comunicación o notificación personal en ese momento.

Por lo demás, aunque el RAFME ha introducido alguna medida positiva (como la que hemos analizado en el apartado anterior), no soluciona, en absoluto, el problema principal de las notificaciones y la brecha digital, que no es más que la incapacidad de muchos sujetos (especialmente personas mayores) que estén obligados a relacionarse por medios electrónicos con la Administración (*ex* arts. 14.2 o 14.3), y resulten obligados a recibir las notificaciones por esta vía (art. 41.1 LPAC) de encontrarse en una de estas dos situaciones: (1) que hayan recibido un aviso en su dispositivo electrónico o dirección de correo electrónico donde se les advierte de que tienen a su disposición una notificación en la sede electrónica correspondiente y no saben o no pueden acceder a la misma[296]; o (2) que ni siquiera hayan podido tener constancia de que han recibido la notificación o el aviso por falta de competencias digitales básicas para el uso de estas tecnologías (correo electrónico o dispositivo electrónico), conociendo el contenido del acto cuando este ya se ha ejecutado (por ejemplo, por el cobro de una sanción).

En definitiva, el sistema electrónico de notificaciones es francamente insatisfactorio desde la perspectiva de los derechos de los ciudadanos, a los que deja en una situación de vulnerabilidad jurídica notable. A cambio, resulta muy conveniente para las Administraciones Públicas, pues es prácticamente imposible que no notifiquen correctamente un acto adminis-

---

296 En esta circunstancia, como ya hemos advertido, la única e incómoda solución pasa por lo previsto en el artículo 41.1.a) de la LPAC, que permite que la notificación se realice en papel cuando esta se realice con ocasión de la comparecencia espontánea del interesado o su representante en las oficinas de asistencia en materia de registro y solicite la comunicación o notificación personal en ese momento.

trativo y, por ello, pueden aspirar a que estos sean ejecutivos con mucha más facilidad, y más rápidamente, que con el régimen tradicional[297]. Tampoco se entiende por qué si fracasa el intento de notificación en papel se procede a la publicación de un anuncio en el BOE, mientras que si fracasa la notificación electrónica por falta de acceso a su contenido la misma se considera rechazada por el destinatario y, por tanto, se da por realizada, cuando es evidente que no hay motivo objetivo alguno que justifique la presunción de que la referida falta de acceso se deba en todos los casos a la voluntad del interesado de obstaculizar la práctica de la notificación[298].

En estas condiciones es realmente un riesgo para los interesados no obligados a utilizar los medios electrónicos (personas físicas *ex* art. 14.1 LPAC) que opten voluntariamente por que las notificaciones se les practiquen electrónicamente, aunque el afán de digitalización extensiva provoca, como ya hemos señalado en varias ocasiones, que cada vez son y serán más los ciudadanos y ciudadanas que deberán lidiar con este desventajoso régimen de notificación en contraposición con las notificaciones en papel.

IV. LA INSENSIBILIDAD DEL RAFME ANTE LA BRECHA DIGITAL

Vistas las medidas que el RAFME contempla para garantizar, como la propia norma afirma, servicios digitales fácilmente

297 BOIX PALOP, A., «Reforma jurídico-administrativa, procedimiento electrónico y Administración local: análisis de la incidencia de las recientes transformaciones en las bases del procedimiento administrativo español sobre el régimen local», op. cit., p. 351.

298 MIGUEZ MACHO, L. M., «Las notificaciones electrónicas», op. cit., p. 246.

utilizables de modo que se pueda conseguir que la relación del interesado con la Administración sea fácil, intuitiva y efectiva cuando use el canal electrónico, no deja de ser curioso como afirma JIMÉNEZ ASENSIO[299] «que esta normativa –ni en la parte expositiva ni en la dispositiva- haga alusión alguna a los problemas de brecha digital, que lastran de forma directa la pretensión última de que la ciudadanía haga uso generalizado de los medios electrónicos en sus relaciones con la Administración Pública». Tampoco habría servido, en realidad, que sí hiciese referencia a la brecha digital sin aportar soluciones concretas, como sucede, por ejemplo, con el Real Decreto-ley 6/2023, de 19 de diciembre, por el que se aprueban medidas urgentes para la ejecución del Plan de Recuperación, Transformación y Resiliencia en materia de servicio público de justicia, función pública, régimen local y mecenazgo[300]; pues aunque la norma afirma en su exposición de motivos que «la transformación digital de la Justicia favorece y posibilita una Justicia más próxima y accesible, pero ello no es neutro desde el punto de vista social y económico, pudiendo identificarse, entre otros, un impacto de género, educativo, geográfico, económico, de edad, o por razón de discapacidad». Y por ello, señala que «será necesario, pues, que, desde el mismo momento del diseño de los sistemas informáticos de Justicia, se aborde específicamente cuáles son, sobre quiénes se produce y por qué surge

---

299 JIMÉNEZ ASENSIO, R., «Administración digital y servicios a la ciudadanía: estado de la cuestión tras algunas (malas) lecciones de la pandemia», op. cit., p. 18.

300 La norma persigue la adaptación de la realidad judicial española del siglo XXI al marco tecnológico contemporáneo, favoreciéndose una relación digital entre la ciudadanía y los órganos jurisdiccionales y aprovechando las ventajas del «hecho tecnológico» también para fortalecer nuestro Estado social y democrático de Derecho mediante la disposición de medidas orientadas a la transparencia, la eficiencia y la rendición de cuentas de los poderes públicos.

cada tipo de brecha, y, a través de este análisis, se dispongan los mecanismos necesarios para su eliminación o reducción»; sin embargo, esos mecanismos y medidas brillan por su ausencia a lo largo del articulado, pues su Título I (Derechos y deberes digitales en el ámbito de la Administración de Justicia) está claramente inspirado en la LPAC y reproduce muchos de los errores de la normativa de procedimiento común como, por ejemplo, reconocer un catálogo de derechos electrónicos de difícil cumplimiento cuando los ciudadanos y los profesionales carecen de los medios y competencias digitales necesarias (arts. 6 y 7)[301], al tiempo que impone el uso obligatorio de los medios electrónicos a la práctica totalidad de sujetos que intervienen en el ámbito de la Administración de justicia (art. 7).

De este modo, los mensajes constantes contenidos en la normativa que afirman regular una Administración electrónica de fácil uso y que tiene en cuenta las necesidades de la ciudadanía, cuando en realidad no es así, no buscan otra finalidad que ir ampliando el perímetro de personas obligadas a la relación digital, al tiempo que evitan a las Administraciones Públicas tener que lidiar con la tramitación en papel de determinadas actuaciones de los procedimientos administrativos. Todo ello

---

301 Si bien podemos encontrar alguna medida positiva, en caso de implementarse correctamente. Así el artículo 4.3 establece que las administraciones competentes en materia de Justicia contarán con oficinas de información y atención al público que, en los procedimientos en los que los ciudadanos y ciudadanas comparezcan y actúen sin asistencia letrada y sin representación procesal, pondrán a su disposición de forma libre y gratuita los medios e instrumentos precisos para ejercer los derechos reconocidos en la propia norma (art. 5), debiendo contar con asistencia y orientación sobre su utilización, bien a cargo del personal de las oficinas en que se ubiquen o bien por sistemas incorporados al propio medio o instrumento, así como, con puntos de información electrónicos, ubicados en los edificios judiciales.

hace presumir que llegará un momento en que lo electrónico desplazará por completo (o casi) a lo presencial[302].

Las medidas analizadas en el RAFME como la nada clara determinación de cuándo procede un real decreto o una orden ministerial para imponer a través del desarrollo reglamentario del artículo 14.3 de la LPAC la relación electrónica; la indiscriminada imposición de la relación electrónica a los participantes en procesos selectivos para el acceso al empleo público; la mera enumeración de los canales de asistencia para el uso de los servicios públicos electrónicos sin un efectivo desarrollo de cómo se garantiza su uso; o el refuerzo del carácter meramente informativo de los avisos de puesta a disposición de las notificaciones, que permite a las Administraciones Públicas no realizarlo sin invalidar el contenido de la notificación, son una clara muestra de que el reglamento obvia prácticamente por completo la brecha digital y a los colectivos vulnerables afectados, como pueden ser las personas mayores, discapacitadas o sin recursos o competencias digitales. De este modo, la norma desarrolla y fortalece la vertiente interna de la administración electrónica, pero olvida casi por completo la vertiente externa o ciudadana. No obstante, también es cierto que el Reglamento no deja de ser la norma que desarrolla la LPAC y la LRJSP que es donde realmente se originan todos los problemas, al prever estas, en realidad, que casi «la regla general» sea que las relaciones de la ciudadanía con las Administraciones Públicas se realice por medios electrónicos (arts. 14.2 y 14.3 LPAC) y, que se pueda elegir el medio (art. 14.1 LPAC) o recibir asistencia en el uso de lo electrónico (art. 12.2 LPAC) sea cada vez más «la excepción». En conclusión, aunque el reglamento podía haber compensado o reducido algunos de los problemas que genera

---

302 En términos similares JIMÉNEZ ASENSIO, R., «Administración digital y servicios a la ciudadanía: estado de la cuestión tras algunas (malas) lecciones de la pandemia», op. cit., pp. 18-19.

la aplicación de la Administración electrónica[303], nos encontramos ante una oportunidad perdida de, realmente, establecer verdaderas mejoras normativas para la ciudadanía en sus relaciones electrónicas con las Administraciones Públicas.

VI. MEDIDAS ADOPTADAS POR LAS ADMINISTRACIONES PÚBLICAS PARA INTENTAR REDUCIR LA BRECHA DIGITAL

Más allá del Derecho positivo, es necesario revisar los pasos dados por las Administraciones públicas para perseguir su plena transformación digital a través de sus planes y estrategias. Entre ellos, es particularmente relevante el ya citado Plan de Digitalización de las Administraciones Públicas 2021-2025 que, como dijimos, advierte «que la relación digital con los ciudadanos y ciudadanas se caracteriza actualmente por ser transaccional, atomizada, generalista y no personalizada. Este hecho dificulta el acceso a las políticas, ayudas y servicios públicos de las Administraciones por parte de los colectivos objetivo de las mismas, especialmente aquellos más vulnerables». Por ello, el Plan busca mejorar la accesibilidad de los servicios públicos digitales a los ciudadanos, ciudadanas y empresas y superar así la actual brecha digital.

---

303 En términos similares, afirma COTINO HUESO que «no se pueden pedir peras al olmo; esto es, pedir al reglamento que regule de modo diferente a la ley. Pero, sin duda, el reglamento puede seguir una interpretación de las varias que permite ley. También el reglamento puede compensar o aminorar los problemas que genere la ley, así como mejorar, y mucho, las lagunas y los problemas detectados en la aplicación de la misma». COTINO HUESO, L., «El nuevo reglamento de administración electrónica, que no innova en tiempos de transformación digital» op. cit., p. 124.

No vamos a analizar ahora de forma completa el Plan, pero sí traemos a colación algunas propuestas que realiza para intentar hacer del problema la solución (aunque sin pleno éxito como se verá). En efecto, el Plan contempla una serie de medidas que tienen por finalidad alcanzar una aproximación integral al proceso de transformación digital del sector público, en particular, dirigido a la mejora de los servicios públicos digitales que se prestan a los ciudadanos y empresas, mejorando la usabilidad, utilidad, calidad, accesibilidad, movilidad, etc. En concreto, nos centraremos en tres de las medidas.

1. App Factory (Servicio de factoría para el desarrollo de Apps)

Esta medida tiene como objetivo potenciar el desarrollo de *Apps* (aplicaciones) móviles de calidad para los principales servicios públicos ofrecidos a la ciudadanía, creando alrededor de la Administración una comunidad de desarrolladores *open source* (de código abierto) que contribuya a poner a disposición del ciudadano un *Marketplace* (mercado) de aplicaciones móviles de la Administración. Con estas *Apps* se busca, pues, acercar la Administración a la ciudadanía y facilitar una relación más fluida y cercana, maximizando la información recopilada de los mismos para el desarrollo de servicios personalizados o la remisión de alertas y notificaciones, estableciendo nuevos canales de interacción más proactivos.

De este modo, el objetivo es que al menos el 50% de todos los servicios públicos digitales estén accesibles a través del teléfono móvil a finales de 2025. Por el momento, es cierto que ya existen algunas *Apps* disponibles para que el ciudadano pueda mantener relaciones con las Administraciones. Son, por ejemplo, los casos de la aplicación de la «Hacienda Tributaria» y la aplicación «Mi DGT». Ahora bien, da la impresión de que la Administración ha puesto su energía en desarrollar aquellas aplicaciones que tienen por finalidad «el ingreso económico» o «la lesión patrimonial del ciudadano» pues en realidad su función principal consiste en recaudar el correspondiente impuesto o facilitar el pago de multas de tráfico. Buena prueba de ello es que, por el contrario, la *App* de la «seguridad social», que podría ser útil para facilitar la tramitación de prestaciones sociales, en realidad sirve para consultar avisos o información básica y obtener certificados o cita previa, siendo su funcionalidad mucho más reducida que la de las dos anteriores.

No obstante, es cierto que en enero de 2024 se ha dado un salto cualitativo con la *App* «Mi carpeta ciudadana», que centraliza diferentes trámites electrónicos con la administración con un rendimiento y diseño realmente buenos, al que no nos tiene acostumbrados la Administración con respecto al resto de servicios para el móvil. Tal y como se puede apreciar en las notas de actualización, las principales novedades que se encuentran en la aplicación son poder consultar el histórico de municipios de residencia, la condición de deportista de alto nivel o descargar el certificado de empadronamiento con el anexo europeo en el idioma que se necesite. Además, otra novedad interesante es que se pueden personalizar las alertas de calendario desde el apartado de ajustes para, por ejemplo, recibir avisos de la renovación del DNI o de la fecha de caducidad de la ITV.

Por supuesto, como sucede con las otras *App*s mencionadas, para poder usar estas herramientas es necesario contar con certificado digital o Cl@ve, lo que, como después afirmaremos, hace que estas soluciones dejen fuera a toda aquella población que carece de competencias digitales suficientes para hacer uso de estos sistemas de identificación o, incluso, de las propias *Apps* en sí mismas.

Por otra parte, como afirma ALAMILLO DOMINGO[304], el actual concepto de «sede electrónica» está desbordado por las

---

304 ALAMILLO DOMINGO, I., «El régimen jurídico de la Administración digital: aspectos tecnológicos, plataformas y servicios de interme-

tecnologías habilitantes más recientes como la aparición de aplicaciones para dispositivos móviles inteligentes, o en la posibilidad de que el ciudadano comparta con la Administración el acceso a los documentos almacenados en un repositorio compartido (como, por ejemplo, en *Google Drive, Dropbox, One Drive,* etc.), posibilidades que deberían ser perfectamente factibles en el marco de unas medidas suficientes de interoperabilidad y de seguridad. En efecto, el modelo actual de relación implica la carga manual de ficheros por el ciudadano o ciudadana en el registro electrónico (esto es, en la sede electrónica del correspondiente órgano), mientras que empleando estos protocolos el interesado podría dar acceso a la Administración a los repositorios electrónicos del propio ciudadano para que la Administración recuperase los ficheros, facilitando el funcionamiento del registro al interesado y reduciendo riesgos de falta de capacidad o de indisponibilidad del registro[305], lo que supondría una interesante ventaja para aquellos ciudadanos y ciudadanas acostumbrados a utilizar la nube para gestionar sus documentos.

2. Nuevo modelo de identidad digital. El Proyecto DNIe en el móvil

Como afirma el Plan, es un reto mejorar cómo la ciudadanía y las empresas se identifican de forma sencilla y efectiva ante las Administraciones, por ello, esta medida tiene un objetivo doble. Por una parte, desarrollar sistemas y servicios que permitan acreditar digitalmente y de forma segura a ciudadanos, ciudadanas y empresas de manera 100% telemática utili-

---

diación», en MARTÍN DELGADO, I. (Dir.), *El procedimiento administrativo y el régimen jurídico de la Administración Pública desde la perspectiva de la innovación tecnológica,* Iustel, Madrid, 2020, pp. 233-234.

305 ALAMILLO DOMINGO, I., «El régimen jurídico de la Administración digital: aspectos tecnológicos, plataformas y servicios de intermediación», op. cit., p. 234.

zando tecnologías tales como biometría, imagen, etc., La idea es, por tanto, que los ciudadanos puedan identificarse ante la Administración utilizando las soluciones que ya emplean, por ejemplo, las entidades bancarias, a través de los sistemas de verificación de identidad de sus teléfonos inteligentes (por medio del reconocimiento facial, la huella dactilar, etc.), una vez se haya instalado el correspondiente certificado o aplicación.

Y, por otra parte, desarrollar nuevos sistemas de identificación y firma sencillos, seguros y usables por los ciudadanos y ciudadanas, en línea con la normativa aplicable en esta materia. En efecto, actualmente, resulta muy complejo (por no decir imposible) firmar digitalmente un documento en el teléfono inteligente con el DNI electrónico o certificado digital, por ello, se evolucionarán los mecanismos existentes (certificados electrónicos y Cl@ve) para adaptarlos al contexto europeo y facilitar su reutilización e interoperabilidad por todas las Administraciones Públicas españolas. En esta línea, se está desarrollando el proyecto «DNIe en el móvil», liderado por el Ministerio del Interior y que busca mejorar la relación de la ciudadanía con la Administración Pública.

Además, la utilización del protocolo NFC, que permite el DNIe debería implantarse también en estas aplicaciones móviles, ya que los dispositivos móviles más actuales incorporan esta interfaz inalámbrica que lo permite, lo cual sin duda fomentará el uso de dicha tarjeta criptográfica, la cual adolece de un gran desuso, aprovechando una tecnología como la NFC que pocos sistemas o soportes de firma han desarrollado hasta la fecha[306].

---

306 BERNING PRIETO, A. D., «La Administración electrónica y los servicios públicos digitales al albor de los progresos de la Unión Europea y el "Horizonte Europa 2020". Su relación con las Leyes 39/2015, de Procedimiento Administración Común de las Administraciones Públicas y 40/2015, de Régimen Jurídico del Sector Público», op. cit., p. 44.

Ahora bien, ese proyecto de DNI en el móvil no debería implicar, en mi opinión, la desaparición del DNI convencional, en soporte físico, pues de lo contrario se generaría una nueva brecha digital para todas aquellas personas que no dispongan de un teléfono inteligente o que, disponiendo del mismo, únicamente tengan competencias digitales para usos básicos (como servicios de mensajería tipo *Whatsapp* y similiares). Ambos sistemas, digital y físico deberán coexistir, pues estamos hablando de una cuestión tan fundamental como acreditar de forma oficial la identidad personal.

Asimismo, y aunque el Plan no lo diga, sería especialmente útil introducir la posibilidad de utilizar firmas biométricas, por ejemplo, basadas en la captación de los datos biométricos de la firma manuscrita realizada sobre dispositivos electrónicos como teléfonos móviles o tabletas, como ya admiten algunas Administraciones[307]. Como sostiene MARTÍNEZ GUTIÉRREZ[308], «se trata de una posibilidad ampliamente utilizada en algunos sectores como la banca y en el que las personas administradas ya se han habituado a esta forma de proceder, siendo una posibilidad que encajaría dentro de las posibilidades esta-

---

307 Un ejemplo sería la Orden Foral de la diputada foral de Administración Pública y Relaciones Institucionales 9310/2016, de 15 de noviembre, por la que se dispone la admisión del sistema de firma electrónica basado en la captación de los datos biométricos de la firma manuscrita realizada sobre dispositivos electrónicos, publicada en el Boletín Oficial de Bizkaia de 18 de noviembre de 2016 y disponible en: https://gardentasuna.bizkaia.eus/documents/1261696/4897659/00+10+OF+9310-2016.pdf/e6d5b76e-bdba-e25d-5907-18032068defe?t=1572260121763 (acceso: 10 de octubre de 2023).

308 MARTÍNEZ GUTIÉRREZ, R., «La plena eficacia de la e-Administración. Comentario y notas fundamentales del Real Decreto 203/2021, por el que se aprueba el Reglamento de actuación y funcionamiento del sector público por medios electrónicos», op. cit., p. 22.

blecidas en Reglamento UE 910/2014[309], la Ley 6/2020[310] y la LPAC, aunque no se refieran expresamente a ella».

Pero para que estas soluciones tecnológicas puedan tener recorrido, es necesario el establecimiento de verdaderos canales de soporte al ciudadano, pues los principales obstáculos a cada innovación tecnológica suelen ser el desconocimiento y los problemas de uso. Piénsese en los problemas que durante años ha originado la versión de Java instalada en el ordenador personal con el uso de la firma electrónica (que, por otra parte, es la consecuencia evidente del empleo de *software* propietario para este tipo de finalidades), y que por suerte está siendo superada gracias al desarrollo de aplicaciones alternativas como *AutoFirma*, aunque aún mejorable por sus conocidas limitaciones (como la imposibilidad de efectuar firmas masivas o que requiere instalación previa en el equipo), pero que supone un claro avance al respecto. Pues bien, el establecimiento de un buen canal de soporte, presencial e incluso de asistencia remota, podría ser muy positivo en aras de la generalización de estas nuevas tecnologías[311].

En cualquier caso, hay que empezar a considerar al teléfono móvil como el centro de comunicación del presente de una parte de la ciudadanía española. La Administración tiene que aprovechar ese potencial, pues el móvil permite la adaptación a cada persona, incluyendo soluciones específicas para colecti-

---

309 Relativo a la identificación electrónica y los servicios de confianza para las transacciones electrónicas en el mercado interior.

310 Reguladora de determinados aspectos de los servicios electrónicos de confianza.

311 *Cfr.* BERNING PRIETO, A. D., «La Administración electrónica y los servicios públicos digitales al albor de los progresos de la Unión Europea y el "Horizonte Europa 2020". Su relación con las Leyes 39/2015, de Procedimiento Administración Común de las Administraciones Públicas y 40/2015, de Régimen Jurídico del Sector Público», op. cit., p. 42.

vos con dificultades y limitaciones físicas, como, por ejemplo, las técnicas de *voiceover*[312] y similares, lo que disminuiría (en algunos casos) la brecha digital de personas con discapacidad. Quizás tengamos la administración electrónica aún asociada al PC, cuando el PC está en franca decadencia con respecto a las tabletas o el móvil[313].

3. El desarrollo de Chatbots o asistentes virtuales inteligentes

La atención ciudadana es el servicio mediante el que las Administraciones Públicas se ponen a disposición de la ciudadanía para facilitarles el ejercicio de sus derechos, el cumplimiento de sus obligaciones y el acceso a los servicios públicos. La atención ciudadana incluye tareas tan diversas como la información, el asesoramiento o la orientación a las personas, el registro de sus solicitudes y comunicaciones o la gestión de las quejas y sugerencias[314]. La atención ciudadana se puede (y debe) realizar a través de empleados y empleadas públicas, pero últimamente han ido surgiendo iniciativas encaminadas a automatizar determinadas tareas vinculadas a esta atención a través del uso de robots conversacionales. Estos robots o *chatbots* son aplicaciones diseñadas para que las personas puedan interaccionar con dispositivos en lenguaje natural siendo capaces de entender el contenido de la conversación y actuar en consecuencia. A partir del análisis de la información facilitada

---

312 *VoiceOver* es un lector de pantalla integrado que describe en voz alta lo que aparece en la pantalla del ordenador.

313 DE PABLO MARTÍN, F., «La normativa sobre Administración Electrónica como herramienta para la mejora de las Administraciones Públicas» en MARTÍN DELGADO, I. (Dir.), *La reforma de la Administración electrónica: Una oportunidad para la innovación desde el Derecho*, Instituto Nacional de Administración Pública, Madrid, 2017, p. 73.

314 CERRILLO I MARTÍNEZ, A., «La personalización de los servicios digitales», op. cit., p. 328.

por la persona usuaria, el robot puede llegar a personalizar la respuesta que se le facilita u ofrecer una ayuda orientada a dar respuesta a sus necesidades[315].

Por ello, como afirma el Plan, esta medida tiene como objetivo el establecimiento de un modelo de atención a la ciudadanía personalizado, proactivo y «omnicanal», a través de un punto único de acceso tanto para obtener información como para realizar los trámites que requiera en su relación global con la Administración. Una de las principales líneas de trabajo será la implantación de los citados *chatbots* o asistentes virtuales inteligentes para los casos de uso de mayor impacto, tales como: cita previa, pago de tasas, identificación y registro. Consiste en una práctica ya muy utilizada por las empresas de telecomunicaciones y también las entidades bancarias, para prestar asistencia inmediata a los usuarios con robots que ya cuentan con respuestas predefinidas (siempre y cuando las dudas o tareas sean sencillas).

Se trata pues de la actuación administrativa automatizada[316] aplicada a labores de los empleados públicos que pueden considerarse rutinarias. Así, la automatización de la Administración Pública consiste en el uso de los medios electrónicos para la adopción de actos o el desarrollo de actuaciones sin intervención directa de las personas. En el artículo 41 de la LRJSP se define la actividad administrativa automatizada como «cualquier acto o actuación realizada íntegramente a través de medios electrónicos por una Administración Pública en el marco de un procedimiento administrativo y en la que no haya intervenido de forma directa un empleado público». Por su parte, el apar-

---

315 CERRILLO I MARTÍNEZ, A., «La personalización de los servicios digitales», op.cit., p. 328.

316 Sobre la actuación administrativa automatizada *vid.*, VALERO TORRIJOS, J., «La tramitación del procedimiento administrativo por medios electrónicos», op. cit., pp. 211 y ss.

tado 2º del mismo precepto establece su regulación, al disponer que «deberá establecerse previamente el órgano u órganos competentes, según los casos, para la definición de las especificaciones, programación, mantenimiento, supervisión y control de calidad y, en su caso, auditoría del sistema de información y de su código fuente. Asimismo, se indicará el órgano que debe ser considerado responsable a efectos de impugnación»[317].

La automatización puede reportar numerosos beneficios a la Administración Pública en forma de mayor eficacia, eficiencia o economía e, incluso, calidad o buena administración. Desde la perspectiva de los interesados y de la ciudadanía en general, la automatización de las Administraciones Públicas también puede tener un impacto positivo al facilitar un servicio más efectivo u objetivo[318]. En particular, los asistentes virtuales o *chatboots* a los que nos hemos referido están sustentados en inteligencia artificial[319] y se han diseñado para ayudar a resolver las dudas que plateen los administrados, utilizados,

---

[317] Sobre el concepto y los requisitos de la actividad administrativa automatizada *vid.* BERNING PRIETO, A. D., *Validez e invalidez de los actos administrativos en soporte electrónico*, Thomson Reuters Aranzadi, Cizur Menor, 2019, pp. 256 y ss.

[318] CERRILLO I MARTÍNEZ, A., «Automatización e inteligencia artificial», en MARTÍN DELGADO, I. (Dir.), *El procedimiento administrativo y el régimen jurídico de la Administración Pública desde la perspectiva de la innovación tecnológica*, Iustel, Madrid, 2020, p. 389.

[319] La inteligencia artificial supone un importante soporte a la tramitación, especialmente en procedimientos en masa o repetitivos que no exijan judicios de valor, sino la aplicación de operaciones puramente mecánicas de comprobación o verificación, como los que se producen en el acceso a determinados servicios o prestaciones públicas. Por lo que se refiere a su utilidad como soporte en la mejora en la prestación de servicios públicos, la inteligencia artificial es muy provechosa en el diseño e implementación de servicios públicos: movilidad y transporte, ubicación de dotaciones (centros educativos y sanitarios), la personalización de servicios, etc. GAME-

por ejemplo, para resolver las dudas de los contribuyentes de tributos, así como facilitar la elaboración de declaraciones[320]. Pero para ello, debe potenciarse la sencillez y claridad del lenguaje utilizado (especialmente si se trata de robots a los que no se les podrá pedir aclaraciones adicionales) para que pueda ser comprendido por todos los ciudadanos y ciudadanas, escapando de complejos términos jurídico-tecnológicos que dificultan la correcta comprensión en muchos casos[321].

Finalmente, y aunque el Plan no lo diga, obviamente la asistencia también puede ser «no automatizada», por ejemplo, puede consistir en un servicio básico de información dirigido a los administrados que tengan una duda sobre una cuestión administrativa y requieran una aclaración. Esta información puede suministrarse a través de un chat que permita el contacto directo e inmediato con un empelado público[322] en vez de con una máquina.

4. Ineficacia de las medidas para reducir la brecha digital

Nos hemos referido a un conjunto de tres bloques de medidas previstas en el Plan de Digitalización para las Administraciones Públicas que podrían tener su utilidad y servir de ayuda

---

RO CASADO, E., «Reflexiones introductorias: de la administración electrónica a la digital», op. cit., p. 47.

320 GÓMEZ REQUENA, J.A., *El sistema tributario ante el reto de la despoblación,* Aranzadi, Cizur Menor, 2023, *P.* 119.

321 BERNING PRIETO, A. D., «La Administración electrónica y los servicios públicos digitales al albor de los progresos de la Unión Europea y el "Horizonte Europa 2020". Su relación con las Leyes 39/2015, de Procedimiento Administración Común de las Administraciones Públicas y 40/2015, de Régimen Jurídico del Sector Público», op. cit., p. 42.

322 *Cfr.* GÓMEZ REQUENA, J.A., *El sistema tributario ante el reto de la despoblación,* op. cit., p. 123.

a muchas personas que sí poseen las competencias digitales necesarias y se relacionan habitualmente con su *smartphone*. Sin embargo, las medidas son completamente inservibles para aquellas personas que carecen de dispositivos electrónicos o no están habituadas a utilizar Internet, aunque sea de forma básica, me refiero a las personas que carecen de competencias digitales básicas (recordemos que, en España, casi la mitad de la población) y particularmente a las personas mayores, colectivos vulnerables a los que el desarrollo de estas tecnologías no hará más que apartarlas aún más y que la brecha digital se intensifique. Para estas personas, la única solución real es reforzar la atención presencial, pues, en definitiva, no quieren ni pueden hablar con las máquinas, no quieren (o no pueden) tener que pedir cita previa para poder realizar trámites con las Administraciones públicas, simplemente, necesitan que las atiendan y las ayuden, incluso, puede que en algunos casos, las enseñen a relacionarse electrónicamente con la Administración[323], y eso no lo va a conseguir ningún robot ni ninguna sede electrónica o *App* por accesible, moderna o intuitiva que sea.

Compartimos, pues, la opinión de JIMÉNEZ ASENSIO[324] cuando afirma que aparte de la retórica habitual de este tipo de documentos (refiriéndose al Plan), en nada se concretan medidas vinculadas con la mejora o fortalecimiento de la atención presencial a la ciudadanía, que es probablemente una de las claves para hacer más próxima la Administración digital a las personas, ya que las oficinas públicas deberían tener espacios específicos dedicados a esas finalidades (sean en los servicios de atención a la ciudadanía o en otros ámbitos), así como, sobre todo, personal de atención que facilite ese tipo de

323 Sobre esta propuesta *vid.* Capítulo IV, apartado II.3 de esta obra.

324 JIMÉNEZ ASENSIO, R., «Administración digital y servicios a la ciudadanía: estado de la cuestión tras algunas (malas) lecciones de la pandemia», op. cit., pp. 24-25.

trámites y asista permanentemente a la ciudadanía, aparte de un servicio 24 horas de soporte telefónico o telemático. Y aunque las medidas como *App factory* o el desarrollo de sistemas de identificación y firma más sencillos y de fácil manejo pueden ser pasos en la buena dirección, siguen marcados por una concepción instrumental de la tecnología que parece querer imponerse como una suerte de fin en sí misma o de un deber universal (discutible en su exigencia) de la ciudadanía. ¿Cabe obligar a que la ciudadanía deba disponer siempre y en todo caso de teléfonos inteligentes?

En fin, lo que las Administraciones públicas deben hacer es apostar por el desarrollo de verdaderas políticas orientadas a evitar o recudir la brecha digital, facilitando el acceso a internet de todo colectivo (vulnerables, mayores, con necesidades especiales...) y la formación en competencias y habilidades digitales[325]. Solo así se podrá conseguir que las aplicaciones en el móvil, los sistemas de identidad digital y el uso de *chatbots*, tenga sentido, de lo contrario solo una parte de la población se podrá beneficiar de estas soluciones tecnológicas.

---

325 GONZÁLEZ RÍOS, I., «Servicios públicos digitales: naturaleza jurídica y garantías para el ciudadano», op. cit., p. 46; se refiere a hacer efectivo el derecho de acceso universal a internet que establece el artículo 81 de la LOPD y el derecho a la educación digital (art. 83 LOPD).

Capítulo IV. Algunas propuestas para combatir la brecha digital

SUMARIO: I. PLANTEAMIENTO. II. EL REFUERZO DE LAS OFICINAS DE ASISTENCIA EN MATERIA DE REGISTROS: 1. REGULACIÓN. 2. FUNCIONES. 3. PROPUESTAS DE REFUERZO. III. LA NECESARIA MEJORA DE LA CALIDAD Y LAS GARANTÍAS DE LAS SEDES Y REGISTROS ELECTRÓNICOS: 1. LA CALIDAD DE LAS SEDES Y REGISTROS ELECTRÓNICOS. 2. GARANTÍAS EN EL USO DE LAS SEDES Y REGISTROS ELECTRÓNICOS. IV. ADMINISTRACIONES PÚBLICAS SOCIALMENTE RESPONSABLES CONTRA LA BRECHA DIGITAL: 1. SOBRE LA RS APLICADA A LAS ADMINISTRACIONES PÚBLICAS. 2. SERVICIOS PÚBLICOS ELECTRÓNICOS SOCIALMENTE RESPONSABLES.

I. PLANTEAMIENTO

A lo largo de este estudio hemos podido constatar que, en primer lugar, la brecha digital afecta a muchas ciudadanas y ciudadanos porque tiene su origen en múltiples causas que pueden impedir o limitar el acceso a internet o a los equipos informáticos necesarios, siendo la principal las circunstancias económicas. Pero no es la única, como también vimos, la formación, la localización geográfica, el género, y la edad son también factores determinantes que provocan que actualmente en España más del 40% de la ciudadanía carezca de competencias digitales básicas. Estos factores, que pueden resumirse en desigualdades económicas y sociales, lamentablemente existen y existirán, por lo que eliminar por completo la brecha digital no parece una realidad posible, o desde luego, no al menos a corto ni medio plazo.

Por otro lado, es cierto que el uso de internet por las personas es cada año mayor, especialmente, entre las personas mayores, aunque por la llegada a estas edades de personas que ya utilizaban internet previamente, más que por una alfabetización digital de los ya mayores[326]. Sin embargo, el hecho de que una persona tenga un buen manejo de las TIC a nivel de usuario no implica necesariamente que las emplee en dimensiones más complejas vinculadas con la participación ciudadana o con la interrelación con las Administraciones Públicas[327]. Esto es, como ya hemos señalado, no es lo mismo navegar por la red para consultar el periódico o utilizar aplicaciones de mensajería tipo *WhatsApp* o similares, que identificarse en una sede electrónica o ser capaz de completar con éxito y firmar digitalmente un formulario de la Administración.

En segundo lugar, en lo que respecta a la brecha digital en las relaciones con las Administraciones Públicas se han detectado varios problemas. Estos obedecen principalmente al amplio universo de personas que se encuentran obligadas al uso de los medios electrónicos para comunicarse o realizar trámites con las Administraciones Públicas, que aumenta cada año por las normativas especiales (un buen ejemplo lo encontramos en el reciente Real Decreto-ley 8/2023, de 27 de diciembre que, como ya advertimos, finalmente vuelve a imponer la obligación de presentación de las declaraciones del IRPF por medios electrónicos) y por vía reglamentaria en una errónea y abusiva aplicación del artículo 14.3 de la LPAC (la propia disposición adicional primera de RAFME, es una buena muestra de ello, al

---

326 Informes envejecimiento en red, núm. 30, octubre de 2023, CISC, p. 38. Disponible en: https://envejecimientoenred.csic.es/wp-content/uploads/2023/10/enred-indicadoresbasicos2023.pdf (acceso: 15 de enero de 2024).

327 LÍBANO BERISTAIN, A., «La era digital» en ROMEO CASABONA, C. M., *Tratado de Derecho y Envejecimiento. La adaptación del Derecho a la nueva longevidad*, op. cit., p. 864.

imponer la relación electrónica a los participantes en procesos selectivos a la función pública). A estas personas obligadas, el ordenamiento jurídico les niega, sin embargo, la asistencia en el uso de los medios electrónicos. Y no solo a ellos, sino a toda la ciudadanía en general, se impone en muchos casos la necesidad de obtener cita previa obligatoria (que debe además obtenerse por medios electrónicos) para poder acudir presencialmente a las Administraciones Públicas.

Todo ello provoca una clara vulneración de Derechos y garantías ciudadanas, tanto en la tramitación de procedimientos, en los que los ciudadanos pueden ser incapaces de consultar el estado de tramitación de los procedimientos o presentar alegaciones por medios electrónicos e, incluso, utilizar los medios electrónicos de pago necesarios para el cumplimiento de obligaciones; como a la hora de solicitar o recibir prestaciones y otros derechos sociales.

En tercer lugar, las últimas reformas del ordenamiento jurídico en materia de administración electrónica (encabezadas por el RAFME) no han servido para paliar esta brecha digital, sino que, al contrario, han reforzado la digitalización en las relaciones con la ciudadanía sin mejorar las garantías. Tampoco las medidas adoptadas por las propias Administraciones a través de sus planes y estrategias aportan una solución plena, al basarse sus soluciones y propuestas en que la propia tecnología sea la vía para combatir el problema, obviando que hay muchas personas que están «fuera de juego» en lo tecnológico, y que no son capaces de utilizar las nuevas *Apps* ni los robots.

Ante este escenario, dedicamos el último capítulo de esta monografía a proponer algunas medidas que, si bien no son la solución definitiva contra la brecha digital en ámbito de las relaciones de la ciudadanía con la Administración (pues en mi opinión la única solución completamente efectiva sería que la Administración electrónica fuera siempre y en todo caso voluntaria para todos los ciudadanos y empresas, lo cual, por las razones que ya expusimos no va a suceder[328]), de aplicarse sí podrían contribuir a reducirla o mitigarla. En la línea de lo que apunta de VALERO TORRIJOS[329], procede ahora apuntar propuestas para reforzar las garantías jurídicas, de manera que el Derecho pueda cumplir de manera sustantiva y no meramente formal el papel que está llamado a desempeñar. Se trata, en definitiva, de intentar buscar el equilibrio entre la innovación tecnológica y los derechos ciudadanos para facilitar la transformación digital del sector público. Ya avanzamos que las propuestas implican: (1) reforzar las oficinas de apoyo o puntos de acceso donde los ciudadanos y ciudadanas puedan disponer de los medios y asesoramiento para ejercer sus derechos digitalmente (con las necesarias garantías) y se ofrezca también educación digital y capacitación en nuevas tecnologías[330]; (2) la mejora de las sedes electrónicas y registros públicos digitales, que permitan hacer fácil y comprensible el acceso a los servicios digitales y trámites administrativos; y (3) los compromisos que las Administraciones Públicas pueden adquirir en materia de responsabilidad social para, más allá de los mínimos legales, desarrollar políticas que realmente sirvan para reducir la brecha digital, como puede ser, la prestación del derecho de asistencia también a los obligados al uso de los medios electrónicos o, al menos, cuando se traten de colectivos especialmente vulnerables a la brecha.

---

328 *Vid.* Capítulo I, apartado III.5 de esta obra.

329 *Cfr.* VALERO TORRIJOS, J., «La necesaria reconfiguración de las garantías jurídicas en el contexto de la transformación digital del sector público», op. cit., p. 391.

330 En términos similares, MENÉNDEZ SEBASTIÁN, E. M. y BALLINA DÍAZ, J., *Sostenibilidad social y ciudadanía administrativa digital*, op. cit., p. 215.

II. EL REFUERZO DE LAS OFICINAS DE ASISTENCIA EN MATERIA DE REGISTROS

1. Regulación

Para las ciudadanas y ciudadanos que carecen de competencias digitales básicas, que recordemos, es casi la mitad de la población española, así como para aquellos que aun disponiendo de dichas capacidades encuentran dificultades a la hora de relacionarse electrónicamente con la Administración, la única solución real es la inversión en medios humanos y el refuerzo de la asistencia en el uso de las relaciones telemáticas con la Administración.

Dicha asistencia se articula en la LPAC a través de las «Oficinas de asistencia en materia de registros», que constituyen una de las grandes novedades de la norma en el año 2015, regulando la asistencia en el uso de medios electrónicos a los interesados, a la que se atribuyen multiplicidad de funciones y que constituyen el eje fundamental de la asistencia, entre otros, para la identificación y firma por medios electrónicos de los sujetos no obligados[331].

Si bien, la regulación que prevé la Ley de estas oficinas es muy parca. En primer lugar, es el preámbulo de la Ley donde se explica la función de las oficinas, al señalar que «permiten a los interesados, en caso de que así lo deseen (y, aunque no lo diga aquí, siempre y cuando no sean sujetos del artículo 14.2 y 14.3 de la LPAC) presentar sus solicitudes en papel, las cuales se convertirán en formato electrónico». No obstante, esta valiosa e importante función no se encuentra como tal recogida en el articulado de la Ley, que se limita a dedicar específicamente a la regulación de las oficinas la disposición adicional cuarta, y que únicamente señala que «las Administraciones Públicas

---

[331] CAMPOS ACUÑA, C. (Dir.), *Comentarios al Reglamento de actuación y funcionamiento del sector público por medios electrónicos,* op. cit. p. 144.

deberán mantener permanentemente actualizado en la correspondiente sede electrónica un directorio geográfico que permita al interesado identificar la oficina de asistencia en materia de registros más próxima a su domicilio»[332]. Y aquí ya encontramos el primer escollo, el interesado que quiera hacer uso de estas oficinas y desconozca el paradero de la más próxima, deberá disponer de los recursos electrónicos necesarios y competencias digitales suficientes como para poder acceder a la «correspondiente sede electrónica» (que quizás desconozca cuál es) y utilizar el directorio geográfico. Es necesario reflexionar sobre lo absurda que es la disposición, pues la ciudadanía que necesite ayuda en el uso de medios electrónicos debe usar los medios electrónicos para localizar dicha ayuda.

A partir de ahí, las Oficinas aparecen a lo largo del articulado de la LPAC, en relación con determinadas cuestiones como los registros electrónicos de apoderamientos (el apoderamiento *apud acta* que puede otorgarse mediante comparecencia personal en las Oficinas, art. 6.5); respecto de la asistencia en el uso de medios electrónicos, al regular el registro donde constan los funcionarios habilitados para la identificación o firma en la prestación de esta asistencia en las Oficinas (art. 12.3); en relación con los lugares de presentación de documentos por los ciudadanos (art. 16.4), entre los que se incluye, lógicamente, a las Oficinas[333]; en el artículo 27.1 respecto de los funcionarios

---

332 Estos registros o sistemas deberán ser plenamente interoperables y estar interconectados con los de las restantes Administraciones Públicas, a los efectos de comprobar la validez de las citadas habilitaciones (art. 12.3 *in fine* LPAC).

333 El artículo 16.7 reproduce parcialmente el contenido de la disposición adicional cuarta al señalar que deberán hacer pública y mantener actualizada una relación de las oficinas en las que se prestará asistencia para la presentación electrónica de documentos. Aunque en coherencia con lo señalado en el preámbulo de la Ley, debería decir, presentación en papel de documentos (que posteriormente

habilitados para la expedición de copias auténticas en las Oficinas; en relación con la práctica de notificaciones, cuando estas se realicen con ocasión de la comparecencia del interesado o su representante en la Oficina [art. 41.1.a)]; y, finalmente, en el artículo 66, respecto de las solicitudes de iniciación de procedimientos a través de modelos de uso voluntario, que estarán a disposición, además de en las sedes electrónicas, en las Oficinas.

En realidad, las Oficinas de asistencia son la traslación de los antiguos servicios u oficinas de atención ciudadana, que se han transformado en unidades administrativas cuya vocación final es ser receptoras de documentos en papel para transformarlos en documentos electrónicos, y poco más, haciendo perder su esencia de atención personalizada a la ciudadanía y, en particular, a aquellos colectivos que han pasado a ser considerados como una pieza hasta cierto punto molesta porque tales personas son incapaces de tramitar sus solicitudes o escritos, así como de remitir la documentación, por medios digitales, lo que ahorra notables esfuerzos a la Administración y permite, además, una atención absolutamente despersonalizada, así como no dar respuesta directa a ninguna reclamación, pregunta o demanda. Así, afirma ASENSIO JIMÉNEZ[334] que «la Administración Pública, y en especial sus funcionarios o empleados, han hallado un escudo protector de primera importancia en el cual refugiarse para no tener contacto alguno directo con la ciudadanía». Añade este autor que las Oficinas de asistencia

---

se convertirán en formato electrónico), de forma que la presentación en la Oficina no es electrónica como tal. Como ejemplo regulatorio de una norma de regulación de estas Oficinas, puede citarse la Orden CIN/442/2021, de 30 de abril, por la que se crea una oficina de asistencia en materia de registros en la Agencia Estatal de Investigación, M.P.

334 JIMÉNEZ ASENSIO, R., «Administración digital y servicios a la ciudadanía: estado de la cuestión tras algunas (malas) lecciones de la pandemia», op. cit., p. 14.

en materia de registros están sufriendo un «proceso de involución», transformándose en el lugar de presentación de escritos para su posterior identificación y firma, así como del consiguiente escaneo, ofreciendo una visión estrecha y limitada de lo que debe ser una atención efectiva a la ciudadanía. A continuación, analizaremos cuáles son o deberían ser las funciones que deben desarrollar las meritadas oficinas.

2. Funciones

En atención a la regulación descrita en el apartado anterior, las funciones de las Oficinas de asistencia en materia de registros se concretan en[335]:

(1) Digitalización, copias auténticas y registro (arts. 12, 16 y 27 LPAC y 39 y 53 RAFME)

La primera función de las oficinas es la propia de un registro, que en virtud de su carácter electrónico precisa la digitalización de los documentos que presentan los ciudadanos en papel. De este modo, los documentos que se presenten de manera presencial ante las Administraciones Públicas (y siempre que no exista la obligación de presentarlos electrónicamente) deben ser digitalizados por la oficina de asistencia en materia de registros para su incorporación al expediente administrativo electrónico, devolviéndose los originales a las personas interesadas inmediatamente tras su digitalización (art. 39 RAFME) o, si por cualquier circunstancia no pueden ser devueltos en el momento de su presentación, serán conservados a disposición de los interesados durante seis meses para que puedan ser recogidos, independientemente del procedimiento administrativo

---

[335] https://administracion.gob.es/pag_Home/dam/jcr:322e5fc0-b706-4c99-8528-2f658f2de22e/Funciones-Oficinas_RegistroOAMR.pdf (acceso: 29 de diciembre de 2023)

al que se incorporen o de la Administración Pública a la que vayan dirigidos, salvo que reglamentariamente la Administración correspondiente establezca un plazo mayor (art. 53 RAFME).

La imagen codificada, fiel e íntegra del documento presentado tendrá la misma validez para su tramitación que el documento aportado. Además, las Administraciones Públicas están obligadas a expedir copias auténticas electrónicas de los documentos en soporte electrónico o en papel que presenten los interesados y que se vayan a incorporar a un expediente administrativo (art. 24.4 LPAC). Estas copias auténticas son realizadas únicamente por los funcionarios habilitados, que están incluidos en un registro interoperable e interconectado con los de las restantes Administraciones Públicas, a los efectos de comprobar la validez de la habilitación.

Por otro lado, el artículo 16.4 de la LPAC también contempla la posibilidad de que los ciudadanos y ciudadanas puedan presentar los documentos dirigidos a las Administraciones Públicas en las oficinas de Correos, como ha previsto tradicionalmente la normativa de procedimiento (art. 38 de la derogada LRJ-PAC). Esta es sin duda una interesante opción para las personas que puedan verse en situación de brecha digital. Si bien, debemos advertir de la función de Correos es más limitada que la que deben realizar las Oficinas de asistencia en materia de registros (que además de digitalizar documentación debe prestar asistencia y ayuda a los interesados) y se circunscribe a la mera digitalización de documentos para su envío a la Administración correspondiente. En efecto, los documentos son remitidos a la Administración de destino en formato electrónico, una vez han sido escaneados y debidamente cotejados por los profesionales de Correos con el fin de garantizar la validez de la digitalización. Además, existe otra diferencia adicional entre presentar un documento en las Oficinas de asistencia en materia de registros o en Correos, pues el interesado debe costear ese servicio postal, mientras que las Oficinas no cobran ninguna tasa por el registro de documentos en papel[336].

Para enviar un documento a través de Correos el interesado solo tiene que acudir a cualquier oficina de Correos con el original que desee registrar y remitir a una Administración Pública. Desde Correos se encargan de transmitir la documentación presentada, limitándose a dejar constancia de la entrada de los documentos en la aplicación de registro y remitiéndolos a la Unidad de la Administración competente, a través del servicio[337].

Todo ello se efectúa a través de ORVE (Oficina de Registro Virtual)[338] que es un servicio en la nube ofrecido a todas las oficinas del registro. Permite escanear la documentación que presenta el ciudadano en las oficinas, aplicando la digitalización en los puestos de ventanilla con plena validez jurídica, y enviando electrónicamente dicha documentación al destino a través del Sistema de Interconexión de Registros (SIR)[339], que es la infraestructura de las Administraciones Públicas que permite el intercambio de registros, independientemente de las aplicaciones de registro que se utilicen, siempre y cuando cuenten con la certificación SIR (como es el caso de ORVE).

(2) Asistencia en la identificación y firma electrónica (arts. 12 y 13 LPAC)

---

336 *Cfr.* RUIZ CENICEROS, M., «La cita previa y el derecho al plazo», op. cit., p. 264.

337 https://www.correos.es/es/es/particulares/para-el-ciudadano/tramites-con-la-administracion-publica/servicios-orve (acceso: 29 de noviembre de 2023).

338 Ha venido siendo usada por Correos desde 2013.

339 CAMARÓN PACHECO, C., «Artículos 37-40» en CAMPOS ACUÑA, C. (Dir.), *Comentarios al Reglamento de actuación y funcionamiento del sector público por medios electrónicos*, Wolters Kluwer, Madrid, 2021, p. 316.

El artículo 12 de la LPAC tiene su directo precedente en el artículo 22 de la LAE y desde un inicio se consideró como un elemento muy positivo para la garantía efectiva de la relación electrónica. En concreto, el precepto de la LPAC prevé un doble nivel de asistencia: primero, la «asistencia general en el uso de medios electrónicos» que debe entenderse como el apoyo e información por parte del funcionario, en particular, en lo referente a la identificación y firma electrónica, medios existentes para ello y forma de utilización. Y, segundo, la «asistencia específica», para aquellos casos en los que el interesado no disponga de los medios electrónicos necesarios, en los que su identificación o firma electrónica en el procedimiento administrativo podrá ser válidamente realizada por un funcionario público (funcionario habilitado), mediante el uso del sistema de firma electrónica del que esté dotado para ello. Para ello será necesario que el interesado se identifique ante el funcionario (bastará a tales efectos con la presentación del Documento Nacional de Identidad, art. 9. LPAC) y preste su consentimiento expreso para esta actuación, de lo que deberá quedar constancia para los casos de discrepancia o litigio.

En estos casos, como recuerda MARTÍN DELGADO[340], la habilitación se hace a favor de personas concretas, y no de oficinas públicas. Con ello se busca un mayor control de uso de esta posibilidad y el establecimiento de una relación directa entre funcionario y firma electrónica, con las consecuencias que de ello se derivan en términos de seguridad y autenticidad en la transacción electrónica. A través pues de esta habilitación del ciudadano, no se designa al funcionario como representante para la

---

340 MARTÍN DELGADO, I., «Identificación y autenticación de los ciudadanos» en GAMERO CASADO, E. y VALERO TORRIJOS, J., (Coords.), *La Ley de Administración Electrónica. Comentario sistemático a la Ley 11/2007, de 22 de junio, de Acceso Electrónico de los Ciudadanos a los Servicios Públicos,* 2ª Ed. Thomson Reuters Aranzadi, Cizur Menor, 2009, p. 386.

sustanciación de un concreto trámite, sino que simplemente se delega en él el empleo de un sistema de firma electrónica para que se identifique en su nombre y exprese su voluntad.

Cabe, por otro lado, plantearse lo siguiente: es claro que los principales destinatarios de esta posibilidad son los ciudadanos que carezcan de medios de identificación electrónicos, pero resulta lícito preguntarse igualmente si pueden beneficiarse de la misma aquellas personas que, aún en posesión de algún tipo de sistema de identificación, carecen del concreto sistema exigido para la realización del trámite en cuestión. La respuesta, atendiendo al tenor literal del artículo 12.2 párrafo 2º de la LPAC debe ser positiva, aunque con matices. En mi opinión[341], el precepto no sólo está pensando en ciudadanos que carecen de competencias digitales para el uso de las nuevas tecnologías con el fin de evitar la brecha digital, sino también en aquellos otros que, aun habituados al manejo de la mismas en sus relaciones con las Administraciones, carecen de un concreto instrumento exigido por la normativa para identificarse y expresar su voluntad. Sin embargo, y aquí el matiz, ello solo será posible siempre y cuando no se trate de los sujetos a los que la relación electrónica les viene impuesta por los artículos 14.2 o 14.3 de la LPAC, pues es este caso, el artículo 12.2 de la LPAC y el artículo 40.3.f) del RAFME no permiten la identificación o firma electrónica del interesado por el funcionario habilitado.

(3) Notificaciones (art. 41 LPAC)

Las oficinas de asistencia en materia de registros pueden practicar las notificaciones en origen electrónicas, por medios no electrónicos, cuando el interesado o su representante comparezcan de forma espontánea en la oficina y soliciten la co-

---

341 En términos similares, aunque respecto de la LAE, MARTÍN DELGADO, I., «Identificación y autenticación de los ciudadanos», op. cit., p. 387.

municación o notificación personal en ese momento. Como ya dijimos, se trata de una solución especialmente útil cuando el interesado obligado a recibir las notificaciones por medios electrónicos (o porque voluntariamente ha decidido ser notificado por vía electrónica) carece de dichos medios o de las competencias necesarias para su manejo, lo cual no deja de ser incómodo para el ciudadano o ciudadana que tendrá que desplazarse y una clara desventaja con respecto a aquellos ciudadanos que pueden ser notificados por medios tradicionales en sus propios domicilios.

(4) Ayuda en la iniciación (art. 66 LPAC)

Las oficinas de asistencia en materia de registros están obligadas a facilitar a los interesados el código de identificación del órgano, centro o unidad administrativa a la que se dirige, si el interesado lo desconoce. Además, las Administraciones Públicas deberán mantener y actualizar en la sede electrónica correspondiente un listado con los códigos de identificación vigentes. También las oficinas deben emitir el correspondiente recibo que acredite la fecha y hora de presentación de solicitudes, comunicaciones y escritos que presenten los interesados, si estos lo exigen. Asimismo, las Administraciones Públicas deben establecer modelos y sistemas de presentación masiva que permitan a los interesados presentar simultáneamente varias solicitudes. Estos modelos, de uso voluntario, están a disposición de los interesados también en las correspondientes sedes electrónicas.

(5) Apoderamiento (art. 6.5 LPAC)

Los interesados pueden otorgar apoderamiento *apud acta* mediante comparecencia personal en la oficina de asistencia en materia de registros. Alternativamente, si los interesados disponen de los medios de identificación electrónica necesarios, pueden también otorgar el apoderamiento mediante comparecencia electrónica en sede electrónica, a través de los sistemas de firma electrónica previstos en la LPAC.

3. Propuestas de refuerzo

Tal y como su denominación indica y como se recoge en el artículo 40 del RAFME y lo largo del articulado de la LPAC en general, las oficinas de asistencia en materia de registro son el medio directo para garantizar y posibilitar el ejercicio del derecho de los ciudadanos y ciudadanas a las relaciones electrónicas con las Administraciones Públicas, principalmente para el sector de la ciudadanía sin acceso a medios técnicos o con carencia de competencias digitales y de sistemas de identificación y firma. Es por ello que las oficinas deben remover obstáculos que impidan a la ciudadanía convertirse en víctimas de la brecha digital. No solo proporcionando la identificación y firma por un funcionario habilitado, sino asistiendo en el uso de los medios electrónicos que tenga a su alcance la ciudadanía que acuda a ellas, o incluso, facilitándole tanto los medios necesarios como la información suficiente[342].

La satisfacción de la ciudadanía en el uso de los servicios públicos digitales es un objetivo fundamental, que las Administraciones Públicas deben tener en su «hoja de ruta» para garantizar adecuadamente no sólo sus derechos sino también el cumplimiento de sus obligaciones con las Administración. Por ello, es prioritario disponer de servicios digitales fácilmente utilizables y accesibles, logrando una interacción entre Administraciones y personas interesadas que sea fácil, intuitiva, efectiva, eficiente y no discriminatoria[343], y teniendo todo esto, en caso de que la ciudadanía se dirija a las Administraciones en busca de asistencia o acompañamiento, disponer de unas oficinas en materia de registro que sean servicios de Atención Ciudadana Integrales proactivos, accesibles, amables e innovadores[344].

---

342 *Cfr.* CAMARÓN PACHECO, C., «Artículos 37-40», op. cit., p. 341.

343 *Vid., infra,* apartado III.

344 CAMARÓN PACHECO, C., «Artículos 37-40», op. cit. 341.

Por ello, coincidimos con ASENSIO JIMÉNEZ[345] en que «es necesaria una reconfiguración de las Oficinas de asistencia en materia de registros, pues actualmente están pensadas para satisfacer, en realidad, las necesidades de las Administraciones Públicas y no tanto de los ciudadanos». En efecto, la obligación que establece la LPAC para las Administraciones de realizar toda la tramitación del procedimiento por medios electrónicos ha configurado en la mayoría de los casos unas oficinas cuya finalidad principal es endógena (transformar el papel en soporte electrónico), prescindiendo del carácter que deben tener tales oficinas de ser instrumentos o cauces de asistencia efectiva a todas aquellas personas que no dispongan de medios o recursos para relacionarse electrónicamente con las entidades públicas y lo deseen hacer, pues tristemente cuando la relación electrónica no sea una voluntad, sino una obligación, ya hemos comprobado que las oficinas no están obligadas a prestar, lamentablemente, esta asistencia.

De este modo, teniendo en cuenta la decepción que ha supuesto el RAFME debido al escaso desarrollo de las funciones de las Oficinas de asistencia en materia de registros (pues el artículo 40.3, que regula sus funciones, es una mera reiteración de las tareas que las oficinas tienen atribuidas en la LPAC) esto obliga a que este servicio sea reorientado hacia su humanización, la asistencia directa y, en particular, el apoyo a las personas mayores o con dificultades para mantener las relaciones electrónicas teniendo en cuenta sus características, necesidades y especificidades concretas[346]. En particular, las medidas que proponemos se concretarían en:

---

345 JIMÉNEZ ASENSIO, R., «Administración digital y servicios a la ciudadanía: estado de la cuestión tras algunas (malas) lecciones de la pandemia», op. cit., p. 10.

346 *Cfr.* MANZANERA-ROMÁN, S. y HAZ GÓMEZ F.E., *Administración electrónica y personas mayores. Mejoras en el acceso y uso de la Administración por parte de las personas mayores*, COTEC, Universidad de Murcia, 2021, p. 10.

A) «La necesaria descentralización de las Oficinas», que puede producirse en un triple sentido, primero, de tipo fijo, mediante la multiplicación de los puntos de atención y asistencia; segundo, de tipo móvil e itinerante y, en particular, en los municipios rurales con escasos medios de conexión a internet y recursos digitales, y tercero de tipo domiciliario, de manera que se lleve la asistencia a los hogares de las personas mayores o con discapacidad[347].

De este modo, en primer lugar, las Oficinas y los servicios que prestan deben concentrarse en aquellas zonas con densidades de población de personas mayores especialmente altas, o en aquellas zonas rurales o aisladas en las que la conectividad o los recursos informáticos sean reducidas, pues la administración digital debe adaptarse al hecho diferencial que rodea a las zonas despobladas y, especialmente, al medio rural. Los residentes de estas zonas demográficamente más desfavorecidas requieren una especial atención, asumiendo la realidad y el problema que sufren de despoblación junto al elenco de efectos perniciosos que ello acarrea, lo que requiere de unas labores de información y asistencia más intensas[348].

En segundo lugar, alternativamente, la descentralización física móvil de las Oficinas permitiría aproximar los equipamientos y dispositivos informáticos junto con el personal público necesario (incluidos funcionarios habilitados) a los colectivos vulnerables o que residen en zonas rurales o despobladas que, de otra forma, no podrían o les resultaría muy difícil acceder y utilizar las nuevas

---

347 MANZANERA-ROMÁN, S. y HAZ GÓMEZ F.E., *Administración electrónica y personas mayores. Mejoras en el acceso y uso de la Administración por parte de las personas mayores,* op. cit., p. 10.

348 GÓMEZ REQUENA, J.A., *El sistema tributario ante el reto de la despoblación,* op. cit., p. 125.

tecnologías para la realización de los trámites administrativos electrónicos. De este modo, las oficinas móviles deberían desplazarse a estas zonas con la suficiente frecuencia para que los colectivos en situación de brecha digital puedan realizar los trámites que precisen, no bastando con meras campañas esporádicas o puntuales.

Y, en tercer lugar, la descentralización domiciliaria consistiría en un paso más en la prestación de apoyo y ayuda a las personas vulnerables, de forma que los ciudadanos y ciudadanas que, por sus circunstancias de movilidad reducida, u otro tipo de impedimento o dependencia no puedan desplazarse físicamente a las Oficinas a realizar los trámites administrativos, reciban la asistencia en sus propios domicilios[349].

B) Las Oficinas de asistencia en materia de registros deben ofrecer, a través su personal, «formación y capacitación gratuitas» orientadas a que las personas con falta de competencias digitales puedan hacer uso de los servicios públicos electrónicos, de forma que aprendan a tramitar y consultar toda la información relativa a los procedimientos administrativos que puedan afectar a sus derechos o intereses legítimos y puedan solicitar también las prestaciones sociales que requieran. Esta acción favorece que las Oficinas no sean pasivas, es decir, no se limiten a la digitalización de solicitudes y a la identificación y firma en nombre de los interesados, sino que sean activas y proactivas, favoreciendo la capacitación y el aprendizaje de las personas mayores u otros sujetos vulnerables a la brecha digital, y la sensibilización de estos colectivos en las uti-

349 En términos similares, MANZANERA-ROMÁN, S. y HAZ GÓMEZ F.E., *Administración electrónica y personas mayores. Mejoras en el acceso y uso de la Administración por parte de las personas mayores,* op. cit., p. 30.

lidades de las TIC[350]. En este sentido, PAVÓN y CASTELLANOS[351] ponen de manifiesto que los beneficios de las TIC como instrumento de apoyo a las personas, en particular los mayores, pueden reconducirse a los siguientes ámbitos: 1) propician el acceso a la Sociedad de la Información y el Conocimiento; 2) favorecen la concentración y la atención; 3) desarrollan un aprendizaje ininterrumpido; 4) mejoran la comunicación; 5) facilitan la participación social; y 6) estimulan la memoria y la creatividad.

De esta manera, las personas que padecen brecha digital no solo pueden realizar sus trámites administrativos electrónicamente, sino que también son conscientes y aprenden cómo realizarlos de manera autónoma para futuras ocasiones. En particular, la alfabetización digital de las personas mayores es fundamental para favorecer su inclusión digital, pues los mayores son muy críticos con la Administración y consideran que esta no aporta los recursos necesarios para llevar a cabo procesos de enseñanza que les incluyan como ciudadanos en igualdad con otros colectivos[352].

En esta línea de apoyo y asistencia MANZANERA-ROMÁN y HAZ GÓMEZ[353] recomiendan la creación de la

---

350 *Cfr.* MANZANERA-ROMÁN, S. y HAZ GÓMEZ F.E., *Administración electrónica y personas mayores. Mejoras en el acceso y uso de la Administración por parte de las personas mayores,* op. cit., p. 31.

351 PAVÓN, F. y CASTELLANOS, A., «El aprendizaje de los mayores y las nuevas tecnologías», en ALCALÁ, M. E. y VALENZUELA, E. (Eds.), *El aprendizaje de las personas mayores ante los retos del nuevo milenio,* Dykinson, Madrid, 2000, p. 198.

352 SÁNCHEZ VALLE, M., y LLORENTE-BARROSO, C., «Desafíos de la administración electrónica para la inclusión de las personas mayores en la sociedad digital», op. cit., p. 237.

353 MANZANERA-ROMÁN, S. y HAZ GÓMEZ F.E., *Administración electrónica y personas mayores. Mejoras en el acceso y uso de la Administración por parte de las personas mayores,* op. cit., p. 30.

figura del tutor/a de gestión o tramitación administrativa. Dicho tutor/a debe haber superado el itinerario formativo de competencias digitales del Marco Europeo de Competencias Digitales para los Ciudadanos (DigComp 2.1)[354], definido en la línea de acción «Capacitación en competencias digitales de las personas mayores» y, asimismo, disponer del certificado correspondiente que lo habilite para poder ofrecer tanto capacitación como apoyo y asistencia. No obstante, este tutor/a no puede tener capacidad de identificación y firma, tarea que se reserva al funcionario habilitado.

C) «Facilitar los medios e infraestructuras necesarias para la realización de los trámites administrativos por parte de las personas vulnerables o sin recursos» que, en este caso, sí posean las competencias digitales necesarias y útiles para ello. Con tal fin, se debe habilitar una mesa o puesto de «autotramitación» para que pueda ser utilizada por las personas usuarias que no dispongan de los equipos o dispositivos informáticos necesarios para la realización de los trámites administrativos electrónicos en sus propios hogares. Ello requiere además que, previamente, se hayan descentralizado las Oficinas, en particular en lo que respecta a las zonas rurales y pequeños municipios con escasa cobertura y medios. Además, también debe ofrecerse apoyo por parte del personal de la Oficina en caso de que tengan alguna dificultad o contratiempo durante la realización de los trámites.

Soy consciente de que las medidas que planteamos supondrán un importante gasto público pero, también implica un elevado coste el desarrollo de las medidas tecnológicas que

---

354 Disponible aquí para su consulta: http://www.ikanos.eus/wp-content/uploads/2018/03/DigComp-ikanos.pdf# (acceso: 20 de diciembre de 2023).

está impulsando el Gobierno (*APP Market*, chats con *bots*, etc.), así como la elaboración de multitud de planes, documentos y guías, en los que se señalan compromisos para reducir la brecha digital sin medidas efectivas que realmente sirvan para lograrlo. Por tanto, hay que plantearse en qué invertir los recursos económicos, y aquí debe recordarse la función de servicio civil que tienen atribuidas las Administraciones Públicas, que requiere atención, cuidado, comprensión y empatía con las personas y, en particular, con las que son incapaces de ejercer sus derechos porque sufren brecha digital, y a las que hay que aportarles soluciones reales y garantías para que puedan relacionarse con las Administración. Consecuentemente, la Administraciones deben destinar sus recursos a ser accesibles y cercanas al ciudadano, es su principal función, de la que depende el éxito de la prestación de los servicios que ofrecen. Además, las medidas propuestas tienen también por finalidad mejorar la transición digital de la ciudadanía, particularmente en lo que a la formación se refiere, pues habrá usuarios y usuarias que aprenderán a realizar, al menos, los trámites esenciales en las Oficinas para, posteriormente, y si cuentan con los medios e infraestructuras necesarias, puedan realizarlos de forma autónoma en sus domicilios. Por ello, la asistencia digital debe completarse con otras medidas, como[355]:

- Difundir información pública de interés general a través de canales de comunicación no digitales.
- Realizar actuaciones de asistencia presencial en el cumplimiento de obligaciones ciudadanas, tales como la asistencia de confección y presentación de solicitudes, declaraciones y autoliquidaciones tributarias, solicitud de licencias, pago de sanciones, etc.

---

[355] *Cfr.* GÓMEZ REQUENA, J.A., *El sistema tributario ante el reto de la despoblación,* op. cit., p. 126.

- La contestación de solicitudes de información formuladas por escrito y en papel.

Finalmente, también los municipios y las Diputaciones Provinciales deberían garantizar la reserva de un espacio con, al menos, un empleado/a público que asista al ciudadano/a para proceder a solicitar información u obtener asistencia en la tramitación de procedimientos electrónicos, particularmente en aquellas localidades en las que no existan oficinas de asistencia en materia de registros. En este sentido, afirma GÓMEZ REQUENA[356] que es viable presupuestariamente que se habilite este espacio físico en alguna oficina municipal como, por ejemplo, los consistorios municipales, que actúe como punto de contacto entre el ciudadano y otras Administraciones Públicas, dotado de un equipo de videoconferencia y de los pertinentes dispositivos informáticos que permitan conectar al ciudadano de una zona despoblada o del medio rural con los empleados públicos de la Administración de destino, que le presten el correspondiente servicio o asistencia en tiempo real. Además, es importante que un empleado público esté al mando de la gestión del equipo informático y de videoconferencia para ayudar al ciudadano o ciudadana a conectarse y relacionarse digitalmente con la Administración en cuestión.

---

356 GÓMEZ REQUENA, J.A., *El sistema tributario ante el reto de la despoblación,* op. cit., p. 128.

III. LA NECESARIA MEJORA DE LA CALIDAD Y LAS GARANTÍAS DE LAS SEDES Y REGISTROS ELECTRÓNICOS

1. La calidad de las sedes y registros electrónicos

Como apunta VALERO TORRIJOS[357], la sede electrónica no es más que una prolongación virtual de las Administraciones Públicas, de las oficinas administrativas tradicionales. La principales diferencias recaen, de un lado, en la automatización de la actuación que se lleva a cabo a través de las sedes electrónicas, puesto que la atención al ciudadano no se realiza (al menos de forma directa) por el personal de la Administración Pública, sino por sistemas de información, aplicaciones, servidores y otros equipos informáticos; y de otro lado, en que ofrecen la posibilidad de acceder a la información y los servicios administrativos más allá de las limitaciones cronológicas propias de las oficinas tradicionales. Por tanto, la sede electrónica opera como un lugar, un «dónde» virtual, en el que se materializa la interrelación de los ciudadanos y de la Administración, así como los actos comunicativos de publicidad general de esta última[358].

La sede electrónica se define legalmente en el artículo 38.1 de la LRJSP como «aquella dirección electrónica, disponible para los ciudadanos a través de redes de telecomunicaciones, cuya titularidad corresponde a una Administración Pública, o

---

357 VALERO TORRIJOS, J., «Acceso a los servicios y a la información por medios electrónicos» en GAMERO CASADO, E. y VALERO TORRIJOS, J., (Coords.), *La Ley de Administración Electrónica. Comentario sistemático a la Ley 11/2007, de 22 de junio, de Acceso Electrónico de los Ciudadanos a los Servicios Públicos*, 2ª Ed. Thomson Reuters Aranzadi, Cizur Menor, 2009, p. 254.

358 ALAMILLO DOMINGO, I., «El régimen jurídico de la Administración digital: aspectos tecnológicos, plataformas y servicios de intermediación», op. cit., p. 270.

bien a una o varios organismos públicos o entidades de Derecho Público en el ejercicio de sus competencias». Por su parte, el artículo 9 del RAFME recoge una definición mucho más descriptiva porque incorpora lo que es más sustantivo y diferencial de la sede como dirección electrónica pública frente al portal de internet[359] o al PAGe. Indica que, mediante dicha sede electrónica, «se realizarán todas las actuaciones y trámites referidos a procedimientos o a servicios que requieran la identificación de la Administración Pública y, en su caso, la identificación o firma electrónica de las personas interesadas». Por tanto, existirá una única sede electrónica propiamente dicha en cada una de las Administraciones Públicas, aunque se permite que también dispongan de sede electrónica independiente los organismos públicos y entidades públicas dependientes de aquéllas. Y todas ellas deberán estar disponibles desde el PAGe único de cada Administración Pública[360].

En cuanto a los registros electrónicos, el artículo 37 del RAFME establece que Administraciones Públicas dispondrán de registros electrónicos para la recepción y remisión de solicitudes, escritos y comunicaciones, que deberán ser plenamente interoperables de manera que se garantice su compatibilidad informática e interconexión. Asimismo, cada Administración dispondrá de un Registro Electrónico General en el que hará el asiento de todo documento que sea presentado o que se reciba en cualquier órgano administrativo, organismo público o entidad de derecho público vinculado o dependiente[361].

---

[359] Se entiende por portal de internet el punto de acceso electrónico cuya titularidad corresponda a una Administración Pública, organismo público o entidad de Derecho Público que permite el acceso a través de internet a la información publicada y, en su caso, a la sede electrónica correspondiente (art. 39 LRJSP).

[360] DE JUAN CASERO, L. J., «Artículos 5-12», op. cit. p. 165.

[361] Los organismos públicos y entidades de derecho público vinculados o dependientes de cada Administración podrán disponer de su pro-

Pues bien, además del refuerzo de las Oficinas en materia de registros, al que nos hemos referido en el apartado anterior, otras actuaciones que han de llevar a cabo las Administraciones Públicas para reducir la brecha digital de los ciudadanos y ciudadanas que se relacionan con ellas, es la mejora sustancial de sus sedes y registros electrónicos. En efecto, de nada servirá intentar, e incluso como sucede, forzar que la población adquiera competencias digitales si, por el contrario, no se mejora el diseño y accesibilidad de los registros y sedes electrónicas. De hecho, muchas de ellas dan la impresión de que se desarrollaron en una era digital ya superada, con diseños arcaicos que recuerdan a épocas pasadas en las que utilizábamos en nuestros ordenadores personales el sistema operativo «Windows 95». Basta señalar como ejemplos, las sedes electrónicas de muchos ayuntamientos, o la sede electrónica de la Generalitat Valenciana[362], que apenas se ha actualizado desde que se puso en funcionamiento, y que acumula numerosas caídas del servicio o campos innecesarios que impiden avanzar en la solicitud. También el registro electrónico de la Red SARA, ahora reconvertido en el nuevo Registro Electrónico General y que, pese a sus bondades y mejoras en el diseño (el anterior era mucho más arcaico), sigue arrojando errores cuando, por ejemplo, se adjuntan archivos cuyos nombres contienen tildes (sin especificar además que éste es el error que impide presentar el registro).

Así, las sedes y registros son complicados porque no están adaptados a las necesidades de diseño y usabilidad que requieren los colectivos vulnerables, como las personas mayores. Esto condiciona que no puedan encontrar la información que están buscando o el lugar al que tienen que dirigirse dentro de la

---

pio registro electrónico plenamente interoperable e interconectado con el Registro Electrónico General de la Administración a la que estén vinculados o de la que dependan.

[362] https://www.gva.es/ES/inicio/procedimientos?id_proc=22648

sede para realizar el trámite[363]. En particular, existe una desconfianza por parte del público senior motivada por la complejidad al realizar los trámites y por el miedo que les provoca la tecnología, y la dificultad para realizar algunos trámites electrónicos radica en la falta de competencia de la Administración para proporcionar procesos sencillos[364].

Todo ello está directamente relacionado con el «principio de calidad». Como advierte CERRILLO I MARTÍNEZ[365] la LRJSP, a diferencia de la LAE (art. 6.2), no ha previsto explícitamente la calidad como principio que debe guiar, con carácter general, la actuación de las Administraciones Públicas en el uso de los medios electrónicos, pero aun así, de su articulado se desprende la preocupación del legislador por esta cuestión, por ejemplo, en relación con las sedes electrónicas (art. 38.3 de la LRJSP), como uno de los requisitos para la puesta en marcha de la sede, pero que también debe mantenerse durante todo su funcionamiento, y actualizarse debidamente para mejorar su accesibilidad. El principio de calidad persigue pues que las Administraciones Públicas al diseñar e implementar sus proyectos de administración electrónica garanticen que se

---

363 *Cfr.* SÁNCHEZ VALLE, M., y LLORENTE-BARROSO, C., «Desafíos de la administración electrónica para la inclusión de las personas mayores en la sociedad digital», *Revista Española de la Transparencia,* núm. 16, 2023, p. 230.

364 SÁNCHEZ VALLE, M., y LLORENTE-BARROSO, C., «Desafíos de la administración electrónica para la inclusión de las personas mayores en la sociedad digital», op. cit., p. 237.

365 CERRILLO I MARTÍNEZ, A., «Los fundamentos jurídicos de la Administración Electrónica», Universitat Oberta de Catalunya, p. 10. Disponible en: https://openaccess.uoc.edu/bitstream/10609/138886/17/Régimen%20jur%C3%ADdico%20de%20la%20administración%20electrónica%20I_Módulo%203_Los%20fundamentos%20jur%C3%ADdicos%20de%20la%20Administración%20electrónica.pdf (acceso 10 de junio de 2023).

conseguirán las finalidades previstas y que se podrá dar cumplimiento a los derechos de la ciudadanía. Y encontramos diferentes instrumentos mediante los cuales se puede concretar este principio en la prestación de los servicios públicos electrónicos, como las cartas de servicios o los avisos legales. Las cartas de servicios, como señalaremos más adelante[366], además de informar sobre los servicios que se prestan a través de medios electrónicos, también sirven para concretar los estándares y compromisos de calidad con los que se prestan.

Por otra parte, el principio de calidad está también recogido en otra normativa sectorial, como en el reciente Real Decreto-ley 6/2023, de 19 de diciembre, al disponer que las Administraciones Públicas con competencias en medios materiales y personales de la Administración de Justicia han de prestar de manera equivalente y de calidad en todo el territorio del Estado, servicios que se manifiestan indispensables para el funcionamiento correcto de la Justicia, adecuado al marco jurídico material y procesal del Estado, refiriéndose además, en su artículo 5.c), a la calidad de los servicios públicos prestados por medios electrónicos.

Asimismo, deben tenerse en cuenta también los principios contenidos en el artículo 2 del RAFME y, en concreto:

(1) El principio de adaptabilidad al progreso de las tecnologías y sistemas de comunicaciones electrónicas, utilizando estándares que sean de uso generalizado y compatibles con los productos electrónicos de uso general. La incorporación de este principio en el reglamento es importante ya que la neutralidad tecnológica solo aparece citada sin más en el artículo 40.3 de la LRJSP. La base para asegurar que este principio se cumpla es la utilización de estánda-

---

366 *Vid.* apartado IV.2 de este Capítulo.

res abiertos por parte del sector público[367], de forma que la ciudadanía pueda acceder a los servicios públicos digitales con equipos informáticos y programas generalizados en el mercado (PC, Mac, Ios, Android, Linux, Adobe Reader, Winrar, Microsoft Word, etc.) y que la norma por defecto no sea la utilización de los sistemas y aplicaciones determinados por la Administración[368].

(2) El principio de accesibilidad[369], entendido como el conjunto de principios y técnicas que se deben respetar al diseñar, construir, mantener y actualizar los servicios electrónicos para garantizar la igualdad y la no discriminación en el acceso de las personas usuarias, en particular de las personas con discapacidad y de las personas mayores. El principio está en la línea con lo que señala el

---

367 MARTÍNEZ GUTIÉRREZ, R., «Elementos para la configuración de la administración digital», *Revista de Derecho Administrativo,* núm. 20, 2021, p. 220.

368 *Cfr.* BOIX PALOP, A., «Reforma jurídico-administrativa, procedimiento electrónico y Administración local: análisis de la incidencia de las recientes transformaciones en las bases del procedimiento administrativo español sobre el régimen local», op. cit., pp. 345-346.

369 Una página o Sitio Web es accesible cuando está diseñado y construido para que sus contenidos y servicios estén disponibles para cualquier persona, con independencia de sus capacidades visuales, auditivas, cognitivas o motrices e independientemente de la tecnología que utilizan. En este ámbito debemos citar el Real Decreto 1112/2018, de 7 de septiembre, con el que se incorpora al ordenamiento jurídico español la Directiva (UE) 2016/2102, del Parlamento Europeo y del Consejo, de 26 de octubre de 2016, sobre la accesibilidad de los sitios web y aplicaciones para dispositivos móviles de los organismos del sector público, que incluye a la Administración General del Estado, administraciones autonómicas y locales, las entidades públicas y privadas dependientes de ellas, las universidades públicas y la Administración de Justicia entre otras. CAMPOS ACUÑA, C. (Dir.), *Comentarios al Reglamento de actuación y funcionamiento del sector público por medios electrónicos,* op. cit., pp. 130-131.

«Plan de acción sobre la Administración electrónica de la UE 2016- 2020. Acelerar la transformación digital de la administración»[370] en relación con la integración de los sectores de población de mayor edad en el ámbito de la administración digital, y supone que las Administraciones Públicas diseñen los servicios públicos digitales de tal modo que sean incluyentes por defecto y tomen en consideración las necesidades diferentes, como las de las personas mayores y las personas con discapacidad.

(3) El principio de facilidad de uso, que determina que el diseño de los servicios electrónicos esté centrado en las personas usuarias, de forma que se minimice el grado de conocimiento necesario para el uso del servicio. Sin embargo, el principio de facilidad de uso o usabilidad no parece encontrarse habitualmente entre las prioridades del sector público, pues supone garantizar la existencia de servicios digitales fácilmente usables, intentando que la relación del interesado con la Administración sea sencilla, intuitiva y efectiva cuando use el canal electrónico[371]. La usabilidad de los servicios públicos digitales está directamente relacionada con la facilidad con la que la ciudadanía puede comprobarlo, sin embargo, la tramitación electrónica en múltiples ocasiones reproduce modelos burocráticos con lenguaje administrativo complejo y sin llevar a cabo procesos previos de simplificación, y en el contexto actual es necesario pasar a la investigación de los usuarios, es decir, el análisis de qué demandan, cuáles son sus necesidades y de qué manera se pueden satisfacer.

---

370 Comunicación de la Comisión al Parlamento Europeo, al Consejo, al Comité Económico y Social Europeo y al Comité Económico de las regiones. Bruselas, 19.4.2016, COM(2016) 179 final.

371 CAMPOS ACUÑA, C. (Dir.), *Comentarios al Reglamento de actuación y funcionamiento del sector público por medios electrónicos,* op. cit., p. 132.

Por tanto, y aunque la seguridad es clave, el objetivo deber ser el uso, de forma que el equilibrio entre la seguridad y la usabilidad debe ser una preocupación permanente de las Administraciones Públicas, que atienda a la percepción del riesgo real que cada servicio público electrónico presenta. Así, los procedimientos no pueden estar diseñados pensando que el usuario es un *hacker* o un defraudador (lo que complica enormemente los controles y usabilidad de las soluciones), pero sí deben tenerse planificadas las acciones y recursos procedimentales cuando se producen intentos de violaciones al sistema o problemas técnicos que impiden su uso. No es un equilibrio fácil, pero sí esencial si lo que busca la Administración es ampliar el número de personas que puedan utilizar los servicios electrónicos[372].

(4) El principio de personalización y proactividad, entendido como la capacidad de las Administraciones Públicas para que, partiendo del conocimiento adquirido del usuario final del servicio, proporcione servicios «precumplimentados» y se anticipe a las posibles necesidades de los mismos. La personalización es el proceso de adaptación de un bien o un servicio a una persona, de forma que la personalización de los servicios digitales persigue situar a las personas en el centro de la actuación administrativa. Ello supone que al diseñar los servicios públicos no solo se tenga en cuenta el coste, la eficiencia o la calidad del servicio para también contemplar cómo mejorar la satisfacción de las necesidades de las personas interesadas o

372 DE PABLO MARTÍN, F., «La normativa sobre Administración Electrónica como herramienta para la mejora de las Administraciones Públicas», op. cit., p. 72.

la experiencia de las personas usuarias del servicio[373]. Por tanto, la personalización es el proceso por el que los servicios digitales se adaptan a las características, necesidades, circunstancias, preferencias o intereses de cada persona a partir del análisis de la información o los datos que sobre ella dispongan las Administraciones Públicas[374].

Este principio es una de las principales novedades del RAFME[375], que viene de la mano de la generalización del funcionamiento electrónico y de los avances de las tecnologías más disruptivas, como la inteligencia artificial. Un ejemplo de aplicación práctica de este principio es señalado por MARTÍNEZ GUTIÉRREZ[376], que afirma que «sería posible

---

373 CERRILLO I MARTÍNEZ, A., «La personalización de los servicios digitales» en CERRILLO I MARTÍNEZ, A. (Dir.), *La Administración Digital*, Dykinson, Madrid, 2022, p. 312.

374 CERRILLO I MARTÍNEZ, A., «La personalización de los servicios digitales», op. cit., p. 314.

375 Que ya se ha incorporado a otras normativas, como el artículo 4.f) del Real Decreto-ley 6/2023, de 19 de diciembre, por el que se aprueban medidas urgentes para la ejecución del Plan de Recuperación, Transformación y Resiliencia en materia de servicio público de justicia, función pública, régimen local y mecenazgo, que reconoce a la ciudadanía el derecho a un «servicio personalizado» de acceso a procedimientos, informaciones y servicios accesibles de la Administración de Justicia y se establecen una serie de servicios cuya prestación deben garantizar las administraciones públicas con competencias en medios materiales y personales de la Administración de Justicia por medios digitales, en todo el territorio del Estado.

376 MARTÍNEZ GUTIÉRREZ, R., «Datos Abiertos, IA y subvenciones: proactividad y control», comunicación defendida en el XVII Congreso de la Asociación Española de Profesores de Derecho Administrativo «20 años de la Ley General de Subvenciones», celebrado en la Universidad Pablo Olavide de Sevilla en enero de 2023, p. 7. Disponible en: https://www.aepda.es/AEPDAEntrada-3662-XVII-Congreso-AEPDA-20-anos-de-la-Ley-General-de-Subvenciones.aspx (acceso: 20 de diciembre de 2023).

anticiparse a las necesidades de los potenciales solicitantes de subvenciones (por ejemplo, por tratarse de solicitantes recurrentes ante un mismo tipo de subvención) y ofrecerles servicios "precumplimentados" de la documentación, además de las lógicas alertas personalizadas». Pueden además encontrarse otras experiencias con un recorrido acreditado como la declaración del IRPF, donde la Agencia Tributaria recopila datos en su relación con otras administraciones y se los ofrece al contribuyente[377].

En consecuencia, debe procurarse una verdadera posibilidad de personalización de los servicios públicos digitales, de modo que, por ejemplo, un único acceso a una sede electrónica denominada principal, central o matriz permita acceder de forma directa a todos los expedientes administrativos en tramitación a través de una interconexión del sistema central al resto de sistemas periféricos (Comunidades Autónomas, Entes Locales) gracias a la interoperabilidad. Si bien se han hecho muchos avances en la Administración General del Estado, es necesario incrementar este servicio incluyendo aquellos procedimientos y trámites administrativos en los ámbitos autonómico y local, aspecto en el que aún resta camino

---

377 CAMPOS ACUÑA, C. (Dir.), *Comentarios al Reglamento de actuación y funcionamiento del sector público por medios electrónicos*, op.cit., p. 136. Este escenario de utilización de la información a disposición de la Administración para una gestión proactiva y personalizada ha presentado tradicionalmente diversos obstáculos, por una parte, por el gran número de destinatarios y usuarios de servicios; por la posible vulneración de la privacidad a través de la utilización de datos personales; y, la escasez de recursos de todo tipo, tanto materiales, como tecnológicos y humanos para afrontar este reto.

por recorrer para conseguir una verdadera tramitación electrónica integral de procedimientos[378].

La personalización de los servicios electrónicos es pues clave para mejorar la percepción de la calidad de los servicios públicos. Los portales y sedes electrónicas se están volviendo cada vez más complejos, ya que dan acceso a mucha información y servicios. Aunque no es fácil clasificarlos de forma que sean útiles para todos, en la actualidad las Administraciones disponen de suficiente información para conocer en cada época del año cuáles son los servicios que utiliza habitualmente un ciudadano o ciudadana o una empresa concreta. La presentación no puede ser estándar, es necesario segmentar a los usuarios con mayor precisión para colectivos con necesidades uniformes (por ejemplo, las personas mayores, con discapacidad, etc.), pero también identificar las necesidades específicas de cada ciudadano o empresa concreta (servicios, procedimientos, dispositivos, etc.). No es nada nuevo, es lo que está haciendo desde hace años en el sector privado (la banca, por ejemplo)[379].

Sin embargo, la personalización de los servicios digitales no está exenta de problemas que, eventualmente, pueden llegan a entrañar la vulneración de los derechos de las personas interesadas. Puede, por ejemplo, impedir que los

---

378 BERNING PRIETO, A. D., «La Administración electrónica y los servicios públicos digitales al albor de los progresos de la Unión Europea y el "Horizonte Europa 2020". Su relación con las Leyes 39/2015, de Procedimiento Administración Común de las Administraciones Públicas y 40/2015, de Régimen Jurídico del Sector Público», op. cit., p. 42.

379 DE PABLO MARTÍN, F., «La normativa sobre Administración Electrónica como herramienta para la mejora de las Administraciones Públicas», op. cit., pp. 72-73.

servicios digitales lleguen a cualquier persona, es decir, que sean universales. También puede comportar que los servicios sean disfrutados únicamente por aquellas personas que tengan un mayor acceso a los medios electrónicos o por aquellas otras respecto de las que las Administraciones Públicas tengan un mayor volumen de datos[380]. Además, la personalización solo debe realizarse cuando el servicio prestado no tenga una complejidad que dificulte o impida que la persona usuaria comprenda el servicio que se le presta o pueda decidir cómo quiere recibir el servicio. A medida que la complejidad crezca, disminuirán las posibilidades de prestarlo de manera personalizada o proactiva[381].

2. Garantías en el uso de las sedes y registros electrónicos

Por otro lado, además de la sede electrónica, en la comunicación o relación digital intervienen diversos instrumentos, sistemas y aplicaciones, que dependen además del correcto funcionamiento de internet, que puede provocar problemas de errores, desconexiones, etc. En efecto, cuando una persona interesada pretende instar el inicio de un procedimiento administrativo electrónico a través de Internet, tiene que proceder de la siguiente manera[382]: 1) Disponer de un equipo informático con conexión a internet. 2) Conectarse al portal web de la Administración u organismo en el que pretenda realizar el

---

[380] CERRILLO I MARTÍNEZ, A., «La personalización de los servicios digitales», op. cit., p. 320.

[381] CERRILLO I MARTÍNEZ, A., «La personalización de los servicios digitales», op. cit., p. 326.

[382] En base a lo que señala MARTÍNEZ GUITÉRREZ, R., «El régimen jurídico de la Administración digital: aspectos procedimentales», en MARTÍN DELGADO, I., *El procedimiento administrativo y el régimen jurídico de la Administración Pública desde la perspectiva de la innovación tecnológica,* Iustel, Madrid, 2020, p. 175.

trámite. 3) Buscar en el catálogo de procedimientos aquél que pretenda iniciar, acceder al mismo y desplegar el modelo normalizado de solicitud de inicio de procedimiento (siempre que sea capaz de encontrarlo). 4) Cumplimentar el modelo normalizado. 5) Firmarlo electrónicamente (para lo que deberá disponer de un certificado digital de firma instalado, utilizar su DNI electrónico con adaptador para leer tarjetas o estar dado de alta en el sistema Cl@ve) y enviar o registrar la solicitud. 6) La aplicación de registro electrónico le devolverá un recibo de presentación de forma automatizada.

Así, GAMERO CASADO[383] afirma que la tramitación electrónica viene a ser una particular *gymkhana*, en la que si no se culmina con éxito se pierden todos los derechos. Por ello, COTINO HUESO[384] sostiene que para una persona física no obligada a usar medios electrónicos puede ser incómodo o inoportuno

---

383 GAMERO CASADO, E. (2016), op. cit. apartado II. Lo detalla con acierto: "a menudo, las presentaciones electrónicas se articulan mediante plataformas específicas, en las que hay que cumplimentar una serie de formularios en línea, rodeados de exigencias y restricciones. Se piden como obligatorios datos o documentos que no vienen impuestos en la normativa de aplicación (teléfonos, direcciones de correo-e, certificados...), y además se limitan los formatos de los ficheros y su tamaño, complicando hasta el infinito la cumplimentación de los requisitos y llevando a los usuarios a niveles exasperantes de frustración. Una vez superada esta carrera de obstáculos, en la fase estricta de presentación, es tremendamente frecuente tropezarse con graves problemas de interoperabilidad, de suerte que no puede completarse el trámite porque se actualizó la versión de Java, porque no se ha descargado el applet de firma electrónica, o porque la versión del navegador es incompatible. Si el sufrido ciudadano no supera en plazo esta peculiar gymkhana, y no logra finalmente completar el trámite de presentación, perderá todos sus derechos."

384 COTINO HUESO, L., «El derecho y el deber de relacionarse por medios electrónicos (art. 14. LPAC). Asistencia en el uso de medios electrónicos a los interesados (art. 12)», op cit., pp. 522-523.

no poder utilizar la e-Administración por las dificultades que entraña, pero siempre le quedará la «ventanilla». Sin embargo, para un obligado a utilizar los medios electrónicos que no logre relacionarse las consecuencias pueden ser desastrosas: pérdida de la posibilidad de hacer una solicitud o iniciar un procedimiento, de cumplir un plazo o trámite, de presentar un recurso o alegación, etc. En consecuencia, sostenemos, como ya advertimos, que es especialmente importante el reconocimiento del derecho de asistencia previsto en los artículos 13.b) y 12.2 de la LPAC, también a los obligados a la relación electrónica.

El derecho a la relación electrónica implica la seguridad jurídica y la confianza legítima del ciudadano en ser capaz de llevar a cabo dicha relación de forma completa, lo que requiere una configuración razonable del servicio y, sobre todo, de asistencia a la ciudadanía ante problemas de diseño o tecnológicos que dificultan o hacen imposible la eficaz interacción. La inseguridad del ciudadano es uno de los más graves problemas de la relación de la ciudadanía con la Administración electrónica, quedando indefensa ante ésta y con escasas posibilidades jurídicas de actuación. Simplemente el usuario no puede acceder, realizar o culminar la relación sin saber normalmente por qué motivo o qué solución tiene. Y lo que es peor, en muchas ocasiones el usuario puede quedar huérfano de asistencia por parte de la Administración electrónica intentando presencialmente o por otros medios resolver su situación[385].

Precisamente, uno de los aspectos que generalmente ha preocupado más a la ciudadanía y que ha tenido menos atención por el legislador es el relativo a qué sucede cuando los medios electrónicos fallan. En efecto, los problemas de mala Administración derivados del uso de los medios electrónicos,

---

385 COTINO HUESO, L., «El derecho y el deber de relacionarse por medios electrónicos (art. 14. LPAC). Asistencia en el uso de medios electrónicos a los interesados (art. 12)», op cit., p. 523.

como que el registro no esté en funcionamiento por un problema con la conexión o el servidor, que la información no sea accesible por un error o que una solicitud no se pueda enviar porque no se han rellenado todos los campos solicitados, aunque no sean imprescindibles, o el certificado digital no puede instalarse por no tener actualizado el ordenador con una determinada versión de una aplicación, constituyen no solo un temor sino una realidad que, desafortunadamente, acompaña el desarrollo de la Administración electrónica[386].

En concreto, las vías de defensa reales son reducidas por las escasas opciones del ciudadano de saber si el problema es imputable a él mismo o a la mala configuración del servicio por la Administración. En primer lugar, el ciudadano tendrá graves dificultades para obtener una prueba que pudiera servirle para demostrar que ha intentado por todos los medios razonables ejercer su derecho y no ha conseguido interactuar con la Administración por causas que sean imputables a ésta. A lo que hay que sumar que la LPAC sigue sin contemplar un sistema de cargas de prueba frente al ineficaz ejercicio del derecho a la comunicación electrónica[387]. Así, no hay una regulación relativa a las comunicaciones habidas (como sí hacía el derogado artículo 27. 3.º LAE[388]), sino que básicamente hay que buscarla respecto de los registros o de las notificaciones. De este modo, ha de haber constancia del registro que se haya practicado (art. 16.3 LPAC) y, en el caso de las notificaciones,

---

386 CERRILLO I MARTÍNEZ, A., «Los fundamentos jurídicos de la Administración Electrónica», op.cit., p. 25.

387 COTINO HUESO, L., «El derecho y el deber de relacionarse por medios electrónicos (art. 14. LPAC). Asistencia en el uso de medios electrónicos a los interesados (art. 12)», op cit., pp. 523-524.

388 Artículo 27.3 LAE: «Las comunicaciones a través de medios electrónicos serán válidas siempre que exista constancia de la transmisión y recepción, de sus fechas, del contenido íntegro de las comunicaciones y se identifique fidedignamente al remitente y al destinatario de las mismas».

éstas serán válidas siempre que haya constancia de su puesta a disposición o acceso por el interesado (art. 41 LPAC).

Por tanto, deben habilitarse vías para que los ciudadanos puedan fácilmente demostrar la imposibilidad técnica de realización de alguna actuación o trámite por vía electrónica, en relación con algún procedimiento o servicio público cuando, por ejemplo, los plazos impidan la realización ulterior del trámite por preclusión, puesto que, en caso contrario, fuera de los supuestos de relación obligatoria por vía electrónica, pocos serán los ciudadanos que se aventuren a utilizar voluntariamente este soporte. Podría incluso apuntarse en estos casos la vulneración de su confianza legítima al emplear medios electrónicos que la Administración previamente ha puesto a su disposición, en cumplimiento además de sus obligaciones legales[389].

Y, en segundo lugar, la previsión contenida en el artículo 32.4 de la LPAC de ampliación del plazo en caso de detectarse incidencias técnicas resulta insuficiente, puesto que es la Administración la única que tiene la facultad de determinar si ha existido o no la incidencia y será la única legitimada para acordar la ampliación, sin que se prevea la posibilidad, por ejemplo, de que el interesado pueda solicitar la ampliación acreditando la imposibilidad técnica, como sería deseable[390]. Así, está previsto expresamente que la Administración «podrá» determinar, cuando una incidencia técnica haya imposibilitado el funcionamiento ordinario del sistema o aplicación que corresponda,

---

389 Sobre el principio de confianza legítima *vid.* BERNING PRIETO, A.D. «El principio de confianza legítima», *Actualidad administrativa,* núm. 5, 2014.

390 BERNING PRIETO, A. D., «La Administración electrónica y los servicios públicos digitales al albor de los progresos de la Unión Europea y el "Horizonte Europa 2020". Su relación con las Leyes 39/2015, de Procedimiento Administración Común de las Administraciones Públicas y 40/2015, de Régimen Jurídico del Sector Público», op. cit., p. 43

una ampliación de los «plazos no vencidos», debiendo publicar en la sede electrónica tanto la incidencia técnica acontecida como la ampliación concreta del plazo no vencido[391]. Por tanto, no consiste en una obligación para la Administración ni en un derecho de la ciudadanía, «que sería del todo deseable para caídas o disfunciones del servidor en periodos importantes». Del mismo modo, cuando como consecuencia de un «ciberincidente» se hayan visto gravemente afectados los servicios y sistemas utilizados para la tramitación de los procedimientos y el ejercicio de los derechos de los interesados que prevé la normativa vigente, la Administración podrá -nuevamente de forma potestativa-, acordar la ampliación general de plazos de los procedimientos administrativos[392] (art. 32.5 LPAC).

En consecuencia, podría exigirse como garantía de los servicios públicos electrónicos, que la carga de la prueba de la eficacia de tales servicios y disponibilidad y correcto funcionamiento de la sede o registro electrónico corresponda a la Administración, especialmente ante finalizaciones de plazos y en los casos de imposición tanto de formularios electrónicos como de interactuación electrónica completa. Asimismo, también cabe demandar a la Administración la implantación de una especie «de botón del pánico»[393] en las sedes y registros electrónicos,

---

391 En términos similares se pronuncia el artículo 46.2 del Decreto valenciano 220/2014: «En aquellos casos de interrupción no planificada en el funcionamiento del Registro Electrónico, se informará a los usuarios de esta circunstancia, siempre que técnicamente sea posible. Asimismo, se informará de las ampliaciones de plazos derivadas de tal interrupción si, en su caso, se adoptaran».

392 Previsión añadida por el apartado 5 de la disposición final 21 del Real Decreto-ley 6/2022, de 29 de marzo.

393 En términos similares, COTINO HUESO, L., «El derecho y el deber de relacionarse por medios electrónicos (art. 14. LPAC). Asistencia en el uso de medios electrónicos a los interesados (art. 12)», op cit., pp. 525-526.

de forma que, tras pulsarlo con el ratón, un empleado o empleada pública llamase por teléfono al usuario o usuaria para facilitar la relación electrónica que se hace imposible y, que, además, de forma automática se realizase un informe de errores que el usuario pudiera descargar y que, asimismo, se remitiera de forma automática a la Administración responsable de la sede o registro electrónico, dejando constancia del error producido en su funcionamiento.

IV. ADMINISTRACIONES PÚBLICAS SOCIALMENTE RESPONSABLES CONTRA LA BRECHA DIGITAL

1. Sobre la Responsabilidad Social aplicada a las Administraciones Públicas

Aunque no existe un concepto unánime de Responsabilidad Social (RS), sino que este se ha ido perfilando a través de las distintas normas y textos legales que la han regulado, todos tienen en común su «carácter voluntario» y las «mejoras directas en la sociedad y el medio ambiente[394]». En un sentido amplio, la RS puede ser entendida como un modo de gestión de las organizaciones que se basa en estándares éticos internacionalmente reconocidos para la promoción de «buenas prácticas», tanto en la administración interna de la organización (gestión laboral y medioambiental) como en su vínculo con la sociedad (gestión de la relación social). Se trata de diagnosticar, cuidar y prevenir los impactos negativos posibles, y de maximizar los positivos, para que la organización pueda ser

---

394 Sobre la Responsabilidad Social aplicada a la protección del medio ambiente *vid.* ROSA MORENO, J., «El factor ambiental en la responsabilidad social del sector del deporte», en BELTRÁN CASTELLANOS, J. M. (Dir.), *La responsabilidad Social en las Administraciones Públicas,* Thomson Reuters Aranzadi, Cizur Menor, 2022, pp. 291-322.

considerada como socialmente pertinente, útil y beneficiosa para la sociedad en todas sus operaciones[395].

La RS presenta una naturaleza voluntaria y libre, pues esta tiene su origen y se integra en la libertad de empresa, de forma que es una consecuencia de las decisiones de los órganos competentes de cada empresa que consideran que su puesta en funcionamiento resulta un beneficio, en primer lugar, para la propia entidad. Pues bien, hoy en día las Administraciones Públicas no pueden restringir su actividad al mero cumplimiento de la legalidad y, en su caso, de la exigencia de las tradicionales responsabilidades económico-patrimoniales por sus actuaciones, pues si no hay duda de que existe una clara RS aplicada al sector privado, cabe asumir que las Administraciones Públicas (en sus distintas vertientes territoriales) y su sector público, también pueden interiorizar prácticas de responsabilidad social en su organización y gestión[396]. Además, la verdadera legitimación de la Administración pública es que su actuación esté ajustada a la legalidad y sintonizada con los valores sociales. Así, con el concepto de RS se refuerza el fundamento y la razón de ser de cualquier organización pública porque su actuación está orientada a la protección de los derechos fundamentales y a la administración del interés general a nivel económico, social y ambiental[397].

---

395 VALLAEYS, F., «Responsabilidad social universitaria: una nueva filosofía de gestión ética e inteligente para las universidades», *Revista Educación y Sociedad Nueva época,* año 13, núm. 2, 2008, pp. 204-205.

396 OCHOA MONZÓ, J., «La responsabilidad social empresarial como instrumento de protección ambiental. Derivaciones en la Ley 18/2018, de 13 de julio, de Fomento de la Responsabilidad Social de la Comunitat Valenciana», *Revista Aranzadi de Derecho Ambiental,* núm. 45, 2020, p. 134.

397 CUETO CEDILLO, C., «Presente y futuro de la RS para los Gobiernos y Administraciones Públicas», en LAFUENTE DURÁN, D. (Coord.), *9 necesarios debates sobre la responsabilidad social,* Comares, Granada, 2019, p. 30.

A partir de estas notas, podemos pues, definir una Administración pública socialmente responsable como aquella que: (1) incluye herramientas de RS en sus políticas, (2) actúa en su ámbito interno conforme a criterios de RS y (3) promociona y fomenta las prácticas socialmente responsables por parte de las empresas. De este modo, como ya sucede en el ámbito empresarial, más allá del cumplimiento de las normas, la Administración socialmente responsable se basa en un buen gobierno, fundamentado en la transparencia y en unos principios éticos, y construye su responsabilidad ante la sociedad teniendo en cuenta el impacto de sus operaciones, mejorándolas y poniéndolas en valor[398], lo que permite a la Administración mitigar riesgos, reforzar la confianza de los administrados y aumentar el valor de sus actuaciones[399].

A nivel normativo, por el momento solo hay tres Comunidades Autónomas que han legislado sobre RS, Extremadura, las Illes Balears y la Comunitat Valenciana, con la Ley 15/2010, de 9 de diciembre, de responsabilidad social empresarial en Extremadura[400], la Ley 4/2011, de 31 de marzo, de la buena administración y del buen gobierno de las Illes Balears, y la Ley valenciana 18/2018, de 13 de julio, para el fomento de la responsabilidad social (LFRS)[401], respectivamente.

---

398 *Cfr.,* CANYELLES, J. M., «Responsabilidad social de las Administraciones Públicas», *Revista de Contabilidad y Dirección,* Vol. 13, año 11, p. 80.

399 *Cfr.* AMAT, O. y ZANOTTI, C., «Buen Gobierno en materia contable y financiera», *Revista de Contabilidad y Dirección,* Vol. 25, 2017, p. 51.

400 Y el Decreto 110/2013, de 2 de julio, por el que se crea el Consejo Autonómico para el fomento de la responsabilidad social de Extremadura, la Oficina de Responsabilidad Social Empresarial, y se regula el procedimiento para la calificación e inscripción en el Registro de empresas socialmente responsables de Extremadura.

401 Sobre el régimen de la Responsabilidad Social que establece esta Ley *vid.* OCHOA MONZÓ, J., «Las políticas de responsabilidad social en la Comunitat Valenciana» en BELTRÁN CASTELLANOS, J. M.

En definitiva, aunque tradicionalmente se ha entendido que la responsabilidad social era algo propio de las empresas del sector privado, si en el ámbito privado existen este tipo de compromisos, los mismos deben trasladarse, sin duda alguna, al ámbito público, mediante la integración de criterios de RS[402], pues como señala el preámbulo de la LFRS «desde el momento en que aporta un valor añadido a la sociedad a través de buenas prácticas en el ámbito social, ambiental y económico, deben ser los poderes públicos los que adopten acciones de fomento a través de políticas públicas de incentivos, promoviendo que las empresas integren criterios de responsabilidad social, para dar a conocer el impacto positivo de la responsabilidad social en la sociedad». De hecho, la propia Estrategia Española de Responsabilidad Social de 2014 se refiere a empresas, Administraciones Públicas y otro tipo de organizaciones, porque es evidente que la RS no puede circunscribirse únicamente a empresas privadas[403].

(Dir.), *La responsabilidad Social en las Administraciones Públicas,* Thomson Reuters Aranzadi, Cizur Menor, 2022, pp. 107-129; y «BELTRÁN CASTELLANOS, J.M., «La responsabilidad social en las administraciones públicas, con especial referencia a la Comunitat Valenciana», *Revista General de Derecho Administrativo,* núm. 52, 2019. La Ley ha sido objeto de desarrollo reglamentario por el Decreto 203/2019, de 4 de octubre, del Consell, de creación de la Red Valenciana de Territorios Socialmente Responsables; el Decreto 30/2020, de 28 de febrero, del Consell, de regulación del Consejo Valenciano de Responsabilidad Social; y el Decreto 118/2022, de 5 de agosto, del Consell, por el que se regula la inclusión de cláusulas de responsabilidad social en la contratación pública y en las convocatorias de ayudas y subvenciones.

402 GARCÍA CALVENTE, Y. y SOTO MOYA, M., *Manual de Responsabilidad Social de las Organizaciones,* Comares, Granada, 2019, p. 72.

403 GARCÍA CALVENTE, Y. y SOTO MOYA, M., *Manual de Responsabilidad Social de las Organizaciones, op. cit.*, p. 72.

2. Servicios públicos electrónicos socialmente responsables

Centrándonos ya en la brecha digital, en primer lugar, el artículo 25.1 de la Ley 15/2010, afirma que la Junta de Extremadura llevará a cabo progresivamente la tramitación automatizada de procedimientos, la simplificación documental de los mismos y la comunicación electrónica con el ciudadano durante 24 horas mediante una sede electrónica integral accesible. Pero, a continuación, el apartado 2º del mismo precepto pone el acento en la necesidad de que dicha Administración Pública refuerce también la atención presencial de los ciudadanos, al señalar que elaborará un plan de mejora continua de los edificios administrativos y sus entornos, procesos, bienes, productos y servicios, objetos e instrumentos, herramientas y dispositivos, para que sean comprensibles, utilizables y practicables por todas las personas en condiciones de seguridad y comodidad, y de la forma más autónoma y natural posible. Con este apartado, la Ley deja claro que, además de las innovaciones tecnológicas, las Administraciones de Extremadura deben cuidar su estructura y atención presencial, reforzando sus edificios y herramientas para, como expresamente dice «sean comprensibles, utilizables y practicables por todas las personas».

En segundo lugar, el artículo 3 de la Ley 4/2011, de 31 de marzo, de la buena administración y del buen gobierno de las Illes Balears, establece que «la ciudadanía y la satisfacción de sus necesidades reales son la razón de ser de la administración pública. Los servidores y las servidoras públicos tienen que actuar en el ejercicio de sus funciones con voluntad de servicio a la sociedad y tienen que perseguir siempre el interés general. Asimismo, mantendrán la imparcialidad y la equidad en el trato, el servicio y la administración de los intereses de la ciudadanía». Son pues, necesidades de la ciudadanía el que las Administraciones públicas las atiendan y las asistan en sus relaciones con ellas, bien presencialmente, bien a través de medios electrónicos.

En consonancia con esta declaración, el artículo 4 de la ley recoge los principios generales para utilizar las tecnologías de la información y, en particular, el apartado 3º establece que «la Administración de la comunidad autónoma y los entes del sector público instrumental desarrollarán los medios electrónicos más adecuados para ejercitar este derecho a la información, además de habilitar los medios pertinentes para que se pueda ejercitar *también de manera presencial y telefónica*». Además, añade en el artículo 7.2 que «la utilización de los medios electrónicos no tiene que implicar, en ningún caso, una *merma de los derechos ciudadanos,* como tampoco restricciones o discriminaciones de cualquier naturaleza en su acceso a los servicios públicos», es decir, los medios tecnológicos no deben agravar o acrecentar la brecha digital. Y todo ello en un marco de RS que se integra como principio rector de las políticas públicas y de las actuaciones de la administración autonómica [art. 3.n)], mediante acciones dirigidas a trabajadores y trabajadoras y a entornos (art. 43).

Y, en tercer lugar, la LFRS, en su artículo 15.1 regula la administración socialmente responsable en la prestación de servicios públicos, y establece que «las Administraciones Públicas llevarán a cabo medidas de modernización y mejora continua de la calidad de los servicios públicos que prestan a la ciudadanía de la Comunitat Valenciana, e instrumentarán acciones específicas destinadas a mejorar las relaciones de esta con la administración valenciana mediante la aplicación de instrumentos de gestión ligados a la utilización de tecnologías de la información y de la comunicación».

Pero para ello, se deberá avanzar, como dice el precepto en su apartado 2º, en la reducción o supresión de las cargas administrativas, la racionalización y simplificación de los procedimientos administrativos, para dotarlos de mayor celeridad, eficacia y eficiencia en su gestión, de acuerdo con los principios de buena administración, priorizando el uso de nuevas tecnologías de la información, procurando la actualización permanente y garantizando la accesibilidad universal y el diseño inclusivo.

Por tanto, la administraciones valencianas socialmente responsables deben perseguir facilitar el acceso por medios electrónicos de los ciudadanos a la información y los servicios, con especial atención a la eliminación de las barreras que limiten dicho acceso (la brecha digital), de forma que la Administración se acerque lo máximo posible a la ciudadanía con independencia del soporte (físico o digital) utilizado, de acuerdo con el «principio de buena administración» y «garantizando la accesibilidad universal» como dice la Ley, lo cual requiere que la atención a la ciudadanía sea no solo digital sino también presencial, prestando ayuda y asistencia para eliminar las barreras a las que nos referimos.

Queda claro que las tres leyes consideran a la digitalización un elemento indispensable para poder desarrollar políticas de RS, pero todas ellas establecen cautelas, y afirman en general que deberá garantizarse el acceso de toda la ciudadanía a los servicios públicos electrónicos, y evitar que se produzca una merma o vulneración de los derechos de las personas en sus relaciones con estas.

Por lo demás, el uso de Internet y las tecnologías se puede considerar como un soporte técnico sobre el que desarrollar los principios de RS en la prestación de servicios públicos. En este sentido, todo servicio público electrónico, especialmente los de la categoría de informativos, deben respetar el «parámetro de calidad» (art. 38.3 LRJPS y 15.1 LFRS) y, en consecuencia, la información publicada en las sedes electrónicas debe ser completa, cierta y encontrarse necesariamente actualizada al momento en el que el particular se conecte y reciba la prestación del servicio.

En este sentido, como afirma ESTEVE GIRBÉS[404] «el compromiso de una actuación administrativa socialmente respon-

---

[404] ESTEVE GIRBÉS, J., «Algunas reflexiones sobre la voluntariedad de la Responsabilidad Social en el ámbito de la Administración Pública», en BELTRÁN CASTELLANOS, J.M., *La Responsabilidad Social en las Administraciones Públicas,* Thomson Reuters Aranzadi, Cizur Menor, 2022, pp. 98-99.

sable redunda en la calidad de los servicios públicos y puede visualizarse a través de las Cartas de Servicios». En efecto, la RS está íntimamente ligada con la calidad y las Cartas resultan idóneas a tal fin, pues son una técnica de evaluación de la calidad de los servicios públicos. Resulta por tanto coherente que través de ellas se plasmen los compromisos de RS asumidos por los servicios públicos[405]. Además, las Cartas son uno de los instrumentos más apropiados para la consecución del derecho a la buena administración[406], que debe integrar las acciones socialmente responsables bajo el prisma de la calidad de los servicios.

Asimismo, como señala la Carta de Compromisos con la Calidad en las Administraciones Públicas Españolas[407] «en este momento, es ya un hecho la inmersión de la práctica totalidad de las Administraciones Públicas españolas en un proceso de modernización sin precedentes que tiene en la cultura de gestión de calidad una de sus principales estrategias». El objetivo es conseguir que nuestras Administraciones se conviertan en auténticas organizaciones inteligentes, capaces de generar valor para la ciudadanía, aumentando y mejorando sus posibilidades vitales y favoreciendo un desarrollo sostenible de la sociedad[408]. Esa ge-

---

405 PONCE SOLÉ, J., «La discrecionalidad no puede ser arbitrariedad y debe ser buena administración», *Revista Española de Derecho Administrativo* (REDA), núm. 175, enero-marzo, 2016, p. 74.

406 CARAZA CRISTÍN, M., «Análisis sobre la implantación del singular modelo de Cartas de Servicios en Cataluña», *Revista de Estudios de la Administración Local y Autonómica*, 2018, núm. 9, 2018, p. 42.

407 Carta de Compromisos con la Calidad en las Administraciones Públicas españolas. Octubre de 2009, pp. 3-4. Disponible en: https://funcionpublica.hacienda.gob.es/dam/es/portalsefp/gobernanza-publica/calidad/red-interadministrativa/Carta_Compromisos_Octubre_2009.pdf.pdf (acceso: 26 de noviembre de 2023).

408 La Carta también se refiere al acceso electrónico de los ciudadanos a los servicios públicos señalando que debe ponerse a disposición de la ciudadanía la información completa y actualizada sobre los servicios y procedimientos administrativos, permitiendo su tramita-

neración de valor, junto al fomento de un desarrollo sostenible, son el resultado esperado de la aplicación de compromisos de RS. Por tanto, si el nuevo paradigma del Derecho administrativo del siglo XXI son la buena administración y la ética pública, es coherente establecer y publicar los objetivos y estándares que deben determinar la calidad de los servicios[409].

Por el contrario, también encontramos opiniones más escépticas, como la de GAMERO CASADO[410], que considera que es irónico que se promueva la aprobación de cartas de derechos digitales y de otros instrumentos de *soft law* relativos a los derechos de la ciudadanía ante la administración digital. Está francamente bien promulgar estos documentos, pero lo esencial en estos momentos no es proclamar nuevos derechos (programáticos), sino asegurar que la implantación de la administración electrónica no derogue o menoscabe los derechos que ya tenían cuando se relacionaban de manera presencial. Es preciso preservar esas garantías del acto y el procedimiento administrativo mediante las oportunas reformas del marco normativo o mediante el control judicial.

En cualquier caso, sea a través de las cartas o de otros instrumentos, una Administración que pretenda ser socialmente responsable debe apostar por la calidad y facilitar que la ciudadanía pueda acceder a los servicios públicos que presta tanto de forma digital, con las mayores garantías y facilidades de uso, como de forma presencial, garantizando una atención persona-

---

ción multicanal y habilitando el acceso telemático a la información personalizada de los expedientes en tramitación. Asimismo, debe evitarse la necesidad de presentar certificados de datos que obren en poder de cualquier Administración y procurar la proactividad en las actuaciones administrativas.

409 ESTEVE GIRBÉS, J., «Algunas reflexiones sobre la voluntariedad de la Responsabilidad Social en el ámbito de la Administración Pública», op. cit. p. 99.

410 GAMERO CASADO, E., «Reflexiones introductorias: de la administración electrónica a la digital», op. cit., p. 46.

lizada y accesible, en particular a los colectivos vulnerables que no pueden relacionarse a través de la pantalla. Y como pueden y deben adquirir compromisos que vayan más allá de lo legalmente establecido, es completamente razonable que opten, como ya señalamos, por ejemplo, por prestar asistencia también a los sujetos obligados a relacionarse con la Administración por medios electrónicos (art. 14.2 y 14.3 LPAC), pues, en definitiva, esa es la esencia de la RS, ir más allá de lo que la ley exige, para favorecer a la ciudadanía y velar por los intereses generales.

Además, el derecho a la relación presencial o convencional se ha vuelto en un derecho en crisis evidente pues hoy la cita previa es una barrera de acceso y, por ende, de ejercicio del derecho en la forma que establece la ley, ya que la legislación sigue un imparable camino hacia la imposición de las interactuaciones electrónicas, o más bien de desaparición de la relación presencial de la Administración con la ciudadanía, cada vez con mayores facilidades para la Administración y con menores garantías para los obligados[411]. Sin embargo, hemos comprobado la preocupación de las normativas de RS porque la atención presencial no desaparezca, sino que, antes al contrario, se fortalezca del mismo modo que se apuesta por las relaciones electrónicas y, por ello, aquellas Administraciones Públicas que sean socialmente responsables no pueden consentir que la ciudadanía que se relaciona con ellas no sea atendida presencialmente por carecer de la referida cita, particularmente en los en casos urgentes y debe dar las máximas garantías y facilidades para que las citas no sean la regla general, sean fácilmente localizables, suficientes en número y disponibilidad y se puedan obtener además de por medios electrónicos presencialmente en sus propias oficinas, y ello son compromisos perfectamente asumibles en materia de RS.

---

411 COTINO HUESO, L., «El derecho y el deber de relacionarse por medios electrónicos (art. 14. LPAC). Asistencia en el uso de medios electrónicos a los interesados (art. 12)», op cit., p. 498.

Estos son solo un par de ejemplos de lo que la responsabilidad social y la buena administración puede suponer para dar un paso más allá, y no permitir que las relaciones electrónicas que imponen las leyes y los reglamentos sean un obstáculo para el correcto desarrollo y cumplimiento de los derechos y garantías de los ciudadanos. En este sentido, para asegurar una Administración Pública accesible para todas las personas, que sea inclusiva y no deje a nadie atrás, especialmente a los colectivos vulnerables y, en particular, a las personas de edad avanzada, se pueden fijar los siguientes objetivos socialmente responsables[412]:

- Facilitar la relación entre Administración y ciudadanía, de modo que el desarrollo de la Administración digital no suponga un impedimento por su complejidad.
- Prestar servicios digitales de calidad, en especial, aquellos dirigidos a las personas más vulnerables por la brecha digital.
- Mejorar la capacitación y alfabetización digital de las personas mayores para el uso de las aplicaciones y herramientas digitales de la Administración.
- Lograr que la comunicación que se establece entre las Administraciones públicas y la ciudadanía sea más clara y sencilla, a través, por ejemplo, del uso de herramientas y recursos tecnológicos de lenguaje claro.
- Desarrollar programas más amigables para los empleados públicos, de forma que sea más sencillo gestionar cualquier trámite.

---

[412] Pueden consultarse otros objetivos en FUNDACIÓN NOVAGOB, *Misiones de la Administración Pública. Hacia una transformación radical con personas y valores,* 2022, p. 4-6. Disponible en https://novagob.org/wp-content/uploads/2022/07/Misiones-Administracion-Publica-NovaGob.pdf (acceso: 11 de octubre de 2023).

Conclusiones

A lo largo de este trabajo hemos puesto de manifiesto que, con el objetivo de reducir la brecha digital, es necesario desarrollar mecanismos de asistencia en la vertiente externa o de contacto con las personas administradas, lo que su vez requiere mejorar la provisión de los medios materiales, técnicos y humanos necesarios, con una adecuada inversión económica y con una necesaria formación del personal de las Administraciones[413], que también se encuentran, en multitud de casos, sometidos a la brecha digital, lo que les impide atender correctamente a la ciudadanía. Además, como recuerda GAMERO CASADO[414] «el Consejo de Estado ha afirmado en dos ocasiones[415] que la administración electrónica no puede convertirse en un fin en sí misma, y que no puede servir de excusa para laminar los de manera injustificada los derechos y garantías de los ciudadanos», pues aunque los medios electrónicos son esenciales para una administración eficaz y eficiente y, por ello, una obligación para las Administraciones Públicas su implementación, también es

---

413 En el mismo sentido, MARTÍNEZ GUTIÉRREZ, R., «Administración electrónica e inclusión digital en las entidades locales medianas y pequeñas: Brecha digital, servicios públicos y nuevos modelos de atención a la ciudadanía», op. cit., p. 103.

414 GAMERO CASADO, E. «Cambio de tendencia en la jurisprudencia del Tribunal Supremo sobre administración digital», op. cit., P. 165.

415 En sus Dictámenes 275/2015, de 29 de abril, sobre el Anteproyecto de Ley de procedimiento administrativo común de las Administraciones públicas (Ley 39/2015, de 1 de octubre); y 45/2021, de 18 de marzo, relativo al Reglamento de actuación y funcionamiento del sector público por medios electrónicos (Real Decreto 203/2021, de 30 de marzo).

preciso tener en cuenta que las administraciones deben estar al servicio de los ciudadanos/as y no al revés[416].

Sin embargo, sorprende que el RAFME, que se aprueba tras la publicación de del Plan de Digitalización de las Administraciones Públicas, no contenga referencias expresas a la brecha digital, ni adopte prácticamente ninguna medida para facilitar la transición de lo presencial a lo digital, dando por sentado que la opción se mantiene y que, por tanto, es el ciudadano quien teóricamente elige el modo de relación con la Administración electrónica, aunque ello en la práctica no sea siempre así[417]. De este modo, el Reglamento no ha materializado ni reforzado los derechos ciudadanos y, en particular, los de los colectivos afectados por la brecha digital, sino más bien, al contrario, sigue la línea de fortalecer la digitalización de estas relaciones sin tener en cuenta la heterogeneidad de la población española en cuanto a sus competencias digitales, que se ve intensificada de forma negativa en las edades más avanzadas. Y en este sentido, no podemos esperar que a medida que las cohortes de población mayores en nuestra pirámide de población vayan desapareciendo, la gente ahora joven tenga en un futuro las competencias completas para acceder a los servicios digitales, sino más bien al revés, quienes más lo necesiten quedarán excluidos[418].

Pero, además, tampoco las medidas previstas en el Plan Digitalización de las Administraciones Públicas sirven para las personas de más avanzada edad, pues parten de la base de que toda ciudadana o ciudadano posee un *smartphone* con cone-

---

416 FONDEVILA ANTOLÍN, J. «La obligación de utilización de medios electrónicos en los procesos selectivos: ciudadanos o súbditos», op. cit., p. 106.

417 «Administración digital y relaciones con la ciudadanía. Su aplicación a las administraciones vascas», op. cit., p. 22.

418 *Cfr.* GÓMEZ CRESPO, M. L. y DE LA TORRE CUELLAR, I., *Brecha digital social y defensa de los derechos humanos,* op. cit., p. 6.

xión a Internet y que lo sabe utilizar. Y ello es especialmente relevante si se tiene en cuenta que España es el país con la mayor esperanza de vida de la UE (supera los 83 años) y el tercero del mundo, solo por detrás de Suiza y Japón y que, en 2050, 1 de cada 3 españoles tendrá 65 años o más[419], con lo cual no estamos hablando de una población marginal, sino que el problema de la brecha digital no va a hacer más que agravarse progresivamente en los próximos años.

Por otro lado, es una ficción decir que la pantalla nos ofrece los mismos servicios que las personas. Muchas ciudadanas y ciudadanos que demandan atención o bien no disponen de medios tecnológicos o bien, cuando los tienen, carecen en muchos casos de competencias digitales para activarlos adecuadamente y relacionarse electrónicamente con la Administración. A lo que cabe sumar que, cuando deben tramitar solicitudes o realizar algún tipo de procedimientos con las Administraciones Públicas se encuentran con plataformas indigestas, nada intuitivas, que muchas veces se bloquean y otras sencillamente no funcionan adecuadamente[420].

Por ello, se debe mejorar el régimen jurídico del procedimiento administrativo electrónico, ponderando siempre entre las ventajas que aporta y los inconvenientes que puede generar —esto es, entre la celeridad de la gestión de los trámites admi-

---

[419] Oficina Nacional de Prospectiva y Estrategia del Gobierno de España (coord.), «España 2050: Fundamentos y propuestas para una Estrategia Nacional de Largo Plazo», Ministerio de la Presidencia, Madrid, 2021 p. 203. Disponible en: https://www.lamoncloa.gob.es/presidente/actividades/Documents/2021/200521-Estrategia_Espana_2050.pdf (acceso: 14 de diciembre de 2023).

[420] En el mismo sentido, JIMÉNEZ ASENSIO, R., «Administración digital y servicios a la ciudadanía: estado de la cuestión tras algunas (malas) lecciones de la pandemia», op. cit., p. 5.

nistrativos[421] y los perjuicios para la garantía de los derechos e intereses de los administrados—, con el fin de agilizar el procedimiento administrativo sin perder las necesarias garantías. Ello es así porque el fin que debe ser perseguido no es el uso de la tecnología en la Administración Pública, sino su utilización, como medio, para la mejora de la eficacia y de la eficiencia en las relaciones entre Administración y administrado en el marco de la satisfacción del interés general.

No se trata, pues, de informatizar el procedimiento administrativo tal y como está previsto actualmente, sino de replantearlo, partiendo de una concepción distinta[422], pues el procedimiento administrativo debe ser el cauce que facilite el ejercicio de los derechos de los ciudadanos, no el que los dificulte. Por tanto, una de las claves de la digitalización en el sector público radica en articular sistemas de transición adecuados que no dejen a parte de la población atrás, de forma que se requiere un modelo de transición en el que inevitablemente la Administración acompañe a la ciudadanía en ese proceso, mostrándose

---

421 Ahora bien, como advierte VALERO TORRIJOS, J., «La tramitación del procedimiento administrativo por medios electrónicos» op. cit., pp. 180-181, debe tenerse en cuenta que la mera disminución de los tiempos en la tramitación, la recepción de las comunicaciones y, en general, del acceso a la información no implica necesariamente una mayor agilidad en la tramitación administrativa dado que, con cierta frecuencia, los órganos encargados de cumplimentar la actuación requerida no se someten a los plazos fijados legalmente como consecuencia de factores escasamente relacionados con el uso de la tecnología, tal y como sucede singularmente con la frecuencia con que se desestiman las solicitudes de manera presunta a través del silencio administrativo. En efecto, la Administración electrónica no constituye necesariamente el único remedio a este tipo de problemas.

422 MARTÍN DELGADO, I., «La Administración electrónica como problema actual para la investigación y la docencia en el Derecho Administrativo», *Revista Aragonesa de Administración Pública,* núm. Extra11, 2009, pp. 358-359.

cercana, amable, empática y colaboradora y evitando respuestas automatizadas o, aún peor, no respondiendo[423]. Para ello, como hemos apuntado, será necesario reforzar o replantear el papel de las Oficinas de asistencia en materia de registros, que se han convertido en un mero escáner de documentación, y una puerta para que los interesados puedan identificarse y firmar digitalmente, pero que descuidan por lo general otras labores muy importantes, como el asesoramiento a la ciudadanía, la formación, y la habilitación o suministro de los medios informáticos necesarios para que los colectivos afectados por la brecha digital puedan realizar o aprender a tramitar telemáticamente sus instancias. Prima pues la comodidad de la Administración de recibir instancias en formato electrónico que la ayuda o asistencia personalizada a los interesados. Además, en las zonas rurales o despobladas de nuestro país es necesario intensificar el papel de estas oficinas, bien aumentando su número, bien a través de oficinas itinerantes que acerquen la Administración a aquellas ciudadanas y ciudadanos que carecen de infraestructura de conexión.

A ello cabe sumar problemas adicionales, como la instauración, sin la debida cobertura legal, de la cita previa obligatoria para poder acceder a las Administraciones y registros, que en muchos casos únicamente puede obtenerse por medios electrónicos o telefónicos, que rara vez culminan con éxito por la escasez de citas que se ofrecen, todo ello si se consigue superar la barrera de llegar a ver las citas disponibles. Por ello, debe ponerse de relieve que para superar la brecha digital no basta con articular un medio alternativo, como es el telefónico, para solicitar cita previa u orientación para la realización de los trámites administrativos, sino que es conveniente que este servicio sea dotado con los medios técnicos y personales necesarios

423 «Administración digital y relaciones con la ciudadanía. Su aplicación a las administraciones vascas», op. cit., p. 20.

para que funcione eficazmente, con la misma calidad de servicio que se ofrece en la tramitación presencial[424]. Además, resulta completamente inadmisible que se niegue a los ciudadanos la atención presencial sin cita previa en los casos urgentes, cuando no hay disponibilidad de las mismas o su obtención electrónica resulta imposible e, incluso, que no sea posible obtener cita previa presencialmente si el ciudadano o ciudadana ha sido incapaz de conseguirla por las vías telemáticas.

De este modo, el proceso de digitalización por muy acelerado que sea debe armonizarse adecuadamente con la pervivencia de un derecho de la ciudadanía a relacionarse presencialmente, de forma física y, según los casos, en papel. Tal vez, este último punto es el que mejor puede superarse, pues en verdad la Administración electrónica ha tenido siempre como finalidad real la supresión del papel (papel 0), pero no tenía como objeto (al menos nunca se ha expresado de este modo) transformar radicalmente la atención ciudadana eliminando la presencialidad o la visibilidad física de quienes sirven e informan a la ciudadanía, pues los medios electrónicos no pueden dar la misma comprensión que la relación personal, sobre todo entre aquellas personas que no sólo buscan presentar una solicitud, tramitar un recurso u obtener un certificado o licencia, sino que quieren sentir que detrás del mostrador hay personas que escuchan, ayudan y, cuando es necesario, empatizan[425].

Las respuestas que desde la Administración se están dando a esta importante problemática suelen consistir en meros documentos y guías en las que se identifican las causas de la brecha y se establecen objetivos de reducirla, pero sin medidas concretas, o con propuestas que refuerzan aún más la necesi-

---

424 Informe anual del Defensor del Pueblo, 2022, p. 86.

425 JIMÉNEZ ASENSIO, R., «Administración digital y servicios a la ciudadanía: estado de la cuestión tras algunas (malas) lecciones de la pandemia», op. cit., p. 25.

dad de que los ciudadanos no elijan, sino que aprendan a lidiar con las máquinas. Todo ello con el afán último de acelerar todo lo posible la digitalización con independencia de que la ciudadanía sea capaz de adaptarse o no.

Finalmente, planteo una última reflexión, ¿hasta cuándo va a permitir la ley de procedimiento administrativo el derecho de (algunos) ciudadanos a poder elegir el medio? Quiero decir, el salto que se produce en la imposición de medios electrónicos desde la LAE con respecto a la LPAC ha sido gigantesco, ¿seguirá la siguiente normativa de procedimiento administrativo el mismo crecimiento exponencial? De ser así, creo que hemos justificado en este estudio que no estamos preparados y que los poderes públicos deben reflexionar sobre dónde está el límite. Por el momento, vemos como las Administraciones tienen una enorme puerta abierta para ir extendiendo cada vez más la obligación de relacionarse electrónicamente con ellas, a través de la habilitación reglamentaria que establece el artículo 14.3 de la LPAC, de la que su uso y abuso está generando situaciones de desprotección, al imponer los medios electrónicos a colectivos que ni tienen por qué ni pueden mantener esa relación, pues estos reglamentos, con carácter general, no acreditan la suficiencia de capacidad y disponibilidad de los medios necesarios, sobre la base de juicios apriorísticos o huérfanos de justificación, lo cual es, sin duda, criticable y ahonda en la desigualdad que por sí misma genera la brecha digital[426].

En definitiva, lo que el legislador y las Administraciones Públicas parece que se resisten a aceptar es que la brecha digital va a existir siempre, porque como dijimos al inicio de este trabajo, su origen trae causa de las desigualdades económicas y sociales, y estas siempre han estado y estarán presentes en

---

426 En el mismo sentido, SÁNCHEZ LAMELAS, A. «La reciente jurisprudencia sobre la obligación de utilizar los medios electrónicos en las relaciones administrativas», op. cit., p. p. 217.

nuestro país, al igual que en el resto del mundo. De este modo, la brecha podrá reducirse, o quizás incluso ampliarse, pues siempre existirán personas sin los recursos económicos y conocimientos necesarios para relacionarse electrónicamente con las Administraciones Públicas, o existirán los desequilibrios territoriales, con todo lo que ello conlleva. Y nuestra pirámide poblacional está ya claramente invertida, con bajas tasas de natalidad que se prolongan, lo que conlleva a que en el futuro habrá más personas mayores o dependientes que necesiten ayuda y menos jóvenes que puedan, si es que pueden, prestarla.

A lo que cabe añadir que es necesario acabar con el mito de los nativos digitales. Sí, por regla general las personas jóvenes se manejan mejor con la tecnología porque han nacido con ella, pero, del mismo modo que, por ejemplo, no toda la gente joven en España habla inglés correctamente, no todos los jóvenes disponen de las competencias digitales avanzadas necesarias para relacionarse con la Administración por medios electrónicos[427], porque como decimos, ello depende de otros

---

[427] Como ejemplo, podemos revisar el Real Decreto 210/2022, de 22 de marzo, por el que se establecen las normas reguladoras del Bono Cultural Joven, en el que se considera que los 500.000 jóvenes a los que se dirige la norma tienen acceso y disponibilidad de los medios electrónicos necesarios para relacionarse electrónicamente con la Administración porque «se trata de personas jóvenes que realizan un uso intensivo de las tecnologías y de actividades en línea (nativos digitales)». El dictamen del Consejo de Estado emitido con carácter previo a la aprobación de este RD (expediente 203/2022) señalaba, con acierto, que imponer la relación electrónica en este caso «impediría poder beneficiarse del Bono Cultural Joven a todas aquellas personas de dieciocho años que no tengan o no puedan ejercitar en igualdad de condiciones esas supuestas competencias digitales», que «el texto proyectado parte del supuesto de considerar a todos los jóvenes destinatarios del Bono Cultural Joven con competencias digitales suficientes para poder usar sin problema las aplicaciones tecnológicas que se han de establecer y bajo un mismo

factores, como el nivel de estudios, capacidad económica, actividad profesional, etc. E insistimos en que en absoluto es lo mismo manejarse correctamente con las redes sociales o el correo electrónico que ser capaz de lidiar con éxito con las sedes electrónicas de las Administraciones Públicas, que en absoluto son intuitivas a pesar de llevar años en desarrollo, sino todo lo contrario, muchas de ellas dan la impresión de que sean programas en fase beta que nunca terminaron de pulirse antes de implementarse, y que apenas evolucionan a pesar de llevar ya años entre nosotros. El principio de calidad exige que las Administraciones Públicas al diseñar e implementar sus proyectos de administración electrónica garanticen que se conseguirán las finalidades previstas y que se podrá dar cumplimiento a los derechos de la ciudadanía. Sin embargo, son plataformas indigestas, que muchas veces se bloquean y otras sencillamente no funcionan adecuadamente.

---

patrón de "normalidad", lo que afecta a una parte de ese colectivo joven, del que forman parte, por ejemplo, las personas con discapacidad». SÁNCHEZ LAMELAS, A. «La reciente jurisprudencia sobre la obligación de utilizar los medios electrónicos en las relaciones administrativas», op. cit., p. 216.

Bibliografía

ALAMILLO DOMINGO, I., «El régimen jurídico de la Administración digital: aspectos tecnológicos, plataformas y servicios de intermediación», en MARTÍN DELGADO, I. (Dir.), *El procedimiento administrativo y el régimen jurídico de la Administración Pública desde la perspectiva de la innovación tecnológica*, Iustel, Madrid, 2020.

ALMEIDA CERREDA, M., y MÍGUEZ MACHO, L., «Breve contextualización del estudio del nuevo régimen jurídico del funcionamiento por medios electrónicos del sector público y de la tramitación informática del procedimiento administrativo común», en ALMEIDA CERREDA, M., y MÍGUEZ MACHO, L. (Dirs.), *La actualización de la Administración electrónica*, Andavira editora, A Coruña, 2016.

AMAT, O. y ZANOTTI, C., «Buen Gobierno en materia contable y financiera», *Revista de Contabilidad y Dirección*, Vol. 25, 2017.

ANDRÉS DEL CAMPO, S., COLLADO ALONSO, R. y GARCÍA-LOMAS TABOADA, J. I., «Brechas digitales de género. Una revisión del concepto», *Revista científica electrónica de Educación y Comunicación en la Sociedad del Conocimiento*, núm. 20, 2020.

ARIZA RODRÍGUEZ, F., «El derecho al servicio de los ciudadanos ante el desafío de la vejez y el envejecimiento», ROMEO CASABONA, C. M., *Tratado de Derecho y Envejecimiento. La adaptación del Derecho a la nueva longevidad*, Wolters Kluwer, Madrid, 2021.

ARROYO LLANES, L.M., «La digitalización de las Administraciones Públicas y su impacto sobre el régimen jurídico de los empleados públicos», *Revista Vasca de Gestión de Personas y Organizaciones Públicas*, núm. 15, 2018.

BAL FRANCÉS, E., «La digitalización de las Administraciones Públicas: un largo y tortuoso camino», *La economía digital en España*, núm., 898, 2017.

BELTRÁN CASTELLANOS, J.M., «Aproximación al régimen jurídico de las redes sociales», *Cuaderno electrónico de estudios jurídicos*, núm. 2, 2014.

«El principio de responsabilidad como mecanismo de resarcimiento en materia de transparencia y administración electrónica», *Revista práctica de Derecho. Comentarios y casos prácticos*, núm. 216, 2019.

«La responsabilidad social en las administraciones públicas, con especial referencia a la Comunitat Valenciana», *Revista General de Derecho Administrativo*, núm. 52, 2019.

BERNING PRIETO, A. D., «El principio de confianza legítima», *Actualidad administrativa*, núm. 5, 2014.

«La Administración electrónica y los servicios públicos digitales al albor de los progresos de la Unión Europea y el "Horizonte Europa 2020". Su relación con las Leyes 39/2015, de Procedimiento Administración Común de las Administraciones Públicas y 40/2015, de Régimen Jurídico del Sector Público» en MARTÍN DELGADO, I. (Dir.), *La reforma de la Administración electrónica: Una oportunidad para la innovación desde el Derecho*, Instituto Nacional de Administración Pública, Madrid, 2017.

Validez e invalidez de los actos administrativos en soporte electrónico, Thomson Reuters Aranzadi, Cizur Menor, 2019.

«La subsanación electrónica en el procedimiento administrativo: una cuestión pendiente de resolver en la jurisprudencia española», *European Review of Digital Administration & Law – Erdal*, vol. 2, 2021.

BOCANEGRA REQUENA J. M. y BOCANEGRA GIL, B., *La Administración electrónica en España. Implantación y régimen jurídico*, Atelier, 2011.

BOIX PALOP, A., «Reforma jurídico-administrativa, procedimiento electrónico y Administración local: análisis de la incidencia de las recientes transformaciones en las bases del procedimiento administrativo español sobre el régimen local», *Revista Galega de Administración Pública (REGAP)*, núm. 58, 2020.

BLANES CLIMENT, M. A., «La confianza en las instituciones Públicas», *Revista Española de la Transparencia*, núm. 14, 2022.

CAMARÓN PACHECO, C., «Artículos 37-40» en CAMPOS ACUÑA, C. (Dir.), *Comentarios al Reglamento de actuación y funcionamiento del sector público por medios electrónicos*, Wolters Kluwer, Madrid, 2021.

CAMPOS ACUÑA, C. (Dir.), *Comentarios al Reglamento de actuación y funcionamiento del sector público por medios electrónicos*, Wolters Kluwer, Madrid, 2021.

«Competencias digitales de los empleados públicos: la base de la transformación digital a través de las personas» en CERRILLO I MARTÍNEZ, A. (Dir.), *La Administración Digital*, Dykinson, Madrid, 2022.

CANYELLES, J. M., «Responsabilidad social de las Administraciones Públicas», *Revista de Contabilidad y Dirección*, Vol. 13, año 11.

CARAZA CRISTÍN, M., «Análisis sobre la implantación del singular modelo de Cartas de Servicios en Cataluña», *Revista de Estudios de la Administración Local y Autonómica*, 2018, núm. 9, 2018.

CASTILLO RAMOS-BOSSINI, S. E., «Teletrabajo en la Administración Pública», en CERRILLO I MARTÍNEZ, A. (Dir.), *La Administración Digital,* Dykinson, Madrid, 2022.

CERRILLO I MARTÍNEZ, A., «Los fundamentos jurídicos de la Administración Electrónica», Universitat Oberta de Catalunya.

«Automatización e inteligencia artificial», en MARTÍN DELGADO, I. (Dir.), *El procedimiento administrativo y el régimen jurídico de la Administración Pública desde la perspectiva de la innovación tecnológica,* Iustel, Madrid, 2020.

«La personalización de los servicios digitales» en CERRILLO I MARTÍNEZ, A. (Dir.), *La Administración Digital,* Dykinson, Madrid, 2022.

COBO NAVARRETE, I., «Procedimiento administrativo electrónico» en «Reflexiones introductorias: de la administración electrónica a la digital» en CERRILLO I MARTÍNEZ, A. (Dir.), *La Administración Digital,* Dykinson, Madrid, 2022.

COLOM, C., «Las brechas digitales que deben preocuparnos y ocuparnos», *Ekonomiaz,* núm. 98, 2020.

COTINO HUESO, L., «El derecho y el deber de relacionarse por medios electrónicos (art. 14. LPAC). Asistencia en el uso de medios electrónicos a los interesados (art. 12)», en GAMERO CASADO, E., (Dir.), *Tratado de procedimiento administrativo común y régimen jurídico básico del sector público,* Tirant lo Blanch, Valencia, 2017.

«La obligación de relacionarse electrónicamente con la Administración y sus escasas garantías», *Revista de Internet, Derecho y Política,* núm. 26, 2018.

«El nuevo reglamento de administración electrónica, que no innova en tiempos de transformación digital», *Revista Catalana de Dret Públic,* núm. 63, 2021.

CRIADO, J. I., «Administración Pública en la web y redes sociales para la prestación de servicios públicos», en MARTÍN DELGADO, I. (Dir.), *El procedimiento administrativo y el régimen jurídico de la Administración Pública desde la perspectiva de la innovación tecnológica,* Iustel, Madrid, 2020.

CUETO CEDILLO, C., «Presente y futuro de la RS para los Gobiernos y Administraciones Públicas», en LAFUENTE DURÁN, D. (Coord.), *9 necesarios debates sobre la responsabilidad social,* Comares, Granada, 2019.

DE JUAN CASERO, L. J., «Artículos 5-12», en CAMPOS ACUÑA, C. (Dir.), *Comentarios al Reglamento de actuación y funcionamiento del sector público por medios electrónicos,* Wolters Kluwer, Madrid, 2021.

DE PABLO MARTÍN, F., «La normativa sobre Administración Electrónica como herramienta para la mejora de las Administraciones Públicas» en MARTÍN DELGADO, I. (Dir.), *La reforma de la Administración electrónica: Una oportunidad para la innovación desde el Derecho,* Instituto Nacional de Administración Pública, Madrid, 2017.

DOMÍNGUEZ MARTÍN, M., «Los servicios sociales a mayores (en tiempos ordinarios y extraordinarios): una competencia compartida entre municipios y comunidades autónomas», en DÍEZ SASTRE, S. y RODRÍGUEZ DE SANTIAGO, J.M. (Dirs.), *Ciudades envejecidas. El Derecho y la política local para la protección y cuidado de las personas mayores,* Thomson Reuters Aranzadi, Cizur Menor, 2020.

DONOSO-VÁZQUEZ, T., ESTRADRÉ, S. y VERGÉS, N., «Brecha digital de género» *Documentos de Trabajo,* núm. 70, 2022.

ESPAÑA PÉREZ, J. A., «Planificación digital: un reto para las Administraciones Públicas», *Revista General de Derecho Administrativo»,* núm. 57, 2021.

ESTEVE GIRBÉS, J., «Algunas reflexiones sobre la voluntariedad de la Responsabilidad Social en el ámbito de la Administración Pública», en BELTRÁN CASTELLANOS, J.M., *La Responsabilidad Social en las Administraciones Públicas,* Thomson Reuters Aranzadi, Cizur Menor, 2022.

FOLGOSO OLMO, A. «El derecho a la desconexión digital y su especial incidencia en el ámbito de la relación laboral especial de los abogados», *Congreso Internacional Retos Interdisciplinares en el Entorno de la Industria 4.0,* Universidad Politécnica de Cartagena, 2021.

FONDEVILA ANTOLÍN, J. «La obligación de utilización de medios electrónicos en los procesos selectivos: ciudadanos o súbditos», *Revista Vasca de Gestión de Personas y Organizaciones Públicas,* núm. 20, 2021.

«Disposición adicional primera» en CAMPOS ACUÑA, C. (Dir.), *Comentarios al Reglamento de actuación y funcionamiento del sector público por medios electrónicos,* Wolters Kluwer, Madrid, 2021.

GAMERO CASADO, E., *Desafíos del Derecho Administrativo ante un mundo en disrupción,* Comares, Granada, 2015.

«Panorámica de la administración electrónica en la nueva legislación administrativa básica», *Revista Española de Derecho Administrativo,* núm. 175, 2016.

«Encuadre de la nueva legislación en el acervo del Derecho administrativo», en GAMERO CASADO, E. (Dir.), *Tratado de procedimiento administrativo Común y régimen jurídico básico del sector* público, Tirant lo Blanch, Valencia, 2017.

«El derecho digital a participar en los asuntos públicos: redes sociales y otros canales de expresión» en DE LA QUADRA-SALCEDO, T. y PIÑAR MAÑAS, J. L., (Dirs.), *Sociedad Digital y Derecho,* BOE, Madrid, 2018.

«Cambio de tendencia en la jurisprudencia del Tribunal Supremo sobre administración digital (Comentario de varias sentencias de 2021 que flexibilizan el cumplimiento de requisitos por los ciudadanos o aumentan las exigencias a la Administración en las relaciones electrónicas)», *Revista Andaluza de Administración Pública,* núm. 110, 2021.

«Reflexiones introductorias: de la administración electrónica a la digital» en CERRILLO I MARTÍNEZ, A. (Dir.), *La Administración Digital,* Dykinson, Madrid, 2022.

GAMERO CASADO, E., y VALERO TORRIJOS, J. (Coords.), *La Ley de Administración electrónica. Comentario sistemático a la Ley 11/2007, de 22 de junio, de acceso electrónico de los ciudadanos a los Servicios Públicos,* Aranzadi, Cizur Menor, 3ª ed., 2011.

GARCÍA CALVENTE, Y. y SOTO MOYA, M., *Manual de Responsabilidad Social de las Organizaciones,* Comares, Granada, 2019.

GÓMEZ CRESPO, M. L. y DE LA TORRE CUELLAR, I., *Brecha digital social y defensa de los derechos humanos,* Plataforma de ONG de Acción Social, Ministerio de Sanidad Consumo y Bienestar Social, 2021.

GÓMEZ REQUENA, J.A., *El sistema tributario ante el reto de la despoblación,* Aranzadi, Cizur Menor, 2023.

GONZÁLEZ RÍOS, I., «Servicios públicos digitales: naturaleza jurídica y garantías para el ciudadano», *Revista de Administración Pública,* núm. 21, 2023.

JIMÉNEZ ASENSIO, R., «Administración digital y servicios a la ciudadanía: estado de la cuestión tras algunas (malas) lecciones de la pandemia», *Defensoría del Pueblo del País Vasco,* 2021.

LÓPEZ DONAIRE, B., «Artículos 41-45» en CAMPOS ACUÑA, C. (Dir.), *Comentarios al Reglamento de actuación y funcionamiento del sector público por medios electrónicos,* Wolters Kluwer, Madrid, 2021.

MANZANERA-ROMÁN, S. y HAZ GÓMEZ, F. E., *Administración electrónica y personas mayores. Mejoras en el acceso y uso de la Administración electrónica por parte de las personas mayores,* Cotec, Universidad de Murcia, 2021.

MARTÍN DELGADO, I., «La Administración electrónica como problema actual para la investigación y la docencia en el Derecho Administrativo», *Revista Aragonesa de Administración Pública,* núm. Extra 11, 2009.

«Identificación y autenticación de los ciudadanos» en GAMERO CASADO, E. y VALERO TORRIJOS, J., (Coords.), *La Ley de Administración Electrónica. Comentario sistemático a la Ley 11/2007, de 22 de junio, de Acceso Electrónico de los Ciudadanos a los Servicios Públicos,* 2ª Ed. Thomson Reuters Aranzadi, Cizur Menor, 2009.

«Una panorámica general del impacto de la nueva Ley de Procedimiento Administrativo Común en las relaciones de los ciudadanos con la Administración Pública» en MARTÍN DELGADO, I. (Dir.), *La reforma de la Administración electrónica: Una oportunidad para la innovación desde el Derecho,* Instituto Nacional de Administración Pública, Madrid, 2017.

«Algunos aspectos problemáticos de la nueva regulación del uso de los medios electrónicos por las Administraciones Públicas», *Revista Jurídica de la Comunidad de Madrid,* núm. 2018, 2018.

MARTÍN ROMERO, A. M., «La brecha digital generacional», *Temas Laborales,* núm. 151, 2020.

MARTÍNEZ GUTIÉRREZ, R., *Administración Electrónica,* Thomson-Aranzadi, Cizur Menor, 2009.

El procedimiento electrónico en las Administraciones Locales. Aspectos metodológicos y normativos del proceso de implantación, CEMCi, Granada, 2018.

«El régimen jurídico de la Administración digital: aspectos procedimentales», en MARTÍN DELGADO, I. (Dir.), *El procedimiento administrativo y el régimen jurídico de la Administración Pública desde la perspectiva de la innovación tecnológica,* Iustel, Madrid, 2020.

«La plena eficacia de la e-Administración. Comentario y notas fundamentales del Real Decreto 203/2021, por el que se aprueba el Reglamento de actuación y funcionamiento del sector público por medios electrónicos», *Derecho Digital e Innovación. Digital Law and Innovation Review,* núm. 8, 2021.

«Elementos para la configuración de la administración digital», *Revista de Derecho Administrativo,* núm. 20, 2021.

«Administración electrónica e inclusión digital en las entidades locales medianas y pequeñas: Brecha digital, servicios públicos y nuevos modelos de atención a la ciudadanía», en FONDEVILA ANTONLÍN, J (Dir.), *Transformación digital en las medianas y pequeñas entidades locales: retos en clave de eficiencia y sostenibilidad,* Wolters Kluwer, Madrid, 2022.

«Datos Abiertos, IA y subvenciones: proactividad y control», comunicación defendida en el XVII Congreso de la Asociación Española de Profesores de Derecho Administrativo «20 años de la Ley General de

Subvenciones», celebrado en la Universidad Pablo Olavide de Sevilla en enero de 2023.

MARTÍNEZ TORÁN, M. y ESTEVE SENDRA, C., *Brecha Digital y discapacidad. Una visión desde las entidades,* Sendemà Editorial, Valencia, 2021.

MENÉNDEZ SEBASTIÁN, E., *Las garantías del interesado en el procedimiento administrativo electrónico: luces y sombras de las nuevas Leyes 39 y 40/2015,* Tirant lo Blanch, Valencia, 2017.

MENÉNDEZ SEBASTIÁN, E. M. y BALLINA DÍAZ, J., *Sostenibilidad social y ciudadanía administrativa digital,* Reus, Madrid, 2022.

MIGUEZ MACHO, L. M., «Las notificaciones electrónicas» en ALMEIDA CERREDA, M., y MÍGUEZ MACHO, L. (Dirs.), *La actualización de la Administración electrónica,* Andavira editora, A Coruña, 2016.

MORENO MOLINA, J. A., «Los derechos de los ciudadanos en sus relaciones con las Administraciones Públicas: los interesados en el procedimiento administrativo» *Revista jurídica de Castilla-La Mancha,* núm. 18, 1993 (Comentarios a la Ley 30/1992).

«Discapacidad y ciudadanía digital» en DE LA QUADRA-SALCEDO, T. y PIÑAR MAÑAS, J. L., (Dirs.) *Sociedad Digital y Derecho,* BOE, Madrid, 2018.

OCHOA MONZÓ, J., «La responsabilidad social empresarial como instrumento de protección ambiental. Derivaciones en la Ley 18/2018, de 13 de julio, de Fomento de la Responsabilidad Social de la Comunitat Valenciana», *Revista Aranzadi de Derecho Ambiental,* núm. 45, 2020.

«Las políticas de responsabilidad social en la Comunitat Valenciana» en BELTRÁN CASTELLANOS, J. M. (Dir.), *La responsabilidad Social en las Administraciones Públicas,* Thomson Reuters Aranzadi, Cizur Menor, 2022.

OLARTE ENCABO, S., «Brecha digital, pobreza y exclusión social», *Temas Laborales,* núm. 138, 2017.

OLIVER CUELLO, R., *Administración electrónica en el ámbito tributario,* Thomson Reuters Aranzadi, Cizur Menor, 2021.

ORENA DOMÍNGUEZ, A., «El principio de buena administración como derecho y garantía de los obligados tributarios», en MORENO GONZÁLEZ, S., CARRASCO PARRILA, P. J. (Dirs.) y GÓMEZ REQUENA, J. A., (Coord.), *Los principios del cumplimiento cooperativo en materia tributaria,* Atelier, Barcelona, 2023.

PALOMAR OLMEDA, A., *La actividad administrativa efectuada por medios electrónicos,* Thomson Aranzadi, Cizur Menor, 2007.

La Administración Pública en el siglo XXI: Una situación de crisis evidente, Aranzadi, Cizur Menor, 2023.

PONCE SOLÉ, J., «La discrecionalidad no puede ser arbitrariedad y debe ser buena administración», *Revista Española de Derecho Administrativo* (REDA), núm. 175, enero-marzo, 2016.

QUEROL, V.A (Coord.) *L'accés desigual des dels espais rurals a la transformación digital,* Càtedra Bretxa Digital i territori, Universitat Jaume I, 2021.

RAMOS LLANOS, A., y RODRÍGUEZ SÁNCHEZ, M., «Brecha digital de género en España. Consecuencias sociales y económicas», *Revista cuatrimestral de las Facultades de Derecho y ciencias Económicas y empresariales,* núm. 76, 2009.

RALLO LOMBARTE, A. y MARTÍNEZ MARTÍNEZ, R. (Coods.), *Derecho y Redes Sociales,* Thomson Reuters Civitas, Cizur Menor, 2013.

RODRÍGUEZ PONTÓN, F. J., «El derecho a una buena administración: un contexto, ¿y también un pretexto?, en MONTORO, M. J. y SOMMERMANN, KARL-PETER (Coords.), *Les Administracions en perspectiva europea,* Generalitat de Catalunya, Barcelona, 2012.

ROSA MORENO, J., «El factor ambiental en la responsabilidad social del sector del deporte», en BELTRÁN CASTELLANOS, J. M. (Dir.), *La responsabilidad Social en las Administraciones Públicas,* Thomson Reuters Aranzadi, Cizur Menor, 2022.

RUIZ CENICEROS, M., «La cita previa y el derecho al plazo», *Revista de Administración Pública,* núm. 219, 2022.

SÁNCHEZ LAMELAS, A. «La reciente jurisprudencia sobre la obligación de utilizar los medios electrónicos en las relaciones administrativas», *Revista de Administración Pública,* núm. 220, 2023.

SÁNCHEZ LÓPEZ, M. E., «La seguridad jurídica en la elaboración de las normas tributarias. La proyección de la buena administración» en MORENO GONZÁLEZ, S., CARRASCO PARRILA, P. J. (Dirs.) y GÓMEZ REQUENA, J. A., (Coord.), *Los principios del cumplimiento cooperativo en materia tributaria,* Atelier, Barcelona, 2023.

TRONCOSO REIGADA, A., «La Administración electrónica y la protección de datos personales» en PIÑAR MAÑAS, J.L. (Dir.), *Administración electrónica y ciudadanos,* Thomson Reuters Civitas, 2011.

URIOS APARISI, X., «Consideraciones generales sobre la reforma de la Administración electrónica», en MARTÍN DELGADO, I. (Dir.), *La reforma de la Administración electrónica: Una oportunidad para la innovación desde el Derecho,* Instituto Nacional de Administración Pública, Madrid, 2017.

VALERO TORRIJOS, J., *El régimen jurídico de la e-Administración. El uso de medios informáticos y telemáticos en el procedimiento administrativo común,* 2ª Ed., Comares, Granada, 2007.

«Acceso a los servicios y a la información por medios electrónicos» en GAMERO CASADO, E. y VALERO TORRIJOS, J., (Coords.), *La Ley de Administración Electrónica. Comentario sistemático a la Ley 11/2007, de 22 de junio, de Acceso Electrónico de los Ciudadanos a los Servicios Públicos,* 2ª Ed. Thomson Reuters Aranzadi, Cizur Menor, 2009.

«La reforma de la administración electrónica, ¿una oportunidad perdida?, *Revista Española de Derecho Administrativo,* núm. 172, julio-septiembre, 2015.

«La tramitación del procedimiento administrativo por medios electrónicos» en ALMEIDA CERREDA, M., y MÍGUEZ MACHO, L. (Dirs.), *La actualización de la Administración electrónica,* Andavira editora, A Coruña, 2016.

«La necesaria reconfiguración de las garantías jurídicas en el contexto de la transformación digital del sector público», en DE LA QUADRA-SALCEDO, T. y PIÑAR MAÑAS, J. L., (Dirs.), *Sociedad Digital y Derecho,* BOE, Madrid, 2018.

«Las garantías jurídicas en la Administración electrónica: ¿avance o retroceso?» *Revista Catalana de Dret Públic,* núm. 58, 2019.

VARELA FERRÍO, J., *La brecha digital en España. Estudio sobre la desigualdad postergada.* Comisión ejecutiva confederal de UGT. Secretaría de participación sindical e institucional, Madrid, 2015.

VALLAEYS, F., «Responsabilidad social universitaria: una nueva filosofía de gestión ética e inteligente para las universidades», *Revista Educación y Sociedad Nueva época,* año 13, núm. 2, 2008.